TIEMPO DE MEMORIA 158

VICTORIA COMBALÍA DEXEUS

VER PARA VIVIR

Memorias

TUSQUETS
EDITORES

1.ª edición: mayo de 2024

Tusquets Editores, S.A. – Avda. Diagonal, 662-664 – 08034 Barcelona
www.tusquetseditores.com
ISBN: 978-84-1107-473-5
Depósito legal: B. 6.079-2024
Fotocomposición: David Pablo
Impresión y encuadernación: Unigraf, S.L.

Índice

A Ana Díaz-Plaja
In memoriam

Toda mi vida ha sido una lucha por ser libre.

Joan Miró

Prólogo

Estas crónicas son un relato de lo recordado entre mis primeros años de vida y 1992. El lector hallará, sobre todo, una sucesión de hechos vividos y de comentarios sobre el contexto artístico de la época.

Aunque he recurrido a agendas y a documentos que he conservado, los registros del mundo cultural seguramente contienen alguna inexactitud y, sobre todo, vacíos. Quiero decir con ello que aquí aparece solamente lo que yo recuerdo y lo que me afectó, ya fuera por admiración, complicidad o adhesión, o justamente por lo contrario, por desaprobación o por calificar algún suceso de injusto.

Mi primer impulso, hace años ya, para redactar estas crónicas había sido el de relatar la vida de una mujer nacida en el seno de la burguesía catalana que trató de emanciparse de su medio y de sus imposiciones morales y sociales. Creo que la lucha valió la pena y ello se ve reflejado en la crónica de los años setenta, un tiempo de grandes cambios políticos y de costumbres, que viví plenamente y que fueron decisivos para mi desarrollo posterior. Más tarde entraría en la normalidad profesional, y mis años ochenta fueron los de grandes vaivenes personales y de proyectos sin duda atractivos, todo ello en una Barcelona aún vibrante de una energía que retendría hasta bien entrados los años noventa. Pero en retrospectiva, los ochenta se me aparecen como años de crisis para aprender a vivir realmente sola, no solo emancipada de la familia.

Algunas personas me han mencionado que existen muy pocas memorias de mujeres en España. Es cierto, aunque lentamente van apareciendo narraciones biográficas a manos de las más jóvenes, con una educación diferente y unos problemas tal vez distintos. Al decidirme a escribir estas páginas, pensé que mi generación, la de las mujeres nacidas en los años cincuenta, aún tenía mucho que decir. Por ello, uno de mis propósitos era el de rememorar usos y costumbres de la burguesía de los años cincuenta y sesenta en Barcelona, en mi caso el de una burguesía liberal, pero todavía con severas reglas de comportamiento.

El lector no se halla ante un libro de crítica o de historia del arte, sino ante el relato de una persona que ha tenido el privilegio de ser partícipe de acontecimientos y de conocer a personajes significativos en el mundo del arte español y que rememora algunos pasajes, comentados desde su prisma personal. Algunos de ellos ya son desconocidos para los jóvenes artistas o *amateurs* y desearíamos que este texto ayude a que no caigan en el olvido.

Quisiera agradecer a mi gran amiga Ana Díaz-Plaja, tristemente desaparecida en mayo de 2023, su generosa ayuda en la redacción del apartado dedicado a los años setenta. Su prodigiosa memoria me hizo recordar personas y acontecimientos que había olvidado y su entusiasmo en mi proyecto me dio en muchas ocasiones ánimos cuando estos fallaban. Por su parte David Ferrer, Helena Tatay y Lluís Armengol tuvieron la generosidad de aportarme comentarios críticos y constructivos.

Cierro estas crónicas en 1992 porque mi vida personal cambió entonces fundamentalmente. Los altibajos emocionales no impidieron proyectos profesionales de gran calado, y esta sería ya otra historia.

Una niña burguesa

Nacida un 8 de marzo

«¡Mamá!, ¡mamá!» «¡Mamá!, ¡mamá!» Yo debía de tener unos tres o cuatro años y estaba enferma, en la cama, tal vez con anginas. Intentaba llamar a mi madre, pero mi débil vocecita no parecía llegar a nadie. «¡Mamá!, ¡mamá!» «¡Mamá!, ¡mamá!» Entonces vivíamos en la calle Muntaner 444, en un piso burgués del que no guardo más que este recuerdo. Mi madre debía de estar jugando al bridge o a la canasta en el salón. No me oía o estaba demasiado interesada en las cartas y en sus amigas. Ello sería un clásico en los años venideros. O hacía caso omiso de mis verdaderos problemas, o controlaba con mano férrea cualquier movimiento por mi parte. Pero entonces yo solo tenía tres o cuatro años y, aunque tampoco sé por qué, a los tres me llevaron al Instituto de Puericultura, hoy Centro Cultural Villa Florida. Iba allí de diez de la mañana a cinco de la tarde y parece ser que lo hacía contentísima. ¿Por qué me llevaron siendo tan pequeña? Ni mi madre trabajaba, ni les faltaba el dinero para pagar a una tata: ¿tal vez fuera a causa de una mudanza? En todo caso, no conservo recuerdos de aquel lugar, una bonita torre ochocentista que poseía un jardín y que estaba a tan solo dos minutos de casa.

Yo era una niña de gordos mofletes y trencitas enroscadas a cada lado. Así se me ve en una foto en la que estoy peinando a una de mis muñecas. No es casualidad, me parece, que el fotógrafo captara ya un rasgo de mi carácter: a mis tres años estaba allí trabajando más que jugando, y en mi gesto decidido me asemejo más a una peluquera profesional que a una inocente niña. Supongo que intentaba dar otro aspecto al peinado de la muñeca —siempre queriendo cambiar las cosas—, aunque la pobre no sé si mejoró: vista hoy en esta extraordinaria fotografía, me da cierta pena, con sus bracitos de cartón completamente rígidos y su imposibilidad de queja ante mi acción tan decidida y enérgica. Pero yo no era una niña trabajadora por obligación, sino por devoción o por predisposición innata, pues en realidad era una niña burguesa, como atestigua el precioso vestido que llevo por atuendo. Los moñitos o trencitas enroscadas me los había hecho mi abuela, Montserrat Trias de Bes, una señora robusta, muy simpática, muy sociable y muy católica. Yo había nacido en el número 8 de la calle Bigay de Barcelona, que luego cambió de número, en el barrio barcelonés de San Gervasio. Nací el 8 de marzo de 1952, una fecha que, ¡oh, azar objetivo!, había de convertirse, con la democracia, en el día de la Mujer Trabajadora.

En esta fotografía ya estoy regordeta porque me habían dado un famoso reconstituyente tras un episodio en el que estuve a punto de irme al otro mundo. A los dos meses de edad, y para desespero de mis progenitores, vomitaba toda la leche que me daban en el biberón. Estaba destinada a morirme, pero les hablaron a mis padres de un medicamento maravilloso, Nestargel, que solo existía en Suiza y que tenía la facultad de solidificar los alimentos una vez ingeridos. Así que no me morí. Y una vez pasado el susto y como estaba muy flacucha, me dieron un reconstituyente para que engordara, de cuyos buenos resultados aún me estoy resintiendo.

De la relación con mi madre, que como no podía ser de otro modo ha ocupado muchas sesiones con psicólogas, podría traer a colación una cartita escrita con bolígrafo rojo que acabo de encontrar. Dice así:

> Queridísima y simpática Mamá:
>
> ¿Vas a salir a la calle hoy? Si sales (por favor) nos gustaría mucho a la *(sic)* Elena y a mí que nos compraras unas cuerdas. Aunque sean sencillas, larguitas y baratas nos es igual, pero la

cuestión es que tengamos algo que *(sic)* distraernos, pues perdimos las que teníamos. Ahora te pedimos unas y si nos las das, no te daremos guerra y jugaremos tranquilas. Con un cordel nos va muy mal (si no lo preguntas a Carmen) y nos harías un favor si nos comprases unas cuerdas. Elena está de acuerdo conmigo y quiere saltar. Ya nos sacaremos los zapatos y saltaremos en calcetines (si tú quieres) para no hacer ruido en el piso de abajo. Te agradeceríamos que nos hicieras este favor. Se despide con besitos y cariños,

Vicky Elena

El nombre de Elena está escrito como cuando uno empieza a aprender a escribir las letras, así que ella —mi hermana menor— debía de tener unos tres o cuatro años y yo unos siete.

Me bautizaron en la iglesia de la Bonanova, la del barrio, que había sido quemada durante la guerra y reconstruida después. Los nombres que me impusieron fueron Victoria, Elena y Beatriz. Victoria no por ningún recuerdo a la victoria de Franco, como me dijo en una ocasión un amigo con malevolencia, sino por mi bisabuela paterna Victoria Font, de quien conservo una fotografía. El bautizo fue triste porque mi abuela Montserrat había estado enferma de gravedad ocho días antes de nacer yo. Yo pesaba menos de tres kilos y nací bajo el signo de Piscis, del que se dice que es el de los sensibles y los dedicados al arte. Así que debía de tener de entrada una predisposición natural hacia lo estético y hacia la imaginación. Era vivaracha y alegre y diablillo a más no poder; como era muy bajita —«media ración», me llamaba mi padre— hacía reír el hecho de que sin haber cumplido un año de vida ya me sostuviera sola. Hablaba como una cotorra a los diecinueve meses y comía sola, pero me costaba mucho dormirme (ay, como ahora).

Era muy cariñosa, escribió mi madre en el precioso *Libro de mi peque,* que conservo, y añade que cuando comprendía que había hecho un «feo» a alguien, después, para arreglarlo, decía «guapo, fino, mono...», y que no sabían de dónde había sacado yo aquella expresión. Entonces tuve a la tata Milagros, que después de servir en nuestra casa entró como monja en el monasterio de las clarisas con el nombre de sor María de los Ángeles. Sé que me quiso mucho y me puso el apelativo de «pingüino», no sé en virtud de qué, pero sí sé que era la persona más buena y cariñosa que podía haber tenido como cuidadora. Por su parte, mi madre escribió bajo unas fotos horrendas de aquel álbum de infancia: «eras feíta, pero graciosa». ¡Habrase visto!

También hablaba de mi carácter: «es muy traviesa pero cariñosa en extremo». Sin embargo, parece que al ir invitada a jugar con los primos Dexeus —Ana y Santi, o bien Clara y Carlos— me portaba muy bien. Íbamos también a jugar al jardín de la clínica de mi abuelo Santiago Dexeus, en la avenida del Tibidabo, que nos encantaba. Era una gran torre con un jardín bastante oscuro y disponía de una capilla a la que íbamos a la misa del Gallo cada Navidad, y también el Domingo de Ramos, cada niña con su enorme palma y mis primos con su palmón, en una especie de procesión encabezada por un monaguillo y terminada por un coro de monjas. De mi palma, como de las otras, colgaban unos estupendos rosarios de azúcar rosa y blancos, cuyas cuentas no llegaban en mi caso ni a la puerta de la iglesia porque ya me las había comido en la rampa de bajada.

En el colegio Andersen, una bonita torre en la calle Anglí 71, tenía afición a cantar y a recitar, y en la ficha técnica de mis cinco años se lee: «Por lo simpática y comunicativa que es se conquistó enseguida el afecto de sus compañeros. Se expresa de forma extraordinariamente clara y precisa. Muy alegre, pícara y activa. Es atenta, obediente, ordenada y limpia. (...) Sus movimientos son ágiles y ligeros».

Andersen era un colegio sumamente adelantado y moderno para la época en que yo entré, supongo que a los cuatro años, en 1956. Si se repasa a los padres que enviaron allí a sus hijos se descubre que pertenecían a la burguesía catalana liberal, no franquista, y que solían ser abogados, médicos, ingenieros, arquitectos, a los que les interesaba la cultura y una educación no laica (entonces era imposible, salvo en el Liceo Francés y pocas escuelas más), pero al menos no regentada por religiosos. Niños y niñas íbamos juntos y se daba mucha importancia a las manualidades, a la redacción, a los actos culturales, a la música y a las fiestas. Recuerdo que simulábamos estar enfermos para ir a ver a un profesor llamado señor Olivé, que tenía un bote con anises que nos regalaba con sus mejores deseos de que «nos curáramos». Aprendí a leer a los cinco años y desde entonces no he parado: es una de las actividades que más me gusta hacer en la vida y siempre recuerdo el precepto de mi abuelo Santiago: «Ay, Vicky, mucha gente te decepcionará, pero un buen libro nunca decepciona». Y tenía razón. En realidad, durante mi infancia, los libros fueron mi refugio cuando algo no me gustaba. Leía y leía, *Cuchifritín y sus hermanos, Los siete secretos, Las aventuras de Guillermo, Tintín,* que me apasionaba, y en la adolescencia todo lo que cayera en mis manos. Cuando había problemas en casa me refugiaba en mis libros, los libros fueron mi protección mental, mi particular cabaña como aquellas en las que los niños se esconden para estar solos y tranquilos. La directora del colegio Andersen se llamaba Ángeles Chaberri y de mis compañeros recuerdo a Margarita Sentís, Toni Arderíu, José María Beleta, una niña Cartañá, una niña Vergés, y a mis parientes los Planas Combalía o los Tusquets Trias de Bes.

Nos leían fragmentos del *Quijote* que luego nos hacían dibujar. Margarita Sentís, mi vecina de pupitre, siempre me pedía que yo le hiciera los dibujos, porque yo dibujaba muy bien. También nos leían poesía y nos hacían ya redactar pequeños poemas o pequeños textos literarios; en todo caso, se abría la vía a la creación artística. En un precioso cuaderno que nos regalaban al final de curso con nuestros dibujos y breves textos aparece uno así, escrito a mis cinco años: «avía *(sic)* una vez un pez que quería salir del mar porque quería ver lo que pasava *(sic)* en la tierra». Pero mi sentido de la realidad ya aparecía porque el texto finalizaba lógica y dramáticamente: «el pez por salir se murió *(sic)* FIN».

Leíamos *Platero y yo* («Platero es pequeño, peludo, suave...») y recitábamos poemas de Joan Maragall; un día nos vinieron a visitar dos hijas del poeta. Quizás fue un año dedicado al poeta, pues cada año se estudiaba la figura de un creador, y colocaban una larguísima franja de papel horizontal sobre la parte baja de la fachada, subdividida en cuadraditos, en donde cada alumno pintaba algo relacionado con el personaje del año. Aquello me encantaba: ¡¡¡pintar en una pared!!!

En Navidad se celebraba una fiesta, y varias funciones teatrales, alguna en el patio y otras en un estrado: en una aparezco disfrazada de conejo, un conejo muy curioso porque en esa época, desde que me descubrieron un ligero estrabismo, llevaba gafas. Llevábamos unos delantales con el emblema del colegio: un soldadito dentro de un barco de papel, símbolo del cuento de Hans Christian Andersen. Preocupados por la salud y la vida al aire libre, como el colegio tenía un jardín, hacíamos la siesta echados en una tumbona y tapados con una mantita para no pasar frío. Sin embargo, a quien hablara le decían: «No hables, que, si no, ¡te tapo de cabeza!», y como yo hablaba, las tapadas de cabeza se hallan sin duda en el origen de mi gran claustrofobia.

Dos familias muy distintas

Procedo de dos familias muy catalanas pero a la vez completamente distintas de talante, de manera de ser y de actuar. Muy diferentes también físicamente. La familia materna, los Dexeus, eran y son delgados, de rasgos angulosos y son muy rápidos, cosmopolitas, con un sentido del humor ligeramente ácido que no todos comprenden o aceptan, una gran exigencia en el trabajo y muy dados a ir a la suya. Esto no excluye una inclinación a ayudar a los demás, a empatizar, como se dice hoy en día, y a preocuparnos por los pequeños problemas no solo de nuestros allegados más próximos, sino también de aquellos que trabajan para nosotros o los pacientes, en el caso de la vertiente médica de la familia. Por el lado Dexeus somos desprendidos, y por el lado femenino, había una ligera tendencia a ser manirrotas por parte de mi madre y de mi tía.

La familia Dexeus giraba en torno a mi abuelo Santiago, figura esencial en mi vida porque lo admiraba muchísimo y porque tenía, ciertamente, un carisma especial. Siempre recordaré la ocasión en que fui a hacerle una visita a la clínica de la avenida del Tibidabo, un día de primavera. Yo debía de tener quince o dieciséis años, veía a mi abuelo muy mayor. Sentado a la mesa de su despacho, miró hacia la ventana y me dijo: «¿Lo ves, Vicky?, es primavera, brilla el sol, cantan los pájaros, es maravilloso, no hay que pedirle nada más a la vida». Cierta *joie de vivre* inspiró su vida, unas ganas de disfrutar, las mismas que tenía mi madre. Muchas veces he pensado, en momentos de tristeza, en esta frase, casi budista, de aceptar la belleza de lo aparentemente nimio y cotidiano, y sin embargo radiante.

Este nombre nuestro tan curioso, Dexeus, procede, según el filólogo Francesc Moll, de Francia, y derivaría de *«des jeux»* (juegos), aunque Pere Vilà opina que procedemos del Pallars Subirà, porque existe un lago llamado Aixeus. Quién sabe. Según las memorias de mi tío Josep Maria, el primer antecesor con datos comprobables fue Rafel Dexeus i Fornés. Su hijo Rafel Dexeus i Barceló fue un marinero que se casó en Vilanova i la Geltrú el 15 de julio de 1784 con Josepa Bertrán i Pagarolas, hija del patrón de su barco. Así que por este lado se remontan al siglo XVIII. Una parte de la familia se trasladó a Tarragona (en donde aún hay apellidos Dexeus), mientras que mi bisabuelo se vino a Barcelona a estudiar medicina. Se casó con Victoria Font, en honor de la cual, como he dicho, yo llevo el nombre. El bisabuelo, Josep Maria Dexeus Bové (1856-1933), era un médico de cabecera que llegó a jefe del Dispensario Municipal en la calle del Roser, una travesía del Paralelo. Una fotografía lo muestra con aire feliz y mirada irónica. Tuvo dos hijos varones, Josep y Santiago, mi abuelo, a los cuales solía repetir que antes de ser un médico adocenado mejor dedicarse a otra cosa. Y dos hijas, Rosita, que se casó con Ricardo Carreras, y Lolita, casada con Joan Sardà. Josep dejó la medicina por motivos de salud y mi abuelo llegó a ser un ginecólogo de gran renombre, que contribuyó a renovar la obstetricia y la ginecología catalanas.

Mi abuelo Santiago Dexeus Font se hizo famoso por combatir el dicho bíblico de «parirás con dolor». Preconizó que la parturienta diera a luz en un hospital, con todas las garantías de higiene y de equipos especializados. Mi madre, que era muy católica y conservadora en muchas de sus costumbres, me contaba de pequeña que los sacerdotes, hacia 1923, decían desde el púlpito: «¡No vayan al doctor Dexeus!, ¡no vayan al doctor Dexeus, es pecado!». Sea cierto o no, mi abuelo fue un rompedor, un avanzado para la época. En 1931 publicó un librito, *Nociones de maternología,* en cuyo primer capítulo ya explica la importancia de la higiene y de la asepsia, dado que hasta hacía poco los médicos, al no lavarse las manos, transmitían virus a las parturientas y estas morían por la llamada infección puerperal (creo que fue el primero en España en hablar de ello). Acompañado de deliciosos dibujos, explicaba el proceso del embarazo, el parto, la lactancia, cómo cobrar el subsidio por hijo y la injusticia de que la madre, si el hijo nacía muerto, no cobrara nada. En el capítulo final apostillaba: «Hay un factor sin el cual son letra muerta las disposiciones legislativas y las prescripciones médicas. Me refiero al factor cultura». Quería decir con ello que él aún había visto en su Dispensario de la Obra Maternal a pacientes que se mostraban atónitas cuando se les pedía que subiesen a la mesa de reconocimiento, alegando que a su madre no se le había hecho hacer nada de todo eso. Pues aún eran muchas las mujeres que no querían ir a la consulta del médico durante su embarazo.

Fundó la Clínica Mater en 1935, en la avenida del Tibidabo de Barcelona, que pasó a llamarse Dexeus después de la Guerra Civil, y que se cerró en 1973 cuando se construyó el primer Instituto Dexeus en el Paseo de la Bonanova. Allí nacieron catorce mil catalanes. Mi abuelo también luchó denodadamente por superar el uso del muy peligroso cloroformo y pasar a la anestesia epidural, que era eficaz y segura; todo ello, obviamente, para evitar dolor a la mujer que iba a dar a luz. Participó en la creación del Institut de la Dona que Treballa —subvencionado por la Obra Social de la Caja de Pensiones de Barcelona, lo que luego sería La Caixa—, luego llamada Santa Madrona, la primera obra catalana de protección médico-social para la mujer embarazada. Fue director de la Maternidad desde 1947 hasta su jubilación en 1967, y mi madre siempre contaba que cuando llegó al cargo se asombró y escandalizó al ver las escasas raciones alimenticias que se daban a las madres, la mayoría solteras o sin recursos económicos.

Mi abuelo era compañero de carrera de mi tío abuelo Lluís Trias de Bes, y así es como conoció a mi abuela Montserrat. Todos creemos que, deslumbrado por la familia Trias de Bes y por las grandes virtudes de mi abuela Montserrat, abandonó a otra novia y se casó con mi abuela en 1921, y fueron a pasar la luna de miel a la casa de campo que la familia Trias tenía en Llerona. Muy poco exótico, pero entonces así eran las cosas, y sobre todo para un joven médico que había de atender partos en mitad de la noche. Por eso desde muy pronto tuvieron un chófer, precisamente para llegar a tiempo a los partos en los domicilios. Una noche el coche fue atracado y el chófer de entonces, Francisco, le dijo a mi abuela: «Señora, yo no volveré, porque aquí nos jugamos el tipo».

Mi madre, Montserrat Dexeus, nació en 1922 y por eso aún recordaba la Exposición Internacional de 1929 en Barcelona. «Sí», me decía, «nos llevó nuestro padre; era todo muy moderno, me impresionó mucho, especialmente las fuentes de colores.» Primero vivieron en la Diagonal 347, luego en la calle Lauria con la Diagonal, más tarde en el Paseo de Gracia esquina Mallorca, de donde más tarde se fueron, según mi abuelo, porque la calefacción era insuficiente (el miedo a pasar frío es algo que ha quedado en toda la familia), a la calle Muntaner, a un doble piso, uno para la vivienda y otro para la consulta médica, y por fin a la Vía Augusta, tocando a la plaza Molina. A la Vía Augusta yo iba de joven a ganar unas pesetillas ayudando a María Rosselló, que llevaba la gerencia de la consulta, a pasar a limpio las fichas de las pacientes.

Mi abuelo pronto ganó clientela y fama, porque su maestro, el doctor Roig i Raventós, decidió dedicarse a la pediatría y pasó numerosas pacientes a su discípulo. Al parecer mi abuelo era un gran experto en el uso del fórceps porque era ambidextro, tenía mucha fuerza en los brazos y unas manos muy hábiles. De ahí que cuando en su vejez le empezaron a temblar por la enfermedad de Parkinson que sufría, decidiera dejar la medicina y devolver su carnet de académico, para que pudiera sustituirle alguien más joven, un gesto que ya explica el carácter sobrio y honrado a carta cabal de mi abuelo.

Mi madre y mi tío Josep Maria fueron alumnos del colegio Blanquerna, la escuela más moderna del momento, dirigida por el pedagogo Alexandre Galí. Cuando yo me las tenía con mi madre por su conservadurismo, muchas veces le espetaba: «Pero mamá, si tú fuiste al Blanquerna», como queriendo decir: «Cómo se puede ser así habiendo recibido la educación más progresista del momento». Porque el Blanquerna se regía por el sistema Montessori y se creó con una mutua de padres constituidos en cooperativa, que aportaron cada uno una cuota de doscientas cincuenta pesetas. El ideario promovía que el niño formara su propia personalidad inculcando a los alumnos, más que disciplina, respeto. La escuela fue cerrada por las autoridades franquistas en 1939 y el edificio racionalista de la Vía Augusta se convirtió en el Instituto Menéndez y Pelayo. Mi abuelo también quiso que sus hijos aprendieran idiomas, y así en su casa se hablaba catalán y castellano, y se aprendía también francés y, con una *Fräulein,* alemán.

De los Dexeus me encantaban dos primas de mi madre, hijas de Josep Dexeus Font, que vivían juntas y que tenían el título de bibliotecarias. Eran Jose (Josefina) y Mary. Jose se había casado con un griego, Cristian Pantazios, de quien se separó enseguida, y nunca volvió a casarse. Tenía un tipo perfecto, era alta, delgada y bien proporcionada, de hecho, parecía una actriz de cine de los años treinta, con unos ojos verdes bellísimos. Era vegetariana y muy catalanista y en alguna ocasión, incluso a mis veinte años, a una edad en la que por regla general no apetecen las visitas a los parientes (aunque siempre me han atraído los personajes «diferentes»), le iba a hacer cortas visitas porque me ofrecían un té con extraños pastelillos o galletas de gustos exóticos, todo ello ambientado en un catalán elegantísimo, muy gutural y que a mí me parecía perfecto. También me encantaba la tía Lolita (a la que llamábamos «Solete»), la otra hermana de mi abuelo Santiago Dexeus, la persona más discreta, dulce y callada de toda la familia. La tía Lolita se casó con Joan Sardà, hermano de la hoy famosa «Nena Sardà» retratada por Ramón Casas.

Otro primo de mi madre por parte Dexeus era Josep (Jep) Carreras Dexeus (1906-1982), que fue pionero de la aviación en Cataluña. Se había casado con Pepa Colomer i Luque, primera aviadora catalana, socia fundadora de la Unión de Pilotos Civiles de Cataluña. Durante la guerra Pepa realizó vuelos de enlace en el bando republicano y se casó con Josep en Toulouse, en 1939, ya exiliados ambos.

Josep era hijo de Ricard Carreras i Valls, propietario del Mas de Valls, cerca de Reus, adonde fuimos de visita cuando éramos pequeñas y que a mí me entusiasmó, porque a cada paso se encontraban, entre los almendros y los pinos, monedas romanas (creo que en mi niñez me hubiera gustado ser arqueóloga). Este Ricard Carreras, casado con Rosita Dexeus y por lo tanto tío de mi madre, llevaba la contraria a todo el mundo en las comidas familiares y, según las memorias de mi tío Josep Maria, era un hombre singular, gran viajero, creador de negocios que luego dejaba a sus empleados, una práctica muy poco usual, todo hay que reconocerlo. Pero no solo eso, publicó un libro titulado *Al marge del Sahara. Impressions d'un viatge al Senegal, Gàmbia, Guinea, Sudan i Mauritània* (Kora, 1926), con acuarelas de su hijo Miquel Carreras i Dexeus, y otro, que aún conservo, titulado *Los catalanes Juan Cabot y Cristóbal Colón. La verdad sobre el descubrimiento de América* (Imprenta Altés, 1931), en donde daba argumentos para probar la catalanidad de Cristóbal Colón.

Como piloto de guerra del bando republicano, Jep Carreras hubo de trasladar durante la Guerra Civil a diferentes personajes de la cúpula militar republicana en misiones de alto secreto. En enero de 1939 transportó a muchos cargos al exilio, y él y su mujer, como he dicho, también tuvieron que exiliarse tras la victoria franquista. Entonces se alistó en la RAF (Royal Air Force) y, entre otras muchas operaciones de riesgo durante la Segunda Guerra Mundial, se cuenta la del traslado de Winston Churchill a la famosa reunión de Yalta con Roosevelt y Stalin. Por sus hazañas, la reina de Inglaterra le otorgó la distinción de miembro de la Orden del Imperio

Británico. En uno de mis viajes a Londres, a mis diecisiete o dieciocho años, habiendo oído hablar de él en la familia, decidí hacerles una visita. Los llamé y me invitaron muy amablemente. Y allí me encontré a los dos viejecitos, en una modesta casa adosada de las afueras de Londres, que me obsequiaron con un té mientras yo les daba conversación en mi pobre catalán de entonces. Yo no sabía de la importancia de Pepa Colomer; hoy la hubiera asediado a preguntas sobre la posición de la mujer en los años treinta, pero la verdad es que las explicaciones de mi madre fueron muy escuetas, seguramente porque se trataba de dos republicanos exiliados, por más que fueran sus primos y él tuviera condición de Sir.

Entre los primos Dexeus de mi madre sobresale Joan Sardà Dexeus (1910-1995), que como era soltero venía muy frecuentemente a comer a casa de mis abuelos en Muntaner o en la Vía Augusta. En una de mis agendas de los años setenta escribí: «Comida con Juan Sardà (kafkiano)», pero la verdad es que era simplemente tímido, muy serio y un brillantísimo economista. En 1932 se licenció en Derecho por la Universidad de Barcelona. Completó su formación en Múnich con Adolf Weber y en la London School of Economics y más tarde fue profesor en las Universidades de Barcelona, Santiago de Compostela, Caracas y en la Complutense de Madrid. Durante la Guerra Civil fue uno de los expertos de la Comissaria de Banca, Borsa i Estalvi de la Generalitat de Catalunya. Al no conseguir la plaza de catedrático en Barcelona, marchó a Venezuela, país a cuyo gobierno asesoró en cuestiones económicas. Está considerado como el impulsor del Plan Nacional de Estabilización Económica de 1959, cuyo objetivo era la estabilización y liberalización de la economía española, lo que supuso una ruptura con la autarquía del franquismo y posibilitó la gran década de auge económico de los años sesenta en España. Además de unificar los múltiples tipos de cambio existentes, se pignoró automáticamente la deuda pública y, sobre todo, se propició la entrada de España en el Fondo Monetario Internacional, la Organización Europea para la Cooperación Económica (OECE) y el Banco Internacional de Reconstrucción y Fomento. Supuso, pues, la modernización de la economía española y la apertura a mercados internacionales. No me extraña, por tanto, que cuando un día de los años ochenta me presentaron en un acto cultural a Miguel Boyer, entonces presidente del Banco Exterior de España, y le contara que era sobrina de Joan Sardà Dexeus, me hiciera un panegírico de mi tío durante varios minutos, al que yo solo tenía por ser el pariente tristón y callado que leía la revista *Destino* en casa de los abuelos Dexeus.

Ahora se está reconociendo más la valía de Joan Sardà. De muy joven estuvo muy interesado en la Revolución rusa, interés que plasmó en sus primeros artículos en el semanario *L'Opinió*, de corte socialista y que en 1931 sería una de las instancias promotoras de Esquerra Republicana. Pero también simpatizaba con el laborismo inglés, pragmático y menos extremista aunque igualmente reivindicativo de los derechos de los trabajadores. También sabía que había ayudado a Tarradellas a establecer la economía de guerra en Cataluña y le había aconsejado para que controlara las industrias colectivizadas. Con la victoria franquista podía haber sido fusilado como tantos otros, pero pasó al bando nacional gracias a la ayuda de la familia Trias de Bes, es decir, la de su tía Montserrat, mi abuela. Pertenecía al círculo de Josep Pla en Palafrugell, junto a Manuel Ortínez, Fabià Estapé, Manuel Ibáñez Escofet o Jordi Nadal. Aquí he de añadir que además de Joan Sardà, mi abuelo Dexeus tenía una auténtica veneración por Pla y muchas veces, en la sobremesa del domingo, se comentaban sus artículos en *Destino*.

La hermana de Joan Sardà, Maria Sardà Dexeus, fue amiga mía, estudió para bibliotecaria pero acabó siendo durante muchísimos años la mano derecha de Mercedes Pániker. Era soltera, pero un día tomando el té me preguntó si yo no tenía novio, y cuando le pregunté que por qué ella se había quedado soltera me sonrió dulcemente y me dijo: «Bueno, a mí me han querido mucho...», y comprendí que había tenido un amante durante muchos años. Vaya, vaya, aún me cayó mejor... Fue

Maria Sardà quien me contó que de joven acudió a escuchar a García Lorca, sin el permiso de sus padres, y que le entusiasmó cómo declamaba sus versos. Todas estas tías Dexeus fueron personas muy cultas, y también muy modernas para su época.

En casa Dexeus las comidas eran muy alegres porque siempre éramos ocho o diez, y nos ponían a mayores y pequeños juntos, mi abuelo en la cabecera de la mesa y la abuela a su lado izquierdo. En ocasiones, el entusiasmo y la gratitud de mi abuelo hacían que, cuando terminaba un plato, dijera: *«Són els canelons més bons que he pres a la meva vida»,* y así con las judías, el redondo de ternera o los pasteles, y entonces hacía salir a Rosario, la cocinera, y todos la aplaudíamos. Me impresionaba ver que a mi abuela le pelaban las uvas, una a una y se las traía aparte la camarera. Había muy a menudo invitados y algunos de ellos muy asiduos: el ya citado Joan Sardà Dexeus, el matrimonio Seix y también el famoso doctor Pla Janini. El doctor Pla era alto y robusto, casi diría que simplemente gordo, pero iba impecablemente vestido; en verano, de lino blanco y tocado con un sombrero panamá. De mayor supe que era hermano del muy conocido fotógrafo Joaquim Pla Janini, que destacó en el estilo llamado «pictorialista», alguna de cuyas obras está en la colección del Museu Nacional d'Art de Catalunya (MNAC). También venían José María y Santi Trias de Bes, primos segundos míos, pues su padre era diplomático y por sus cargos siempre vivía en el extranjero. A mi abuelo le encantaba ponernos retos del estilo «doy un durito (que eran cinco pesetas) a quien me diga la capital de Hungría» o preguntas un poco más difíciles como «¿cuál es el río francés cuyo nombre es masculino?». Tenía la creencia, y lo decía, de que «todo lo que puede solucionarse con dinero» —siempre que fuera legal, claro está—, «hágase», un dicho que mi madre repetía ante el estupor de mi padre, tan desprendida ella y tan ahorrador él.

Todos adorábamos los dulces variados, que llegaban en grandes bandejas y que distinguíamos entre los «divertidos» y los «aburridos». Los primeros eran los tocinillos de cielo, los cocos, todo lo de chocolate y los *éclairs,* que supongo llegaron en la década de los setenta. Los segundos eran las palmeras de hojaldre y tal vez los de nata. Se cuenta en la familia que hubo un joven Trias de Bes que, harto de que cuando la bandeja llegaba hasta él siempre le tocaran los aburridos (pues había una estricta jerarquía de mayores a pequeños), puso banderitas en sus preferidos con la palabra «reservado». Quizás yo heredé algo del sentido del humor medio surrealista de los Trias de Bes, porque un día, a mis cuatro años, dije: «Soy un payaso disfrazado de niña y he venido aquí para haceros reír». Como era tan bajita, también me gustaba imitar a Torrebruno cantando «Ciao, ciao bambina».

Los Trias de Bes eran, y son, muy diferentes a los Dexeus. Casi todos bajitos y regordetes, con una simpatía a veces arrolladora y una gran inteligencia. También tienen un gran sentido del humor, una fina ironía, una gran memoria y arranques de mal genio que enseguida se olvidan. Varios han muerto de un ataque al corazón, como mi abuela Montserrat. A muchos les gusta pintar y escribir, y de hecho tengo un lejano pariente pintor que aparece en el famoso diccionario Ràfols de artistas catalanes. Fue Frederic Trias i Planas (1822-1880). Hay algunas obras suyas en el MNAC y en el Museo de Gerona. Por lo poco que yo he visto, era un apreciable pintor realista dedicado a los géneros tradicionales: marinas, paisajes, interiores y delicados retratos de niños. Y uno de sus hijos, Joan de Déu Trias i Giró, catedrático de Derecho internacional en la Universidad de Barcelona, se casó con Rosa de Bes Baguer, hija de Maria Baguer Pujals, una señora guapísima nacida en Tossa de Mar en 1843, nuestra antepasada que nos une a esta bella localidad de la Costa Brava. Joan de Déu Trias i Giró era católico, conservador y regionalista, discípulo y sucesor de Durán y Bas en la llamada Escuela Jurídica catalana. Sus hijos, mis tíos abuelos, unirían los dos apellidos, ya que Trias es un apellido muy común en Cataluña.

Es curioso ver las fotos de esta pareja, con unos rasgos completamente diferentes que se perpetuaron en sus hijos: mientras Joan de Déu era delgado, de ojitos pequeños y barba y bigote pulcramente recortados, Rosa de Bes Baguer era llenita y de anchas mejillas, muy parecida a mi abuela Montserrat. Tuvieron cinco hijos. El mayor, Josep Maria (1890-1965), se casó con Teresa Borrás de Cuadras, familia del barón de Cuadras. Fue catedrático de Derecho internacional, militó en la Lliga Regionalista, fue albacea y asesor de Francesc Cambó y miembro del Tribunal de la Haya. Fue el padre de Josep Maria Trias de Bes Borrás (casado con Anna Maria Serra), de Maria Rosa (casada con Julio Añoveros) y de Montserrat (casada con Francisco Tusquets). Julio Añoveros era la persona más educada y discreta de toda la familia. Era primo del famoso monseñor Antonio Añoveros, obispo de Bilbao. Este originó una gran polémica con su homilía de 1974 en la que hablaba del derecho del pueblo vasco a defender su identidad. El Gobierno de Franco quiso desterrarlo, a lo que Añoveros alegó que «quienes impiden la libertad de acción de un obispo son excomulgados». Carlos Arias Navarro decidió entonces decretar un arresto domiciliario.

Otro tío abuelo, Joan de Déu Trias de Bes, también fue abogado y se casó con Pilar Valls i Taberner, hermana del gran historiador Ferran Valls i Taberner. La tía Pilar era muy simpática y tenía un gran carácter, y recuerdo que condujo su coche hasta los ochenta años —algo raro en la época—, lo cual debía de constituir un peligro público porque era muy sorda. Su hermano Lluís fue cardiólogo, artífice de la visita de Alexander Fleming a Barcelona y presidente durante años del Colegio de Médicos de Barcelona; se casó con Carmen Terrés, que falleció en Santander durante la Guerra Civil. De este matrimonio nacieron Lluís, para nosotros «Lluiset», y Carmen, para nosotros *«la petitona»*, por su pequeña estatura.

Carmen fue muy amiga mía, a pesar de nuestra diferencia de edad; había escrito crónicas en los años cincuenta en *El Correo Catalán*, y se contaba en la familia que llegó a suscitar ciertos celos de la gran periodista Josefina Carabias; Carmen era morenita y muy graciosa y Sebastià Gasch, el gran crítico de arte, se enamoró locamente de ella. Yo creo que era un genio desperdiciado, como les sucede a tantas mujeres, porque al hablar con ella de arte demostraba una imaginación y una comprensión desbordantes. Se casó con el norteamericano Mike Da Costa.

La burguesía catalana es un tanto endogámica y conservadora; los de más edad eran casi todos de la Lliga, un partido de derechas nacionalista; entre los más jóvenes supongo que yo debo de ser la más izquierdista, y eso que mi izquierdismo se ha vuelto moderado con los años. También es verdad que hemos dado algún ejemplo de rebeldía femenina y de modernidad y me siento orgullosa de ser Trias de Bes.

Muy distinta es la rama Combalía, austera, trabajadora, seria. El abuelo Emilio Combalía Guasch fundó la empresa Comercial Combalía Sagrera, una compañía de consignatarios de buques y agentes de aduanas. Estaba radicada en un edificio neogótico en la Vía Layetana 15-17, que aún sigue en pie y al cual solo fui una vez en mi vida. Recuerdo haber preguntado a mi padre: «Papá, ¿tú en qué trabajas?», porque en el colegio nos hacían dibujar a nuestro padre trabajando. Entonces empezó una larga explicación sobre las mercancías que llegaban al puerto de Barcelona, que eran descargadas y transportadas hasta su destino y también me explicó que existían fronteras entre países y se tenían que pagar ciertas cantidades para importarlas, etcétera, etcétera. Total, que yo representé a mi padre descargando sacos de café en el puerto, tan contenta por haberlo entendido perfectamente.

Tengo muy pocos recuerdos del abuelo Combalía, que era enjuto de rasgos y siempre llevaba unos trajes perfectamente bien cortados, al igual que mi padre. Su mal carácter era proverbial, y aún más su autoritarismo, que acabó afectando a nuestra familia, como explicaré más adelante. Todo separaba a los Dexeus de los Combalía, y una anécdota lo ejemplifica muy bien: si llegaba una caja de bombones a casa Dexeus, se dejaba allí encima y duraba máximo dos días; si llegaba a casa Combalía, se pasaba entre los asistentes, se guardaba en la cómoda, que nadie tocaba salvo los padres, y la caja duraba un mes o más. A la abuelita Combalía (Francisca Vallvé Calafell) la llamábamos «*mara*» y yo no entendí hasta muy mayor que aquel nombre no era otro que «*mare*», madre en catalán. Porque a pesar de ser catalanísimos, y de que entre ellos hablaban en catalán, a nosotras nos hablaban en castellano, como sucedía igualmente en la rama Dexeus. Este es un fenómeno que se daba en el seno de la burguesía catalana de posguerra. Muchos padres hablaban catalán entre ellos, pero en castellano a los hijos. La educación era toda en castellano, por imperativo del régimen franquista, y los padres solían decir a sus hijos que les hablaban en castellano «para no tener acento catalán» en el futuro, como me decían a mí.

La *mara* quedó viuda bastante joven y vivió hasta más de los noventa años, estoy segura de que fue así por estar ya liberada del yugo de su marido. Controlaba a la cocinera con mano férrea —ella cocinaba muy bien y era muy exigente con el servicio—, pero, salvo este detalle, creo que nunca la vi quejarse ni de mal humor, aunque tampoco reírse ni comentar nada de interés. Por las tardes escuchaba la novela en la radio, sentada en un sillón frente a una mesa camilla que daba a un patio de manzana típico del Eixample, ya que vivían en la Rambla Catalunya 127. Cuando le hacíamos una visita, unas veces nos veía con faldas cortas y otras con maxifalda, como se llevaban en los años setenta, y nunca parecía asombrarse, sino que decía: «Ah, ¿ahora se lleva así?», y en cierta ocasión añadió que cuando ella era joven los chicos solo querían ver los tobillos de las jovencitas cuando estas subían al tranvía, ya que aquello era de lo más provocador. La casa, como muchas del Eixample, constaba de un largo pasillo que terminaba en el comedor y la galería, y en el otro extremo estaba la sala principal que daba a la Rambla Catalunya. Sin embargo, jamás íbamos a este salón principal en el que había una piel de tigre con su cabeza disecada y unos muebles perennemente cubiertos por fundas blancas.

La *mare* tenía que vestirse por obligación en Santa Eulalia (una de las mejores tiendas de Barcelona, si no la mejor), pero siempre tenía que escoger la ropa con su marido: una ropa clásica, de tejidos excelentes que le daban un aspecto muy poco juvenil aunque dignísimo. Mi madre, que con respecto a los Combalía era mucho más moderna, a veces tenía pequeños brotes reivindicativos femeninos: «Es que la pobre *mara*», decía, «¡no puede ni ir a comprarse unas medias sola!».

En la familia Combalía no había abogados ni médicos, pero José Combalía, hermano de mi abuelo Emilio, fundó en 1923 la segunda empresa que fabricaba tapas corona en España, las que se utilizan para cerrar las botellas de vidrio de refrescos y que se abren con abridor. La empresa fue un éxito y sigue muy próspera.

Las dos Rosas

De mis tíos Dexeus, que son los que yo más trataba en la infancia, destaca el matrimonio de Maria Rosa —hermana de mi madre— y Emilio Carles-Tolrà. La tía Maria Rosa era todo un personaje: delgada y de pelo castaño-rubio, tenía mucho carácter y siempre fue una niña problemática. Un día se llenó la nariz de anises y por poco se ahoga; este es solo un ejemplo de sus excentricidades. A mí todo me separaba de ella: yo de izquierdas, ella de derechas, y sin embargo me caía muy bien por su inteligencia y por decir las cosas abiertamente. Me sorprendía el hecho de ser tan diferente al resto de los catalanes que se veían cada día. Había vivido en Santo Domingo y siempre quería irse a otros lugares, sobre todo cuando ganaron los socialistas. «¿No te parece que desde que están los socialistas en el gobierno se caen más los aviones?», me dijo un día con toda tranquilidad. Me acuerdo de que nos invitaba a su casa de Sant Just Desvern, en las afueras de Barcelona, que tenía una fantástica piscina y dos bulldogs y a veces nos hacía meter la mano en la boca de los perros. No era nada agradable: ella lo hacía para que viéramos que no mordían, pero nosotras estábamos muertas de miedo. Sin embargo, como no tenían hijos —luego adoptaron una niña, Sol— nos llevaban de excursión a mi hermana Lali y a mí en su coche azul claro descapotable y nos lo pasábamos espléndidamente bien. Y con ella yo tenía a los diecisiete o dieciocho años grandes discusiones políticas, discusiones ingenuas y que no llevaban a ninguna parte. Yo, por ejemplo, decía que era un escándalo la casa de Elizabeth Taylor, con todo aquel lujo superfluo, y ella decía, como hace toda la gente de derechas, que daba trabajo y un salario a muchos empleados. Ya en mi etapa de furibunda marxista, yo le decía muy seria que lo importante no era la abolición de la diferencia entre ricos y pobres (ellos sostenían que todos los pobres querían ser ricos, lo cual, ¡ay!, es bastante cierto), sino «que los medios de producción» tenían que estar en manos de los trabajadores.

Su marido, mi tío Emilio Carles-Tolrà, era el marqués de Castellar. Su abuela fue la viuda de Tolrà, famosa por la empresa que fabricaba las mejores sábanas de España que llevaban su nombre. La empresa había sido fundada en 1885 en Castellar del Vallés —donde aún existe la impresionante finca-palacio de la familia, hoy convertida en el Ayuntamiento— por José Tolrà Abellà. Al morir José, con tan solo treinta y cuatro años, la dirección pasó a su viuda, Emilia Carles i Tolrà, que no era otra que su sobrina. La historia cuenta que en muchos aspectos la fábrica Tolrà fue modélica, especialmente en el trato a sus trabajadores. Fundó el 4 de febrero de 1898 una Caja de Pensiones y Retiro para los obreros, y cuando en 1931 el Gobierno de la República revisó las leyes de los trabajadores, obligando a las empresas a una serie de mejoras laborales como las vacaciones pagadas, la empresa Tolrà ya las tenía. Por su parte, Emilia contribuyó enormemente al desarrollo de Castellar, de lo que doy fe por haber visto los registros de sus gastos en unos grandes libros encuadernados en rojo. Pagó la iglesia parroquial, las escuelas del Patronato Tolrà, las Escuelas Pías y la escuela pública Emili Carles-Tolrà. A partir de los años cuarenta del siglo XX la empresa financió la construcción de casas para los trabajadores, un campo de fútbol y otras instalaciones para mejorar la vida de la población. Pero en un momento dado Domingo Valls i Taberner, el gran factótum de las empresas textiles catalanas y, por cierto, hermano de mi tía abuela Pilar Valls i Taberner, y cuya familia era la administradora de la fábrica Tolrà, se hizo el amo de la empresa Viuda Tolrà.

Yo quería mucho a mi tío Emilio Carles-Tolrà, otro personaje. Había estudiado en Estados Unidos fotografía aérea, me dijo, y poca cosa más. Como buen marqués que era, nunca trabajó. Era dulce y cariñoso y cuando enviudó de mi tía Maria Rosa quedó desesperado y decía que su vida no tenía sentido. Algunos días se plantaba en la salida del monasterio de Pedralbes —donde se celebran misas— para «ver cómo iba vestida la gente», tal era su soledad. Pero la historia de los Carles-Tolrà es mucho más complicada en mi propia familia, porque unió y desunió a dos Rosas, tía y sobrina.

Mi tía abuela Rosa Trias de Bes, después de romper con un novio anterior, se enamoró de José Carles Tolrà Coll, padre de mi tío Emilio, que se había casado con Ángeles Bofill Benessat (pariente de Ricardo Bofill), y de la cual se había separado por problemas de salud mental de ella. Ignoro cuándo empezó la historia de amor entre mi tía abuela y Pepe Carles, pero en la familia Trias de Bes aquello supuso un escándalo. ¡Rosa viviendo con un hombre separado en plenos años treinta! Pues en 1936, como veremos, ya vivían juntos en París, donde se casaron por lo civil el 12 de julio de 1938. La mitad de la familia Trias de Bes se puso de su parte y la otra mitad le negó el saludo, y cuando yo pregunté por ella en mi casa, mi madre me explicó la historia rogándome que no hiciera ningún comentario. Mi tía abuela Rosa Trias de Bes no era guapa, pero sí, como tuve ocasión de comprobar al conocerla en 1972, muy *charmante,* inteligente y simpática, además de excelente cocinera. Firmó un libro de cocina escrito en inglés en los años cincuenta —ya separada de Pepe Carles Tolrà— como «*former* marquesa de Castellar», el título que ostentaba Pepe Carles y que pasó a mi tío Emilio. ¿Y cuál es la historia? Pues que mi tía Maria Rosa, la de los anises, fue enviada a México para que diera menos problemas y allí se enamoró luego del hijo de Pepe, mi tío Emilio Carles-Tolrà. Según mi madre, las dos Rosas no se podían ni ver porque ambas aspiraban a ser la marquesa de Castellar. La que lo logró fue mi tía Maria Rosa, la hermana de mi madre, casada por la Iglesia y que vivía en la España franquista. Sin embargo, a mí me gustaban ambas, fueran o no marquesas.

Todas las familias tienen sus secretos y yo creo que las burguesas aún más, por aquello de cumplir con las apariencias y con la moral convencional, por algo llamada «burguesa». Las irregularidades y los «desvíos» se ocultaban eficazmente, aunque luego hay secretos a voces que un buen día alguien desvela. Así fue como me enteré de que mi abuelo Santiago había tenido durante varios años una amante, un hecho conocido por media Barcelona. Se trataba de Núria Sagnier, de casada Núria Arana, una dama no solo de muy buena familia, sino que ha pasado a formar parte de la cultura catalana, como traductora y escritora, con el seudónimo de Anna d'Ax. En efecto, aprendió alemán para traducir a Wagner y en 1951 publicó un libro, *Wagner vist per mi,* un ensayo sobre el músico con el comentario a sus óperas. También escribió poesía y cuatro obras de teatro, estas últimas inéditas. De esta relación nació una hija —Núria Arana— y un hijo. Como todo en Barcelona queda, como se ha dicho, en unas pocas familias, resulta que esta hija extramatrimonial de mi abuelo era ni más ni menos que prima de un amigo mío. Ni corta ni perezosa le pedí a mi amigo si me podía organizar una comida con ella. Quería saber algo más de esta historia y ver si me la confirmaba. Yo estaba, como es lógico, un poco preocupada por si de repente Núria se negaba a hablar del tema o si me tomaba por una entrometida, así que decidí comer tranquilamente y abordar el tema a la hora del café. Pero lo fascinante fue entrar en aquella habitación donde Núria estaba con un cigarrillo en una mano y un vaso de whisky en la otra y encontrarme con casi una réplica de mi tía Maria Rosa Dexeus. Tenían un gran parecido físico y me quedé boquiabierta. Con el café, me confirmó la historia, me dijo que todo el mundo lo sabía y que ella se enteró en su juventud. Y que llegó a salir mucho con mi tío Santiago Dexeus, hasta que alguien les contó la verdad a ambos: que eran hermanastros. Núria era delgada y con carácter: a mí me pareció una verdadera Dexeus.

Una vida acomodada

Mis padres se casaron el 17 de octubre de 1946 y a los dos años nacía Lali, mi hermana mayor, que fue una niña preciosa y luego una joven muy guapa y simpática, con mucho éxito entre los chicos.

Las fotografías de mis padres y de mis abuelos de los años cincuenta me muestran una vida económicamente desahogada, bastante movida comparada con otras familias de clase media o media-alta —por sus numerosos viajes y ajetreada vida social— y aparentemente feliz, que es lo que suele verse casi siempre en las fotografías, aunque luego la realidad lo desmienta.

En estas imágenes que conservo se ven sus excursiones por toda Cataluña, a Moyà a ver a los Lerín, amigos íntimos de la familia, a Viladrau, a Puigcerdà, a Cadaqués y también a París y el resto de Francia... Los domingos hacíamos salidas al Mas Badó, a Can Prat, a Santa Fe del Montseny, a Castellterçol y a veces mi padre y sus amigos iban con camisa, chaqueta y corbata y se fotografiaban así en mitad del bosque, algo impensable en la actualidad. Por otro lado, hoy en día me impresiona ver a todas las chicas de servicio que tuvimos, jóvenes españolas, graciosas o duras (alguna nos pegaba y mi madre entonces las despedía), con sus uniformes oscuros y cuellos blancos, llevándonos al Turó Park con los primos Ana y Santi Dexeus, de nuestra edad. En verano iban todas inmaculadamente de blanco, y no puedo más que pensar en las asistentas actuales, con sus tejanos y camisetas, mucho más informales y cómodas. Aparecen también las típicas fotos en la plaza Cataluña, dando de comer a las palomas, entonces un pasatiempo habitual. Se paseaba por la parte alta de la Diagonal, y en los jardines del palacio de Pedralbes, a cuya salida se podía jugar a los barquitos en los estanques. Mi primera experiencia con el cine, que me apasiona, fue la de mi abuela llevándonos al Cinerama: creo que se veían las cataratas del Niágara y otras maravillas del universo, y desde entonces me acompaña la emoción de la pantalla grande y las luces apagadas. En la televisión, que íbamos a ver a casa de mis abuelos Dexeus (en la nuestra entró tarde, pues se decía que quitaba horas al estudio), vi una película de un castillo medieval con argollas y torturadores: el actor que interpretaba al malvado era igual que un ministro franquista llamado José Solís Ruiz y desde entonces cuando este salía por televisión siempre lo asociaba al malo del film.

Sin embargo, no tengo recuerdos de grandes diversiones invernales, sino siempre de verano, cuando aparecía el paraíso llamado Tossa de Mar y más tarde Suiza. Recuerdo el mortal aburrimiento de una salida con mi madre en la que ella iba a ver a una amiga en la misma calle Mandri en que vivíamos, dejándome a mí muy de lado en aquel piso horroroso. Eso sí, algunos domingos mi padre «pasaba cine» con su proyector de 16 mm. ¡Cuántas veces no habré visto a Charlot haciendo, famélico, su parodia de gimnasia, junto al espeluznante y fornido levantador de pesas!

A pesar de que mi madre era muy de besos y abrazos, no tengo recuerdos cálidos, de verdadero amor maternal. En las películas que mi padre rodó en Suiza se la ve a ella rodeada de sus tres niñas, todas apiñadas abrazándola y haciéndole carantoñas y ella posando ante la cámara, nunca mirándonos a nosotras, una verdadera diva. Cuando viajábamos, ya a los siete, ocho o nueve años siempre pensaba qué tenía que ponerme para el viaje, y esto me angustiaba: ¿tenía que ir con tejanos o de calle? Mi madre nunca se preocupó de algo tan básico hasta que llegó la edad del control real de la indumentaria, la adolescencia. Claro que íbamos a comprar a buenas tiendas, Bebelín, el Dique Flotante (ambas en el Paseo de Gracia) y luego Gonzalo Comella (en la Vía Augusta con la Diagonal), pero no creo que se fijara mucho en cada una de nosotras, y ya no digo en si teníamos gustos propios. En realidad, lo que le interesaba a mi madre era la vida social y que hiciéramos una buena boda, un plan que se le truncó con la mayor y conmigo. Recuerdo una frase de mi tío Joan, abogado y financiero, diciéndole a mi madre: «*La gran et donarà problemes amb els nois, la mitjana amb la política, la petita ja ho veurem*». Y añadió: «*Les teves nenes han d'anar vestides de Santa Eulàlia i han de fer vida social al Tenis* (se refería al Tenis Barcelona)». Estos eran los parámetros educativos y morales para las niñas bien, que ni la mayor ni yo, como predijo, seguimos.

Mi madre era una gran seductora —siempre, claro está, llevando una moral estricta en su vida matrimonial—; seducía a la sociedad pero también al taxista, a los porteros, a los dependientes de cualquier tienda, a las enfermeras cuando se hizo mayor. En un momento dado anoté que mi madre «no tenía convicciones, más que la represión y disfrutar de la vida a un nivel sensual, superficial, puntuado por lecturas de Mauriac y vidas de reinas de la Edad Media española». Sin embargo, como la mayoría de los seres humanos, también cambió en alguna etapa su comportamiento, y un día llegó a pedirme perdón. Pero la CIA no era nada al lado de su capacidad de vigilancia y de manipulación, de un control que aún después de haberme emancipado de mi familia seguía siendo, de alguna manera, como una amenaza en mi mente. Tenía sin embargo muchas cualidades. Era, como todos los Dexeus, intuitiva y rápida, lo comprendía todo al instante y si se le explicaba el arte conceptual, por poner un ejemplo, lo entendía y hasta llegaba a hacer comparaciones entre dos importantes artistas de este movimiento como eran Kosuth y Hans Haacke, y no les hacía ascos a las creaciones contemporáneas porque era abierta de miras para el arte, que no para la moral sexual o la religión. Era muy optimista, tenía sentido del humor, era buena lectora y le encantaba viajar. Entre sus lecturas no solo estaba Pearl S. Buck, sino también *La plaça del diamant* de Mercé Rodoreda —que le impresionó sobremanera—, *Bearn* de Villalonga o Stefan Zweig. En su descargo diré que, menos en el sexo y en las convenciones sociales, era abierta de miras y se apuntaba a un bombardeo, algo que yo heredé. También era una gran conversadora (aunque sus conocimientos de política o de economía eran nulos; claro que en aquella época tampoco se esperaba mucho de la conversación de las mujeres) y recibía muy bien gracias a su simpatía natural y a su carácter abierto e interesado por todo. Mis amigos artistas la adoraban: les daba conversación y les preguntaba por su trabajo.

Mi madre no era guapa, pero sí muy elegante. Con su gran sentido del humor un día me dijo: «Fíjate que yo no tengo nada, ni unos ojos grandes, ni una boca perfecta, mi nariz es operada (se la operó el doctor Mir i Mir, pasando así de prominente a una nariz correcta pero excesivamente chata), ni un buen pelo...». Y sin embargo tenía lo que yo llamo buena estructura facial, buenos huesos, proporcionalidad. Tenía buen tipo y se vestía muy bien. Se levantaba hacia las nueve y media o las diez y la asistenta le llevaba el desayuno a la cama, en una bandeja. Tomaba tostadas con mermeladas, que le apasionaban, y té con leche. No se estilaba entonces ni los zumos de naranja ni la fruta para desayunar. Y entre ducharse y vestirse ya se le debían de hacer las doce; entonces salía a hacer recados. «¿Qué haces todo el día, mamá?» «Recados», me contestaba. Su otra gran ocupación era telefonear, y mi padre siempre decía que parecía que tuviera acciones de la Telefónica. Podía pasarse horas conversando con los otros miembros de su familia, especialmente con su hermana y su madre y con algunos amigos y amigas.

Tuvo un final muy triste, con párkinson, lo que le hizo, tal vez, acentuar sus defectos: se volvió aún más clasista, más de derechas, y en mis visitas me amenazaba diciendo que debía recordar que había un más allá donde, se suponía, yo pagaría por mis pecados (pobre de mí). Entonces yo le contestaba riendo: «Sí, por cierto, en este más allá te darás cuenta de las injusticias» (no me atrevía a decirle que la encontraría en el Infierno, aunque hubiera sido estupendo hacerlo). Porque mi madre era una verdadera ideóloga de las buenas costumbres. Cuando yo mostraba rebeldía, en la adolescencia y en la juventud, y me sentía oprimida por aquellas cuatro paredes de mi cuarto empapelado de flores y una cama caliente, siempre pretendía «enderezarme» aludiendo a que era «por mi bien», seguido de discursos sobre la familia, «lo más importante del mundo mientras permanezca unida» (ella, que pensaba en separarse de mi padre cuando la convivencia entre ellos se hacía irrespirable). Mi madre, la que cuando empezaba a salir con chicos siempre decía: «¡Resérvate, resérvate!», curiosa letanía.

En los álbumes de fotos veo imágenes de mis padres en numerosas puestas de largo y en innumerables bodas, donde las señoras van con estola de visón y los señores con chaqué, mientras un cordón de gente modesta observaba desde detrás. De la misma manera en que hoy se observa a las estrellas en el Festival de Cannes. Porque entonces las señoras burguesas iban con sombreros (con o sin pluma), grandes hombreras, joyas bastante aparentes y muchas pieles.

Cuando nos mudamos a la calle Mandri 2, a un precioso piso obra del arquitecto Francesc Mitjans, mis padres alquilaron aquel verano de 1953 una torre en Vallvidrera mientras duraba el traslado, y también porque a mi hermana Lali le recomendaron un lugar más alto para que respirara mejor. Era la torre Rufin, y hay fotografías de una fiesta infantil donde cada niño lleva a su «tata» (algunas de ellas, con cofia). En las primeras comuniones cada niña llevaba una medallita de oro con la Virgen grabada, que solía ser un regalo de los abuelos o los padrinos. Qué lujo: aquellos tiempos, tan duros para muchos en España, donde la mitad de la población era analfabeta y un buen número de españoles emigró para conseguir una vida mejor, con un buen trabajo y un buen salario, nosotros disfrutábamos de la vida. Íbamos al Tenis San Gervasio y después al Tenis Barcelona, lo más elegante de la ciudad. Las comuniones se solían hacer en las Granjas Balmoral, que estaban en la Diagonal, entonces llamada avenida del Generalísimo Franco. Tenían unos preciosos plafones pintados con paisajes vaporosos e idílicos, que seguramente fueron destruidos al cerrar el local. Que todo esto que cuento fuera sinónimo de felicidad ya es otra cosa, porque ningún lujo o estatus social puede suplir al verdadero cariño paterno-filial. Muchas veces he pensado que los niños que jugaban en la calle o las jóvenes cuyas madres las alentaron en su carrera profesional fueron más felices que yo. Nunca me permitieron jugar en la calle y más tarde, de adolescente, tampoco podía sentarme sola en un banco: supongo que la moral burguesa opinaba que sentarse sola en un banco era sinónimo de buscar plan.

En el enorme piso de Mandri teníamos un cuarto de jugar y de estudio con un suelo de sintasol color amarillo, que debía de ser la última moda. Y cada hermana tenía un escritorio empotrado que al abrirse se iluminaba automáticamente. Allí debí de escribir mis primeras líneas, que eran unos versos horrorosamente cursis y un diario igualmente cursi y muy católico. Entonces llegó la señorita Codorníu a ayudarnos con los deberes y a darnos clase de francés, y se quedó bastantes años. Era muy delgada, iba con trajes de chaqueta bastante bien cortados y la recuerdo muy mayor, aunque solo debía de tener unos sesenta años. La señorita Codorníu era muy amable y poco severa, y sabía menos francés que nosotras. No recuerdo haber aprendido nada de sus clases pero su presencia resultaba agradable. Dábamos las clases en el cuarto de jugar, en una mesa central, y un buen día mi madre nos vino con una noticia sorprendente: la señorita Codorníu había encontrado un novio y se iba a casar. Todo esto vino envuelto en largas explicaciones por parte de mi madre, de las que retengo una, totalmente optimista como era ella. «Esto quiere decir», nos aseguró, «que a cualquier edad, una puede encontrar marido»; la pobre señorita Codorníu era viuda. También añadió «que su pretendiente era muy limpio». Qué querría decir con «limpio» nunca lo entendí, aunque con los años caigo en la cuenta de que el gran concepto que mi madre tenía de la higiene le hacía pensar que tal vez un señor mayor tenía que ser, por fuerza, descuidado o sucio. Que el pretendiente fuera un señor muy limpio le daba carta de aprobación total a ojos de mi madre. Nosotras nunca lo llegamos a ver, y la señorita Codorníu, al cambiar de estado civil, ya no volvió a darnos clases.

De pequeñas, veíamos bastante a una familia muy numerosa, grandes amigos de mis padres. Creo que eran trece hermanos y con una situación económica más que desahogada. De repente tuvieron un revés de fortuna y la madre —íntima de la mía— sufrió un cáncer a consecuencia del cual murió. Para mí aquello fue una prueba evidente de que Dios no existía, y así se lo dije a mi madre, tan piadosa. ¿Cómo puede un Dios bondadoso aceptar que una buena madre de trece hijos muera de un cáncer? Yo aún era creyente, pero ya empezaba a tener dudas. No sé qué me contestó, pero yo ya añadí aquella duda a otra expresada en el colegio, en clase de religión. La profesora nos explicaba algo del cristianismo y también del judaísmo, el budismo y otras creencias, añadiendo que la verdadera era la nuestra, la cristiana. «¿Y uno no puede coger lo bueno de cada religión?», pregunté yo, en parte por mi inocencia y en parte por mi naciente curiosidad por todo. «Imposible», me contestó, muy tajante, la maestra.

Mi padre, Emilio Combalía, era un hombre de arraigadas convicciones, costumbres metódicas —se comía a las dos, se cenaba a las nueve—, muy conservador y profundamente honrado. Esto no le impedía ser bastante autoritario y machista, como muchos hombres de su época (había nacido en 1914). Era estricto: si no nos acabábamos el plato, nos decía que tendríamos el medio bistec para merendar, con lo cual, huelga decirlo, cumplíamos. Aunque nos hablaba en castellano, siempre nos lanzaba muchos refranes en catalán y de todos ellos recuerdo *«a la taula y al llit, al primer crit»,* del que solo hoy capto con nitidez su autoritarismo (aunque por suerte no lo decía gritando). Había estudiado bachiller universitario y perito mercantil, pues entonces no existía la facultad de Económicas. Era agente de aduanas y consignatario de buques, y también fue presidente consejero de diversas empresas y censor de cuentas de la Banca Mas Sardà. Fue miembro honorífico de la Cámara de Comercio Americana para España.

Mi padre era lo que se llama «un señor de Barcelona»: iba siempre impecable y rivalizaba en elegancia con su gran amigo, el señor Lerín. Cuando yo era pequeña recuerdo que se hacía planchar las camisas por una planchadora y su sastre era Llobet, uno de los mejores de la ciudad. Durante unos años se ponía un poco de gomina en el pelo hasta que mi madre se lo prohibió: *«Ja no es porta, ja no es porta!»,* le decía. Hablaba de los abrigos de vicuña como los del «visón del hombre» y tenía una fijación con los colores lisos, siempre, según él y creo que acertadamente, más elegantes. Cuando mi madre aparecía en los años cincuenta con algún estampado de flores grandes (o uno de hojas que recuerdo muy bonito), siempre la increpaba: *«Montse, ja t'ho he dit, colors llisos, colors llisos!».* La comida era algo fundamental para él, y se definía como *gourmet* y no *gourmand,* y muy exigente con las cocineras de casa, para exasperación de mi madre. «Emilio, no le des tanta importancia a la comida, no es elegante hablar tanto de la comida», apostillaba ella, siguiendo una teoría de normas de educación muy extendida. En los años setenta en mi casa se empezó a comer más ligero, para pasmo de mi progenitor. «Emilio», decía mi madre, «¿no recuerdas que en Europa solo se come un plato con acompañamiento?», pero mi padre quería macarrones y carne, verduras elaboradas y pescado, y a poder ser tres postres: fruta, queso y algún dulce.

Yo era una adolescente inquieta y curiosa, y lo preguntaba todo: «Papá, y ¿por qué esto es así?». «Es así porque es así», me contestaba, justo lo contrario del diálogo o la comprensión. Mi padre reñía a mi madre, algo frecuente, por la comida o por sus retrasos, y un buen día mi madre soltó bajito esta frase estremecedora: «Soy como un patito que lleva la cabeza debajo del agua y que a ratos sale un poco a respirar». Pero mi padre también tenía una bondad natural que hizo que con los años, pasada mi rebeldía, yo le tuviera mucho cariño.

Mi padre era un gran trabajador: salía para el despacho hacia las ocho y media de la mañana, hacía una pausa de dos horas para comer en casa, y luego volvía al trabajo hasta las ocho o incluso más tarde. Leía el periódico —siempre *La Vanguardia*— después de comer y por la noche se veían las noticias en la televisión y lo poco que daban después, ya que solo había dos canales, el primero y el UHF.

Con tres hijas, las conversaciones en la mesa eran femeninas, así que versaban sobre trapos, chismes o fiestas, y solo yo comentaba la actualidad política, aunque pronto me callé pues enseguida empezaron las diferencias. En realidad, aquella casa era un gineceo, con una madre, tres hijas, cocinera, camarera y a veces modista que venía a hacer arreglos de nuestra ropa. Se llamaba Benita y era amorosa y sencilla, y lo que más me gustaba de las pruebas era cuando decía: «Le entro un poquito el vestido por aquí en disminución». Yo encontraba filosófica y muy exótica la palabra «disminución».

Mi padre era católico por educación, pero yo notaba que tenía poca confianza en los dogmas y, sobre todo, en las jerarquías religiosas. Tampoco tenía confianza en los políticos, ni en los médicos, y era un poco hipocondriaco.

En nuestra casa, las medicinas eran un capítulo muy importante: por parte materna éramos familia de médicos y muy «pastillómanos»; por el lado paterno existía una gran reticencia hacia los médicos, pero, como se daban achaques varios, la cuestión de las pastillas era fundamental en Mandri 2. De hecho, los medicamentos ocupaban todo un armario en el cuarto de baño de mis padres. Este estaba decorado con mármol verde oscuro veteado de blanco, de una gran elegancia, y allá aparecía este armarito mediano, blanco, con múltiples casilleros en los que se leía: laxantes, analgésicos, antiinflamatorios, protectores estomacales, tranquilizantes, vendas... Y muchos conceptos más que ahora no me vienen a la memoria porque su sistema de clasificación debía de ser el de la época. A la derecha había cajones más amplios para los jarabes, alcoholes y otras botellas. Algunos nombres de medicinas a mí me gustaban mucho, los encontraba poéticos, como Nico-Hepatocyn, Tranxilium, Biodramina, Emuliquen. Y puedo asegurar que nadie miraba la fecha de caducidad de aquellos medicamentos, que pasaban años y años en sus blancos cajones. Como toda la familia Dexeus, mi madre era tan «pastillómana» que un día la recuerdo diciendo: «Me sobra una aspirina en esta caja, ¿quién la quiere?», como quien ofrece un caramelo.

Mi padre era meticuloso, pero por otro lado odiaba la burocracia, le ponía muy nervioso, como a mí. Sin embargo, era tal su pasión por el orden, que su país preferido siempre fue Suiza, adonde nos llevó seis años de vacaciones, como más tarde comentaré. En una ocasión, precisamente en Suiza, estábamos en el Museo de Winterthur y no se le ocurrió nada mejor que poner un cuadro recto, ya que lo veía ligeramente torcido. No hace falta decir que sonó la alarma, llegaron los guardias, y tuvimos que excusarnos como pudimos ante tal arrebato de simetría por parte de mi padre. Claro que nuestra apariencia, por suerte, no era la de unos ladrones, sino la de una familia española burguesa. Como buen ahorrador —que no avaro— se ponía furibundo con las luces encendidas y con el gasto del teléfono. *«Aquest llum crema!»*, gritaba mi padre viendo las luces del pasillo encendidas. La palabra *«crema»* (arde) siempre me impresionaba, porque no entendía cómo una bombilla podía producir un incendio. Era tal su fijación con las luces, que cuando yo me emancipé del todo —no con Miguel, mi primera pareja, sino cuando ya viví sola— lo primero que hacía era dejar todas las luces posibles encendidas para mi gran satisfacción y sensación de libertad.

Esto duró poco, porque al ver la factura de la luz volví a apagar algunas, pero solo algunas. La idea de luz y buena iluminación siempre me ha gustado, y al emanciparme pensaba: «Yo me lo gano, yo me lo gasto».

Todo separaba a mis padres en sus costumbres: a mi padre le gustaba el frío, a mi madre el calor; a mi padre la montaña, a mi madre el mar; el uno era ordenadísimo, la otra muy despistada. A mi padre le gustaba la música, a mi madre no le movía ninguna fibra sensible y no sabía cantar, algo que yo he heredado.

A mamá le daba por «hacer limpieza» y tirar cosas, y así es como un buen día me tiró un par de zapatos nuevos. Creo que no hacía distinción, lo importante era tirar. Cuando se hablaba de política —lo poco que se hablaba—, mi padre opinaba que Franco era un dictador, mi madre no, aunque tampoco le gustara. Como buenos burgueses que eran, lo aceptaban porque había traído orden y estabilidad frente a los excesos de la FAI y la CNT que habían visto en la guerra. Pero mi padre, al referirse a otras familias de la misma clase social muchas veces decía: «Estos han hecho mucho dinero con el Régimen», con un mohín de desagrado. Mi padre también era catalanista, y cuando atravesábamos en coche el Rosellón nos decía: «Todo esto era catalán hasta 1659».

¿Y qué idioma se hablaba en mi casa? A pesar del catalanismo de mi padre —un catalanismo moderado— y de ser ambos de familias totalmente catalanas por los cuatro costados, a las niñas nos hablaban en castellano mientras mis progenitores hablaban entre ellos en catalán. Era la típica reacción de la alta burguesía bajo el franquismo. De pequeña, creo que yo no distinguía entre las dos lenguas, y de mayor me extrañaba que mi madre hablara con todos sus hermanos en catalán mientras que con el tío Santiago —nacido durante la Guerra Civil— hablaba en castellano. También la generación anterior —mis abuelos, tíos abuelos, tíos y tías— hablaban entre ellos en catalán, era lo normal.

La guerra de mis padres

Participé en una reunión de mujeres más bien de izquierdas en Madrid donde se habló de la Guerra Civil. Me quedé asombrada al ver que ninguna de las cuatro mujeres del grupo sabía cómo habían pasado la guerra sus padres. «En casa no se hablaba de esto», era la frase que más escuché. Por el contrario, en mi casa, en muchas ocasiones preguntábamos a nuestros padres por la guerra y recuerdo la frase: «¡Papá, mamá, contadnos otra vez la guerra!», como si aquello fuera una película. Porque para nuestras mentes infantiles, las peripecias pasadas solo eran comparables a una película. Mis padres cambiaban el semblante sonriente por uno triste y dramático, y siempre empezaban con un «fue horroroso». Recuerdo que mi padre, depresivo y con mala suerte en la vida, siempre repetía: «Ojalá no os toque nunca ver a las masas enfebrecidas»; es una expresión que se me ha quedado grabada. Toda la familia, paterna y materna, conmigo incluida, tenemos auténtico pánico a las aglomeraciones. Tan solo haciendo grandísimos esfuerzos he acudido a mítines políticos de joven, situándome siempre cerca de la puerta cuando había muchísima gente congregada.

En todo caso, ninguna de las dos familias era franquista, pero tampoco eran de izquierdas. Pertenecían ambas a la burguesía —alta en el caso Dexeus, media-alta en el caso Combalía— y eran «gente conservadora, gente de orden», pero tampoco de una derecha recalcitrante. Por parte Trias de Bes habían sido, como he dicho, de la Lliga, una derecha catalanista. Sin embargo, en aquella España de grandes desigualdades sociales, donde la mayoría de la población era pobre y analfabeta, solo por ser rico o propietario de una empresa, o incluso tan solo gerente o director, el pueblo armado —en general, la FAI— venía a matarte, sencillamente porque aquella guerra civil no solo fue una guerra entre el fascismo por un lado y la Segunda República y la democracia, por otro, sino también entre ricos y pobres. En aquella guerra se cometieron atrocidades por ambos lados; solo que hubo un bando ganador, el franquista, que ejecutó con juicios sin ningún asomo de imparcialidad, reprimió culturalmente y arruinó la vida de los vencidos, como sucede en todos los regímenes totalitarios. Pero de pequeña yo solo oía la versión familiar, y esta era, con todo, muy distinta en cada caso.

Por el lado Combalía, al pasar tanta hambre en Barcelona se fueron al pueblo de Viladrau, donde veraneaban y donde algunos payeses les daban algo de comida. A mi abuelo Combalía, consignatario de buques y agente de aduanas y director de la empresa Combalía-Sagrera, vinieron a buscarlo para matarlo, y al no encontrarlo mataron al pobre capataz: «Como no está el dueño de la empresa, te matamos a ti», me contaron en mi casa que dijeron los milicianos. Mi madre dice que el abuelo Combalía nunca olvidó esta tragedia y siempre se ocupó de la viuda y el niño que quedó en aquella familia. No era para menos. Mi padre había estado enfermo de los pulmones dos años antes de la contienda y por esta razón no fue al frente. Conservo sus certificados de exclusión temporal y total de los años 1935 y 1937 con la mención de tuberculosis, no sé si cierta o inventada, ya que en casa nunca se habló de este tema. El caso es que bajo la dirección de Frederic Udina Martorell ayudó a la conservación del patrimonio artístico catalán, en el refugio provisional del Archivo de la Corona de Aragón en Viladrau. Juan Goytisolo habla de este edificio en *Coto vedado*, el primer volumen de sus memorias. También los Goytisolo fueron a Viladrau acuciados por la falta de víveres en Barcelona. Ellos vivían en un grupo de cuatro viviendas con un jardín común junto al gran edificio del Archivo. Juan se acordaba de mi familia perfectamente y me gustaría haber hablado más con él de aquel Viladrau donde, según él cuenta, su madre —antes de que pereciera en un bombardeo en Barcelona— iba también de masía en masía pidiendo comida. Mi padre me había contado lo mismo: «No sabes lo que es ir a buscar comida, a ver si nos daban algo».

La salvación de los documentos del Arxiu es una historia muy interesante: fue Joaquim Folch i Torres quien decidió salvaguardar las obras de arte del patrimonio nacional primero en Olot, lejos de una Barcelona que podía sufrir bombardeos (como efectivamente ocurrió). Olot era una población bien comunicada y cerca de Francia, ya que Folch i Torres pensaba en la posibilidad de poner el tesoro artístico bajo la protección de la Sociedad de Naciones. El personal técnico del Museu d'Art se instaló en el segundo piso de la casa Solà-Morales (¡luego tan amigos míos!), reformada por el arquitecto Domènech i Montancr, mientras que la planta baja estaba ocupada por el comité local del POUM y la FAI. Agustí Duran i Sanpere, responsable de la Sección de Archivos, pensó en Viladrau, cuyo Ayuntamiento se había ofrecido a ceder varias casas para salvaguardar los documentos y porque era un pueblo bastante aislado. Allá se conservaron los documentos más importantes del Arxiu Històric de la Ciutat y de la Corona d'Aragó, que incluían documentos de la catedral de Barcelona, el Arxiu Episcopal y de la Acadèmia de Bones Lletres, entre otras instituciones. Pero también unos dieciocho mil pergaminos, los códices de los monasterios de Ripoll y Sant Cugat y varios incunables. Mi padre —de febrero de 1937 a enero de 1939— e Ignasi Arqués fueron el personal fijo que trabajaba en Viladrau, como auxiliares eventuales sin sueldo. Muy recientemente he encontrado un testimonio precioso de este episodio. Mi padre fue entrevistado en 1996, poco antes de morir, por Jaume Enric Zamora i Escala, que publicó un largo artículo sobre la salvación de estos archivos en Viladrau. Varios camiones, cada uno con un chófer y un *mosso d'esquadra,* ambos armados, iban llevando los documentos de Barcelona a Viladrau. Cuando los paraba la FAI, uno de los chóferes, Quico Pagés, recuerda que al ser interrogados sobre lo que llevaban, decían: *«Llibrots vells, burros!»*. Se habían requisado —o prestado— tres bonitas torres en Viladrau a fin de conservar los documentos apropiadamente. Una era la casa Balcells, otra la casa Viuda Crexells (viuda del escritor Joan Crexells, ofrecida por la propietaria). Esta se la alquiló a Duran i Sanpere y en ella vivieron durante un tiempo su mujer y sus hijas. Con los bombardeos de Barcelona, los Crexells regresaron a Viladrau y allí encontraron a mi padre como encargado de los archivos. En la tercera casa, la casa Trias, ofrecida por el propietario, estaba Frederic Udina Martorell, quien recordó que entre los documentos se encontraba el gran misal de Sant Cugat.

Según el testimonio de mi padre, ya antes de la guerra la familia Combalía alquilaba en Viladrau la casa Trias y les unía una buena amistad con Duran i Sanpere. Al decidir este que la casa Trias había de servir para salvaguardar los archivos, los Combalía se mudaron a una de las casas de un tal Joanic, cerca de la familia Goytisolo. Ignasi Arqués (que era de Cervera y amigo de Duran) y mi padre tenían que alisar y clasificar los pergaminos que les llegaban enrollados. Trabajaban mañana y tarde. Los ponían planos en la cocina de la casa Balcells, los limpiaban primero con esponjas humedecidas, los mojaban con agua por el reverso para estirarlos y les colocaban un papel secante. Cuando tenían una pila les ponían encima unas maderas y piedras de barita a modo de prensa rudimentaria. Al día siguiente quitaban el papel secante y los archivaban por procedencia y fecha en unos cajones de madera que les fabricaba el carpintero de Viladrau. «Aplanamos miles de pergaminos», contaba mi padre. «Duran venía cada quince días a ver cómo iba el trabajo. Era muy amable y simpático y viajaba, con escolta, en un Hispano Suiza que había sido propiedad del boxeador vasco Paulino Uzcudun.» Martí de Riquer también estuvo un tiempo en la Sección de Archivos, trabajando con

Duran i Sanpere, y recuerda que Duran, al oír los rumores que corrían por el pueblo de Viladrau de que en aquellas casas se escondía la corona de los reyes de Aragón, decidió organizar unas visitas culturales para enseñar a los vecinos lo que realmente había. «Duran no llevaba corbata», siguió recordando Riquer, y mi padre también hizo alusión a su vestimenta: «Iba vestido con ropa vieja y pantalones de pana».

En todo caso, supongo que por sus trabajos en el Arxiu, le regalaron a mi padre un enorme pergamino medieval que acabó en un biombo, un biombo que las niñas odiábamos y que un buen día desapareció como por encanto. A lo mejor era valiosísimo, pero mi madre lo vendió por cuatro duros: como ya he dicho, siempre tuvo tendencia a «liberarse de cosas» sin saber muy bien qué vendía ni a qué precio.

Como una letanía final cada vez que se tocaba el tema de los años de guerra, mi padre increpaba a mi madre: «¡Tú no sabes lo que es pasar hambre!», un motivo más de discusión, uno de tantos.

La historia de mi padre en Viladrau fue de película. Al estar viviendo en «zona roja», mi padre iba vestido como un miliciano, y cuando llegaron las tropas franquistas al pueblo, acompañadas de soldados moros, lo detuvieron. Se los llevaron a él y a otros montaña arriba para fusilarlos. A la cabeza de los militares había un alemán. Mi padre sabía hablar alemán porque había estudiado un año en Dresde y otro en Zúrich. Así que inmediatamente pensó: «Tengo que llegar arriba para poder hablar con el soldado alemán y decirle que no soy un rojo». Pero ¿cómo atravesar la fila de soldados moros y llegar hasta el comandante? Mi padre llevaba un buen reloj, y decidió dárselo a un soldado moro para que lo dejara llegar hasta el mando; allí no tuvo problema para explicarle al jefe, en perfecto alemán, que él iba vestido así para salvar el pellejo pero que no era «un rojo». Lo dejó irse. Y a este relato tan cinematográfico, que mi progenitor contaba tan solo porque insistíamos, siempre añadía la coletilla «el hambre fue lo peor de toda la guerra».

En cuanto a la familia de mi madre, cuando estalló la sublevación el 18 de julio, mi abuelo, Santiago Dexeus, se reunió con otros miembros adultos de la familia para hablar de la situación. Parece que todos comentaban —como se creía— que aquello era cosa de días, máximo de semanas, tantas eran las revueltas y la agitación social que había habido en años anteriores. Cuando todos hubieron pontificado, mi tío Joan Sardà, entonces un joven de veintiséis años, afirmó: «Esto no es cosa de días, sino de un año o más». Mi abuela Montserrat y los niños, como tantas otras familias, estaban en la casa de veraneo, en Tossa de Mar. El abuelo los hizo regresar de inmediato a Barcelona. Pero la casa de Tossa se tenía que inaugurar oficialmente el 25 de julio, día del santo del abuelo Santiago. La vajilla estaba diseñada especialmente para la casa; la cristalería era de vidrio soplado de Mallorca y todo era nuevo. Durante la guerra, la casa fue ocupada y cuando yo le pregunté a mi madre qué pasó con los enseres me dijo: «Oh, al volver a veces veíamos nuestras toallas secándose en los balcones de algunas casas del pueblo». «¿Y el abuelo no hizo nada?», le pregunté. «No, decía que ya había habido demasiada sangre y demasiadas venganzas y que la vida había de continuar.»

Mi abuelo dirigía la recién inaugurada clínica de la avenida Tibidabo y la Maternidad Provincial. En mi casa, conservadores, siempre habían explicado que los de la FAI habían obligado a mi abuelo a hacer abortar a todas las pacientes que entonces se encontraban en la clínica. Mi tío Josep Maria Dexeus, en sus memorias, lo cuenta con más precisión y por tanto voy a citarlo:

> se firmó el decreto sobre el aborto el 9 de enero de 1937 (Reforma Eugénica del Aborto) y el primer centro obligado para practicarlos era la Maternidad Provincial. El padre, jefe de departamento, fue elegido representante de los médicos en el Comité de Dirección y en la reunión en que se consideró la aplicación del artículo primero, que señalaba la interrupción

de la gestación por causas médicas, él exigió que dichas causas fuesen determinadas por el personal sanitario, lo cual exaltó los ánimos. Mi padre llegó a casa tarde y preocupado. Al cabo de poco rato vino, espantada, la comadrona, que también formaba parte del Comité, para cumplir con el arriesgado favor de aconsejarle que se ocultara porque iban tras él.

En cambio, según mi tío Joan Dexeus, hermano de Josep Maria, fue una comadrona quien denunció al abuelo, diciendo que «el doctor Dexeus estaba en contra de la ley del aborto». «Las comadronas», según me contó Joan, «se habían opuesto firmemente a mi padre porque este había preconizado, ya desde principios de los años treinta, el que la parturienta no tuviera al niño en casa, sino en el hospital, pues en casa, con falta de higiene y del instrumental apropiado, morían muchas pacientes.» Aunque mi abuelo no durmió en casa en muchos días, parece que tuvo la tentación de ver a sus hijos y allí lo detuvieron. Mi abuela entretuvo a los milicianos preparando una manta, una muda y libros, y le dijo a mi tío Josep Maria, entonces un niño: «Llama a Terán y dile que siga al coche de los milicianos». Al doctor Max Terán, ayudante de mi abuelo, como cónsul de Costa Rica no le habían requisado el coche y así pudieron ver adónde lo llevaban. En los arrestos era importantísimo saber adónde los conducían, pues podía ser directo al «paseo» de la Rabassada para darles el tiro de gracia. Llevaron a mi abuelo a la checa de Sant Elies (hoy parroquia de Santa Agnès, donde —paradojas de la vida— se celebró el funeral de mi abuela, Montserrat Trias de Bes), como a tantos otros. Allí, según mi madre, uno de los que tenían que interrogarlo dijo: «A este, el doctor Dexeus, déjenme interrogarlo a mí». Llegado el turno le dijo: «Usted no se acuerda de mí, pero le salvó la vida a mi mujer. Váyase del país si quiere salvar su vida».

Esta versión tan de película es, pues, distinta de la de mi tío Josep Maria, según el cual Vicenç Guarner, jefe de los servicios de Orden Público de la Generalitat y amigo de la familia, lo ayudó a salir. Guarner fue un coronel decisivo, por lo que parece, a la hora de frenar la sublevación de los militares golpistas en contra de la República. Y entonces todo fue ver por qué medios podían salir del país. Primero mi abuelo consiguió enviar a sus tres hijas a París, mi madre y mis dos tías, aprovechando que un amigo francés, Pierre Farnier, cuya mujer era paciente de mi abuelo, tenía un pasaporte en el cual figuraban sus tres hijas pero viajaba solo (ya es casualidad). Mi madre tenía trece años, la tía Maria Rosa diez y la pequeña, la tía Lali, cinco. Llegaron al hotel Noailles de Marsella y allí mi madre recuerda que tomó alcachofas como nunca las había probado en Cataluña. En Marsella, el señor Farnier puso a las tres niñas en un tren a París, con papeles franceses y nombres falsos: obviamente tenían que hablar en francés o no abrir la boca. Vivieron nueve meses en el apartamento de mi tía abuela Rosa y Pepe Carles Tolrà, situado en un espléndido edificio *art déco,* que aún existe, en el 14 de la Rue Cognacq-Jay, que también tiene entrada por el Quai d'Orsay 91-93. En aquel edificio, según mi madre, vivía una actriz, Huguette Duflos, actriz de la Comédie Française en los años veinte, también actriz de cine mudo y posteriormente sonoro, que había actuado en 1930 en *Le Mystère de la chambre jaune* de Marcel L'Herbier, y que en 1937 estrenaría *Les Perles de la couronne,* de Sacha Guitry y Christian-Jaque. Huguette Dufflos había sido, por cierto, víctima de un apuñalamiento a manos de Marguerite Anzieu. Esta fue puesta a cargo de Lacan, que la llamó Aimée y fue el tema de su famosa tesis publicada en 1932.

Y también estaba en París el primo Lluís Trias de Bes, Lluiset, que era casi de la edad de mi madre y con el cual, según ella, se peleaban como gato y perro, aunque luego se querían muchísimo. A los niños de la casa los cuidaba Fräulein Rössli, una chica suiza.

En casa Carles-Tolrà tenían unos sirvientes, Nelly y Serge, que eran rusos blancos, es decir, exiliados de la Revolución de 1917. Mi madre recordaba su refinamiento por cómo presentaban la mantequilla, haciendo dibujos con ella, y cómo les daban los tomates ya pelados.

Por su parte, mi abuelo salió invitado por el presidente de Panamá, Juan Demóstenes Arosemena, a impartir cursos de su especialidad en aquel país. Según los recuerdos de mi tío Josep Maria el milagro se debió a la señora García de Laso, pariente del presidente, otra paciente a quien mi abuelo le había salvado la vida. Los amigos que mi abuelo tenía en la Generalitat proporcionaron los anhelados pasaportes. Y así, el abuelo pasó de ir a una checa a salir de Cataluña en coche de la Generalitat. Viajaron mis abuelos con los tres chicos, el tío Josep Maria, el tío Joan y Santiago, que entonces era un bebé. La abuela Montserrat se había cuidado de sacar los cuadros de sus marcos, que se transportaron, junto con la plata, en un carro lleno de paja que se cargó de madrugada en el garaje —con la ayuda del portero— y que se llevó a la finca que tenían los Trias de Bes en Sant Joan Despí, donde los masoveros los guardaron celosamente. En cuanto al piso, Vicenç Guarner le dijo a mi abuelo si podía requisarlo y vivir en él durante la guerra, y así protegerlo. «El último adiós», escribe mi tío Josep Maria, «fue para decir que, si perdía la guerra, nos ocupásemos de las cosas que él dejase y se las hiciéramos llegar allí donde él indicara.» Acabada la guerra, mis abuelos le hicieron llegar unos grandes baúles con sus pertenencias a México, país al que se exilió y donde murió en 1981.

Así que mis abuelos y los hijos varones salieron de Barcelona acompañados de milicianos y llegaron a Carcasona. Allí mi abuelo tuvo un dolor de estómago horrible y fue visitado por el doctor Puig Sureda, amigo de la familia. Según cuenta mi madre, estaban en un hotel de mala muerte, y el doctor Puig Sureda dijo a los milicianos que mi abuelo estaba bastante grave (lo cual era verdad y fue providencial para salvar su vida) y que tenía que quedarse bajo su supervisión. Lo dejaron, y el abuelo, recuperado, se fue a París a buscar a las tres niñas para llevárselas a la España nacional.

Hoy pienso que es horrible que un catalán liberal, muy progresista para la época en temas sanitarios, en ningún modo fascista, catalanista de corazón, hubiera podido ser asesinado por la FAI. Y cuya «riqueza» se la había ganado a pulso, puesto que su padre era un sencillo médico de familia. No era un latifundista, ni un rentista ni un explotador de nadie: era un profesional que se ganaba la vida.

Del mismo modo, intelectuales catalanistas, liberales, gente que simplemente abogaba en favor de una República de la que esperaban mayor cultura para el país y una mejor distribución de la riqueza, fueron asesinados por la FAI o tuvieron que exiliarse. Acabada la guerra, muchos de los que se atrevieron a regresar fueron represaliados y se les impidió ejercer su puesto, ya fuera de maestro, de profesor o de funcionario. Aquello fue una sangría para el país y, más de ochenta años después, aún sufrimos las consecuencias. La idea de dos Españas, una de izquierdas y otra de derechas, enfrentadas vilmente, aún supura en las disputas cotidianas entre los partidos españoles.

A principios de 1937, la familia Dexeus pasó a San Sebastián, en la zona nacional, donde los esperaban algunos miembros de la familia Trias de Bes. Al principio vivieron en la Villa San José, y más tarde en Villa Marepa Enea, en el barrio de Ategorrieta. A pesar de que mi madre siempre decía que los vascos se portaron muy bien con los refugiados catalanes, hay muchas anécdotas de choques de costumbres. Por ejemplo, mis tíos iban con pantalones llamados de golf, mientras que los vascos los llevaban hasta los tobillos y se reían de los catalanes. Y mi madre me contaba cómo, viniendo de París, fueron amonestadas y criticadas violentamente por sus trajes de baño «impúdicos» (los que debían de llevarse en 1937 en la capital francesa) y que los chicos fueron sancionados con una multa de cinco pesetas por llevar un traje de baño que debía de ser el normal en Francia pero no en la pacata España nacional. También recuerdan que otros compañeros de juegos se reían de su acento catalán y que les hicieron más de una trastada.

Los chicos fueron al instituto y posteriormente a los jesuitas, donde trabaron amistad con Torcuato Luca de Tena, que ya escribía poemas y luego se convertiría en el director de *Abc.* A imitación de la Italia fascista, los jóvenes se organizaban en facciones que desfilaban: los de la CEDA (coalición de derechas), los requetés (tradicionalistas vascos) y los falangistas. Josep Maria y Joan, los hermanos de mi madre, se cansaron pronto de desfilar, mientras que mi tío abuelo Josep Maria Trias de Bes vaticinó que la fusión de la Falange con los requetés acabaría con los partidos y que el poder político solo sería «Franco, Franco y Franco», lo cual obviamente sucedió. Las niñas pequeñas estudiaron en el colegio de la Asunción en Miracruz y mi madre en las Teresianas, en el centro de San Sebastián.

Mi tío relata un episodio en sus memorias muy significativo: fueron en taxi a visitar al doctor Segura, amigo de mi abuelo, que estaba muy enfermo y residía en Bilbao. En un momento dado el taxista les preguntó si podía parar unos minutos y lo vieron arrodillarse al pie de un árbol; cuando volvió al coche se excusó explicándoles que allí habían fusilado a su padre y a un sacerdote por nacionalistas. Otro episodio significativo del odio de ambas partes y de las muertes injustas fue el caso de Manuel Carrasco i Formiguera, político democratacristiano fundador de Unió Democràtica de Catalunya y buen amigo de la familia Dexeus-Trias. El tío abuelo Josep Maria Trias intentó —como otros amigos, e incluso la Santa Sede— evitar su fusilamiento, pero Franco hizo oídos sordos. Carrasco i Formiguera fue trasladado al penal de Burgos y ejecutado el 9 de abril de 1938.

Las peripecias de la Guerra Civil de mi familia Dexeus fueron difíciles como las de otras tantas familias, pero hubo un hecho que fue especialmente trágico y que afectó duramente a varios miembros, especialmente a mi abuelo y a mi madre. Caminaban por una calle de San Sebastián mi madre y mi tía Lali, que solo tenía siete años y era la personita más dulce, sonriente y cariñosa de toda la familia. Lali se soltó de la mano de mi madre y fue atropellada por un coche. El pronóstico inicial fue una fractura en la pierna, pero la niña murió al cabo de una semana, ya que debía de tener un gran traumatismo interno que no le supieron detectar. Mi abuelo se encerró en su despacho y le pidió al tío Josep Maria que atendiera, junto a la abuela, a los amigos que acudían a dar el pésame, y no salió hasta el momento de enterrarla. Por pura casualidad, el hombre que la atropelló, sin tener ninguna culpa, era de Barcelona. El abuelo jamás dio su nombre a nadie durante toda su vida. Los restos de la pequeña Lali, al acabar la guerra, fueron trasladados a Barcelona, al panteón que hicieron construir en el cementerio de Horta, tal vez el panteón más sobrio de todo aquel pequeño y acogedor cementerio.

Mi madre nos recordaría esta escena varias veces a lo largo de su vida, con los ojos llorosos, diciendo «se me escapó, se me escapó», y yo sabía que la pobre aún se sentía responsable. Por todo ello, a mí no me dejaron caminar sola hasta que tuve doce años; siempre tenía que ir cogida de la mano, y lo entiendo, como lo entendí entonces. Recuerdo una vez en que, caminando con mi tía Charo García Verde (tendría yo unos diez años), yo me cogía de su mano y ella, que tenía mucho carácter, me dijo algo así como: «¿Qué haces? Ya eres mayor y puedes ir sola», y creo que no me atreví a recordarle el suceso.

Entre otras cosas, la guerra sirvió para que mi abuelo, hombre práctico y avanzado, hiciera estudiar Comercio a mi madre y a la tía Maria Rosa. Podría decir que de poco les sirvió —mi madre nunca hizo nada más que las cuentas de su casa—, pero ello revela que mi abuelo consideraba que el mundo había cambiado mucho en los años treinta, con la República y la revolución, y que las mujeres debían tener un mínimo de formación u oficio por si las cosas venían mal dadas. Otra consecuencia de la guerra es que murieron muchísimos hombres jóvenes, un problema para las chicas casaderas del momento. «¿Por qué te casaste con papá, mamá, si os lleváis tan mal?», le pregunté un día a mi madre. Y para mi sorpresa, por no decir estupefacción, me contestó: «Mira, había muy pocos chicos, muchos habían muerto en la guerra... Tu padre era guapo, honrado y aunque no era de una familia exactamente igual que la nuestra, tenían una posición económica estable y muy desahogada».

El paraíso: Tossa de Mar

La casa de Tossa era nuestro paraíso, adonde íbamos cada verano. Yo fui desde que nací hasta 1977, y de allí guardo mis mejores recuerdos de infancia. Tossa de Mar es un pueblecito de la Costa Brava conocido por su belleza natural y por los artistas e intelectuales que lo visitaron ya desde principio de siglo, de Picabia a Chagall, pasando por André Masson, Georges Bataille, Foujita u Olga Sacharoff. Y entre los artistas catalanes: Francesc Domingo, Togores, Josep Mompou, Enric Casanovas, Xavier Nogués y muchos más. También había uno llamado Sarabia, artista local, casado con la artista Lola Bech Bertran, quien pintó nuestro jardín.

Tossa era un lugar delicioso, con su Vila Vella que es realmente medieval, la Mar Gran y la Mar Menuda. Mi abuela Montserrat Trias de Bes había heredado hacia 1934 una casa de pueblo adonde fueron dos veranos y, enfrente, una antigua fábrica de corcho que mi abuelo Dexeus hizo remodelar, una prueba más de sus modernas ideas. La casa tenía una estructura en forma de U, con el parking, el cuarto del chófer, Isidro, y el cuarto de las duchas en un lado, la vivienda propiamente dicha en la parte central y las cocinas y zona del servicio en el otro lateral. La remodelación la realizó un arquitecto y decorador alemán llamado Krebs. Estaba situada en medio del pueblo, en una pequeña calle llamada entonces Flechas Azules y hoy Pintora Lola Bech, y ocupaba toda una manzana. Como también fuimos algunos años en invierno, compraron la llamada «casita del zapatero» adyacente e instalaron allí otra cocina y más habitaciones, todo más pequeño para poder ser calentado con facilidad. La gran puerta de entrada tenía una celosía pintada de verde, como verdes eran los marcos de las ventanas de la casa. Por la celosía, de gruesa madera con formas estrelladas, se podía ver el jardín, y los paseantes se quedaban muchas veces allí parados, contemplando aquel oasis.

En el interior, los muebles del salón eran *art déco* (la casa se inauguró en julio de 1936), mientras que las habitaciones eran más clásicas, con camas de caoba con marquetería. El zaguán y las escaleras que llevaban a los dormitorios estaban decorados con unos preciosos azulejos de cerámica catalana, los mismos que se pueden ver en las paredes del Museo Cau Ferrat de Sitges. Pero lo excepcional era el jardín, con su estanque de peces de colores en el centro rodeado de manojos de lirios y un enorme sauce llorón. Almendros, nísperos y macetas con geranios y gardenias completaban esta parte, que se remataba con una zona a la que llamábamos «del ping-pong» por este juego y donde los mayores tomaban el café. Y luego venía el huerto, con tomateras, judías, más árboles y hasta gallinas en un corralito. A mí me encantaba ir a recoger judías con la abuela Montserrat. Las hojas picaban en los brazos, pero el placer de la cosecha era inmenso. Había un sistema de regadío con compuertas para dejar pasar más o menos agua, otra cosa que me fascinaba. Íbamos a bañarnos a la Mar Gran o a la Mar Menuda, donde estaba la Banyera de Ses Dones (Bañera de las Mujeres), un remanso de aguas cristalinas poco profundas entre rocas. Mi abuelo se bañaba también, pero no mi abuela, pues al haber tenido un ataque de corazón (de lo cual murió más adelante) no le aconsejaban ir a la playa y se quedaba en la casa «haciendo jardín». Alguna vez salíamos a pescar *serrans* y *julioles* con un pescador que había sufrido un accidente en un naufragio y tenía que hablar con un aparato en la garganta.

El baño en la Mar Gran era más social: allí nos juntábamos con los Pla, y las señoras del grupo comentaban los modelos de trajes de baño, sandalias y sombreros del resto de las amigas y los chismes de la colonia de veraneantes. Pero apenas veíamos a esta colonia: nuestra casa era tan grande que resultaba un verdadero microcosmos en el que ya había suficiente diversión. Hacíamos excursiones con Lucía, nuestra señorita de compañía, una mujer de mediana edad estupenda, tan delgada que parecía la Olivia de Popeye y que procedía de un pueblo de Soria. Con ella íbamos a merendar a El Buen Retiro, o a la Font de Can Samada. Con nuestros padres íbamos a las calas Pola y Gibarola, maravillosas y entonces con poca gente.

En aquella época el pueblo era muy pequeño y se podía jugar al escondite en él, tal era la seguridad del lugar y los pocos coches que transitaban por sus calles. Todo cambió un poco a principios de los años sesenta, cuando un día me vi a mí misma preguntándole a la abuela Montserrat: «Abuela, ¿qué es un turista?». «Es un señor que va con una cámara fotográfica al hombro, shorts y a veces sandalias y calcetines», me respondió. Empezaban a venir, efectivamente, alemanes e ingleses y empezaba a haber algunas tiendas en las que vendían toallas multicolores, sombrillas y unos sombreros de paja de forma chinesca, muy cursis, pero que llevaban las inglesas e incluso mi tía Maria Rosa. E iban surgiendo como setas las tiendas de *souvenirs*.

Otro plan era ir a tomar un refresco al bar Coris, donde mi abuelo siempre tomaba una bebida con un helado de vainilla, un poco de sifón y un chorrito de granadina, lo que le daba un hermoso e intenso color entre rojo y fucsia. Una particularidad del verano era una licencia gastronómica: en septiembre, cuando ya hacía menos calor y podía llover con una cierta frecuencia, había un día en que no se cenaba salado, sino chocolate a la taza con churros y ensaimadas.

La pena fue que esta magnífica casa de Tossa, cuyo jardín, según el arquitecto Xavier Sust, «era el jardín *noucentista* más bonito que había visto», fue vendida con la llegada de democracia, pues el primer alcalde del pueblo era un comunista y, según mi madre, la familia tuvo mucho miedo a que la vivienda fuera expropiada. La vendieron mal, y si bien los primeros compradores, unos australianos, hicieron en ella un museo del mar, los segundos propietarios la derribaron enteramente (vivienda, jardín y huerto incluidos) para hacer un conjunto de apartamentos de una fealdad espeluznante.

Vacas y quesos: Suiza

Mi padre, como he dicho, había estudiado bachiller universitario y perito mercantil. Por su futuro trabajo en la firma Combalía Sagrera lo enviaron al extranjero a estudiar idiomas, un año cerca de Zúrich (Suiza), otro en Bremen (Alemania) y tenía que haber ido a Londres a aprender inglés, pero no fue posible debido al estallido de la Guerra Civil española. En Bremen aprendió prácticas comerciales en firmas muy prestigiosas. Vivía con una familia y calculo que debía de ser en 1933 o 1934 y por tanto con Hitler ya en el poder. De lo poco que pregunté en mi juventud sobre su estancia de aquellos años recuerdo nítidamente que mi padre afirmaba que su familia de acogida consideraba a Hitler un loco, un poco fantoche, y decían que los desfiles nazis acabarían pronto. Ingenuos ellos, como luego se comprobaría. Pero de sus estancias en el extranjero le quedó un buen conocimiento del alemán y sobre todo una admiración sin límites por Suiza, país que consideraba casi perfecto. Como le gustaba la montaña, en 1961 decidió que fuéramos toda la familia a Crans-Montana, en el Valais, donde además de hacer salud aprenderíamos francés. Y allí fuimos muy felices, durante seis veranos, en el hotel Curling, dirigido por Madame Barras, madre de dos hijos. El mayor ya hacía el servicio militar, creo que voluntario, mientras Nicolas, el más joven, me tenía totalmente prendada, aunque él ni me miraba, porque yo tenía esa edad fatal de los ocho a los catorce años. Todo era nuevo y exótico para nosotros: había yogures de chocolate, mermeladas de frambuesas y arándanos, que a nosotras nos parecían extrañísimas, y miles de variedades de quesos, cuya celebración más esperada era el día en que se tomaba la famosa *raclette*, un queso que se fundía y se tomaba encima de deliciosas patatas. Los planes eran dar paseos por la montaña, hacer excursiones a otros pueblos del país o jugar al minigolf, que me entusiasmaba.

Como íbamos desde la segunda mitad de agosto hasta bien entrado septiembre, ya había setas en el bosque, y cuál no fue nuestra sorpresa al encontrar *rovellons* (níscalos) a pie de carretera: allí nadie los comía. Cogimos kilos y kilos y los llevamos al hotel para que los limpiaran y cocinaran. *«Madame»*, dijo Madame Barras a mi madre, *«nous ne voulons être responsables de la mort de si bons clients»*, y solo después de haber jurado por lo más sagrado que en nuestra región catalana no solo se comían, sino que se apreciaban sobremanera, Madame Barras dio su consentimiento. Un loco proyecto de mi madre para exportar *rovellons* de Suiza a Cataluña obviamente quedó en nada, aunque la idea no era mala si se hubieran tenido verdaderas ganas de trabajar y medios para llevar adelante la idea.

El hotel tenía una piscina con un agua helada pero en la que, por ser tan jóvenes, nadábamos encantadas. Todas íbamos con traje de baño entero, y una señora de París llevaba bikini. «No lo entiendo», dijo mi madre a mi padre. «La señora tal va a misa como nosotros pero lleva ese escandaloso bikini...» La prenda era de lo más normal, pero en 1961 en España aún era usada solo por las extranjeras. Al cabo de unos años mi madre no dudó en ponerse bikini ella misma, aunque solo en el entorno familiar porque ya era un poco mayor y su tipo «ya no era perfecto», pero sobre todo porque mi abuelo, siempre tan al día, aseguraba —cosa cierta— que el sol en la barriga era muy beneficioso para la salud, siempre que se tomara con moderación.

Hacíamos el viaje de Barcelona a Suiza en coche, y entonces duraba dos días. Antes de pasar la frontera con Francia, mi padre nos decía a las tres niñas: «¡Ahora, quien tenga que ir al lavabo, que lo haga en España!», porque en los bares y restaurantes franceses la gran mayoría de los excusados eran los llamados «a la turca», que constaban de un agujero en el suelo y dos sitios para poner los pies, y en los que había que ponerse en cuclillas, y en los que, por regla general, la limpieza brillaba por su ausencia. Por la noche hacíamos parada en un *relais* donde se comía un delicioso «pollo con cangrejos», una mezcla de mar y montaña que tampoco nunca habíamos visto antes. No sería en este hotel, tan confortable, sino en cualquier otro de alguna ciudad de provincias francesa, y supongo que al regreso de septiembre, cuando mi madre, muerta de frío como siempre, sacó alcohol de quemar para hacer un fueguecito en la habitación para calentarnos un poco. Y no sé en qué época, supongo que antes de todo esto, mis padres hicieron un viaje a Suiza con otro matrimonio en el que las señoras —mi madre y su amiga— pasaron la frontera con sendas alfombras persas enrolladas a sus cuerpos bajo un elegante abrigo invernal. A buen seguro debía de tratarse de una importación ilegal, algo que mucha gente también hacía.

Crisis familiares

En mi casa el clima era muchas veces difícil de aguantar por las peleas entre mis padres. En realidad, constituyeron una escuela «antimatrimonio» para mí. Y entre 1965 y 1966 sucedieron varios acontecimientos que cambiarían nuestras vidas. A sus diecisiete años, mi hermana mayor era guapa y muy atractiva, y salía con los chicos que pasaban el cedazo de nuestra rígida madre en estos temas. «¿Cómo se llama?, ¿a qué se dedica?, ¿qué hace su padre?, ¿dónde vive? Vuelve a las nueve en punto», era la letanía habitual antes de dejarnos salir con los chicos. Pero en un momento dado mi hermana, a sus diecisiete años, rompió las normas establecidas saliendo con un chico que se estaba separando de su mujer, o que ya se había separado, no lo recuerdo bien. Un escándalo monumental que terminó en represión para hacerla entrar en vereda. Aquello constituyó una lección que aprendí rápidamente: «A mí no me reprimirán», me dije a mí misma. Y como yo era muy estudiosa, y también cumplidora, fui haciendo mi vida «correcta» en el colegio y al principio de mi carrera hasta que, a mis veinte años, me fui de casa, lo que supuso un auténtico drama en la familia.

El otro triste acontecimiento fue la decisión de mi padre de abandonar la empresa familiar, al no estar de acuerdo en cómo la llevaba su hermano mayor, Antonio, y no querer —o no poder— oponerse a la autoridad del *pater familias,* es decir, del abuelo Emilio Combalía. Era 1966 y mi padre, en su cincuentena y en lo que para otros es la plenitud de la vida, sufrió una gran depresión. En aquella época, en España, la psiquiatría la llevaba poca gente y los tratamientos consistían en dar Valium y Tranxilium, poco más. A mis catorce años veía a mi padre llorar solo en su sillón y a mi madre decir que no hiciéramos ruido porque mi padre «descansaba». No me di cuenta hasta muchos años después del efecto que tuvo este tristísimo episodio en nuestra vida familiar y que duró mucho tiempo. Mi padre, honrado a carta cabal, se veía, pues, como un fracasado.

Invirtió lo que le dieron por su parte en la empresa, y algunas cosas salieron bien y otras mal. Entre las que salieron mal está el perder mucho dinero en el *affaire* Renta Catalana. En realidad, fue víctima de una estafa, cuyo último responsable era Félix Millet, como hace poco descubrí por la propia televisión. Como mi padre era catalanista, lo convencieron con aquello de *«fer país»* para que invirtiera dinero en una sociedad inmobiliaria que se llamaba Renta Catalana. Fue creada por Ignasi Baquer Miró y su hermano Antonio Maria Baquer Miró, y prometía intereses altos en el sector inmobiliario. Hubo dos mil inversores que perdieron, como mi padre, parte de su patrimonio. Ante esta situación pusieron querellas que duraron más de una década. Se había unido a la sociedad Félix Millet y se investigaban las presuntas relaciones con Banca Catalana y sectores económicos próximos al partido Convergència Democràtica. Solo Ignasi Baquer entró en prisión y Félix Millet no estuvo más de dos semanas en la Modelo.

La escuela Betania

Cursé el bachillerato completo en la escuela Betania, creada por las hermanas Omedes con la colaboración del pedagogo Jeroni de Moragas i Gallisà (1901-1965), hermano del arquitecto. La escuela arrancó su actividad en 1941, primero en una torrecita del número 4 de la calle Descartes de Barcelona y, más tarde, en un edificio de los números 8 y 10 de la misma calle, cuya compra se pudo llevar a cabo con la aportación económica de varios padres de alumnos. Tenía un gran jardín, gimnasio, capilla y biblioteca, y es descrita «como una de las primeras realizaciones del catalanismo burgués y progresista de la posguerra». Sus objetivos eran recuperar una educación cristiana, activa, abierta y catalana. La directora era Rosa Maria Omedes, y la gerente, Electra Esteruelas, alta, rubia, tan temida como respetada. Supuso una gran renovación en el conjunto de la educación de la posguerra, ya que en su ideario estaba la universidad como salida natural para las alumnas, algo impensable en los años cuarenta y cincuenta, incluso sesenta.

Recuerdo que en una ocasión nos visitaron dos madres para darnos una charla que debía de tener relación con la educación sexual, y en un momento dado una de las dos dijo a la otra: «Pero ¿lo decimos o no?». Y yo creo que se referían a que si alguna chica se quedaba embarazada siempre había la posibilidad de abortar, aunque fuese ilegal (¿o lo he soñado?).

En Betania se crearon tres equipos llamados Paz, Alegría y Sencillez, que competían en excelencia y por los premios que se concedían. Las visitas culturales al exterior fueron muchas, y también nos llevaban a esquiar. Las profesoras eran excelentes, pero había una que sobresalía entre todas ellas: Estrella Casas, quien básicamente nos enseñó algo fundamental como era tener espíritu crítico. Estrella Casas (1929-1998) estudió historia en la Universidad de Barcelona, donde fue alumna de Vicens Vives y de Frederic Udina Martorell. Vivió en Londres de 1958 a 1959 y allí se hizo amiga de Maribel Giner, hermana del sociólogo Salvador Giner. Fue profesora de Betania de 1959 a 1995 y nos enseñaba historia e historia del arte. Sabía inglés y francés, algo muy poco común en aquella época. A Estrella Casas le encantaba la moda y a mí me gustaba mucho cómo vestía: trajes de chaqueta de espiguilla o de cuadritos, todo muy inglés, medias y zapatos con tacón mediano. Llevaba un flequillo a lo Mary Quant y una melena cortada recta a lo Glenda Jackson, y tenía unas piernas muy bonitas, que cruzaba con mucho estilo. Parecía reservada, inglesa, pero tenía una fina ironía y mostraba una gran amabilidad. De 1964 a 1968 estábamos en pleno franquismo, con ejemplos de una gran represión política dictada por el régimen, y en los colegios lo habitual era explicar la versión oficial de la historia. Pero en aquellos años se toleraban ciertos aperturismos y nuestros libros de historia eran tan buenos o incluso mejores que los actuales. Estaban en general escritos por intelectuales no necesariamente adscritos al régimen. Recuerdo los de Guillermo Díaz-Plaja *(La literatura, su técnica, su historia,* 1962), el de Joaquín Carreras Artau *(Historia de la filosofía y las ciencias*, 1966), y el de E. Bague y Jaume Vicens Vives *(Historia del arte y de la cultura,* 1961-1966), en una de cuyas páginas yo escribí con tinta azul y muy redonda «comprar la *Utopía* de Tomas Moro, *El Príncipe* de Maquiavelo y algo de Erasmo de Rotterdam». No llegué a leer nada de Erasmo ni la *Utopía* pero sí *El Príncipe* de Maquiavelo, y estoy convencida de que todo ello era una consecuencia del entusiasmo que ponía Estrella Casas en sus explicaciones. Estrella nos animaba a consumir cultura en vez de consumir *mini-pulls.* No sé lo que retuve de Maquiavelo, pero sí sé que mi hábito de la lectura proviene no solo de mi familia materna sino también y muy especialmente de Estrella Casas.

Estrella siempre era amena y clara. Añadía sal y pimienta a los fríos datos de los libros de texto. En el párrafo dedicado a Isabel Farnesio apunté: «Deportista, cazaba, pintaba. A veces se vestía de hombre». Y junto a Carlos III, «el más cosmopolita de todos los Borbones». Un día hizo un enorme gráfico en la pizarra que subdividió en estado actual, Grecia y Roma. El estado actual se subdividía clarísimamente en «país democrático», con sus poderes ejecutivo, legislativo y judicial, y «España». Me quedaron muy claras dos cosas: que la democracia se había iniciado en Grecia y que en España no había democracia, ni nuestro sistema político era el europeo. Estrella insistía en que nuestra formación había de ser integral y se discutían en clase acontecimientos contemporáneos. Así yo recuerdo las discusiones sobre el Mayo del 68 (estábamos en sexto de bachillerato, y por tanto ya éramos «mayores») y otras compañeras recuerdan con pasión la ruta del Románico catalán que hicimos con el colegio, visitando Ripoll, Tahüll y Sant Joan de les Abadesses. También íbamos a ver museos, una práctica muy rara en la didáctica española de los años sesenta, especialmente el Museo de Arte de Cataluña, que entonces llamábamos «del Románico».

Estrella era una protofeminista o, si se prefiere, una formadora de futuras mujeres independientes. Tenía comentarios muy críticos, con su voz gutural, contra el pijerío reinante (nuestra escuela era una típica escuela burguesa) cuando nos decía: «Niñas, que se os acabará el palmito», queriendo decir que en esta vida hay que estudiar y trabajar porque no hay que depender del físico ni del marido. A Estrella me la encontré alguna vez en actos culturales o en Cadaqués, su adorado pueblo de veraneo, y siempre me felicitaba «por mis éxitos». Yo me ruborizaba porque, para mí, yo solo era su alumna, llena de agradecimiento hacia todo lo que me había enseñado y que intentaba, con mayor o menor éxito, seguir sus consejos. Estrella nos enseñaba historia del arte con diapositivas y hacía unos esquemas geométricos sobre las líneas de composición de los cuadros. Estructuraba nuestra manera de mirar y nos explicaba las obras de arte en su contexto político y social.

Todas las profesoras eran buenas, especialmente Trini Anglada, de matemáticas, y algunas muy peculiares: Isabel Cacho, de latín, que se pasaba todo el curso con la misma falda y los mismos zapatos y solo se cambiaba de jersey, y la señorita Casabó, una enorme mujer que nos enseñaba griego. Un año tuvimos a Salvador Clotas de profesor de literatura. Yo sabía que era amigo de mis tíos Santiago y Charo García Verde, y enseguida nos manifestamos simpatía mutua, y por mi parte, mucha admiración. Aparecía con chaquetas de Renoma, la boutique más *in* de la calle Tuset de Barcelona, y unas corbatas floreadas muy llamativas. Y un día nos dijo: «Vengo de Italia, donde he sido miembro del jurado de un premio en el que había un libro que se podía leer no del principio al final sino aleatoriamente: *Rayuela,* de Cortázar». Ya tenía problemas de visión, y algunas niñas hablaban en clase porque él no las podía ver, pero en general, lo respetaban.

Otra profesora importante para mí era Odile Kurtz, hija de la novelista Carmen Kurtz. Nos daba dibujo y pintura, y tenía un estudio privado en la calle Valencia, al que acudí unos años. En aquella época yo quería ser pintora, y Odile, además de simpática, era una pintora «moderna», no abstracta, sino que trabajaba en aquella figuración no académica, inspirada ligeramente en Picasso. Quise ser pintora hasta primero de mi carrera universitaria, cuando me di cuenta de que no tenía suficiente capacidad para destacar en ese terreno. En mi abandono de esa disciplina también me influyó el hecho de querer ser independiente y, por lo tanto, tener que ganarme la vida, y enseguida percibí que ser artista era un camino lleno de espinas. De ahí que trasladara mi interés a la historia del arte.

En Betania había disciplina pero no era muy estricta. Salíamos de clase en fila e íbamos con uniforme —falda de cuadros con predominio de verdes—, pero el ambiente era muy abierto. Eran muy catalanistas, y en una ocasión una profesora me preguntó si quería entrar en el grupo de teatro, que se hacía en catalán. Yo no sabía hablar suficiente catalán. En mi casa, como he dicho, mis padres hablaban entre sí en catalán pero a las hijas nos hablaban en castellano, y nos decían que era para «no coger acento», lo cual fue cierto en mi caso pero me limitó bastante en mis inicios profesionales en Cataluña, y siempre lo he vivido como un lastre. Por eso al llegar a la facultad decidí aprender por mi cuenta y empecé a hablar catalán con los nuevos amigos y en las tiendas, saliera lo que saliera. Recuerdo que con los Ràfols-Casamada, a los que debí de conocer a principios de los setenta y que enseguida me invitaron a su casa de Calaceite, un día dije *«Quins olius més bonics»*, en lugar de *«Quines oliveres més boniques»*, y Maria Girona, que tanto me apreciaba, argumentó: *«Deu ser una acepció antiga de la paraula»*, para que yo no me avergonzara. Luego ya lo aprendí, con clases incluidas en el CICF, y ya no he tenido grandes problemas, aunque en según qué contextos me tildan de «castellanufa» con cierto desdén.

Mi gran amiga era Paz Corominas, que iba a entrenamientos de natación después de las clases y que llegó a participar en los Juegos Olímpicos de México de 1968 en el equipo español. Quedó la séptima mundial. A su regreso, las compañeras le hicimos un gran homenaje con cena incluida. Listísima y simpática, rápida y curiosa, hizo la carrera de Económicas y siempre trabajó. Mi otra gran amiga a partir de 4.º de bachillerato fue María Jesús Figa, hija del notario Lluís Figa Faura. Sus padres eran el matrimonio más curioso que yo conocía en aquellos años. Un padre tan sabio que aprendía latín con el método Assimil (un aprendizaje con discos, muy popular en aquella época), muy catalán, y una madre de Madrid de apellido López-Palop, a la que recuerdo de tez muy blanca, cabello negro y muy bien maquillada. Era como una muñequita al lado de aquel erudito siempre sentado en su sillón leyendo.

El colegio quería estar al día y su catolicismo era el del Concilio Vaticano II. Era el momento de la apertura de la Iglesia, de los llamados curas comunistas y de la problemática social. Yo hice todo el bachillerato durante la década de los sesenta, y el día del asesinato de Kennedy, en noviembre de 1963, se pararon las clases. Eran los años de la guerra de Vietnam, del encierro en el convento de los Capuchinos de Sarrià (1966), del inicio de grupos feministas organizados como el National Organization of Women (NOW), de Betty Friedan, de la Revolución Cultural china, del golpe de Estado de los coroneles en Grecia, del asesinato de Martin Luther King (1968), y sobre todo de la revuelta estudiantil del Mayo francés (1968). La revolución de Mayo parisina fue comentada, como he mencionado, en clase, y aquel septiembre yo viajé a París por primera vez con mis padres. Mercè Maestroni, hija de unos grandes amigos de mis padres y que vivía allí, me llevó a ver los lugares donde habían sucedido las batallas campales entre policías y estudiantes, es decir, a Saint-Germain-des-Prés.

Al salir de la escuela Betania se nos planteaba la opción de ir al instituto o a una academia privada a preparar la universidad con el curso que se llamaba Preuniversitario. El colegio, tan progresista y abierto al mundo, tendía a recomendar que fuéramos al instituto, que representaba mucho más «el mundo real» por su mezcla de clases sociales. Nos recomendaban el Instituto Montserrat, situado en la calle Copérnico. En realidad, no aprendí casi nada en aquel curso 1968-1969: el nivel era muy desigual, pero allí conocí a mi gran amiga Ana Díaz-Plaja.

Ambas vivimos de todo lo aprendido en buenos colegios privados y nadie nunca nos exigió nada durante todo el curso hasta el examen, que pasamos de sobra. No había trabajos, ni pruebas, ni preguntas en clase. El profesor o profesora iba pronunciando su discurso monocorde, y la pena fue no poder tener a la profesora Carmina Pleyan, de conocida excelencia. Una profesora nueva, joven, de literatura, cuando le dijimos que íbamos a Italia de viaje de fin de curso, nos dijo tan tranquila que podíamos ir a ver a Rafael Alberti y a María Teresa León, como si unas mocosas de dieciséis o diecisiete años tuvieran esa posibilidad. Claro que entonces Alberti era un poeta republicano exiliado en Roma, y mucha gente antifranquista acudía a verlo.

Tuvimos un profesor con gran fama de sabio: Juan Carlos García-Borrón, de filosofía. Lo recuerdo moreno, bajito, muy serio y dando unas clases buenas, pero para nosotras bastante aburridas. Era de familia madrileña afincada en Barcelona, hijo de un padre de ideas socialistas, formado en la Institución Libre de Enseñanza y que se trasladó a Barcelona porque le parecía la ciudad «más moderna» de todo el país. Se licenció en Filosofía en 1949 y escribió habitualmente en dos revistas importantes del tímido aperturismo de la posguerra: *Quadrante* y *Laie*. En esta última colaboró con Manuel Sacristán, uno de sus amigos fundamentales, junto con Josep Maria Castellet y Jesús Ruiz. Tradujo a Platón, Séneca, Descartes y Nietzsche, aunque también novelas famosas como *Ada o el ardor,* de Nabókov. Pero lo que me impresionó es que optó varias veces a catedrático de universidad, lo que se le denegaba siempre por sus ideas progresistas y a pesar de haber estado tentado —como tantos otros con inquietudes sociales— de joven por la Falange. En su tribunal de oposiciones a cátedra de instituto hubo un catedrático de universidad que calificó su nivel de «universitario». Sin embargo, al conocer un poco más el ideario progresista de García-Borrón dejó de ayudarlo y siempre que él quiso presentarse a la oposición, la ocasión se vio frustrada.

Esto era la depuración directa o indirecta del régimen hacia los levemente críticos, a los que ni siquiera, como García-Borrón, militaban en nada ni se mezclaban en política. Pero, como he dicho, las clases en general se nos antojaban aburridas. Incluso el señor Pericay, una eminencia en griego, daba su clase con gran profesionalidad, pero como era sordo no oía si le hacíamos preguntas. El señor Font nos daba biología, pero no entendíamos nada de sus clases, porque su discurso era tan errático o críptico como una página de Joyce. Y luego estaba la profesora de historia, que nos decía que «la Inquisición servía para distinguir a los buenos cristianos de los malos». Al salir de clase nos íbamos con Ana Díaz-Plaja al Barrio Gótico y con mi otra gran amiga, María Jesús Figa, alguna vez llegamos a hacer novillos para ir a ver anticuarios y pasear en una de Las Golondrinas del puerto. Entonces el Barrio Gótico era una maravilla, sin apenas turistas, con tiendecitas locales y la calle Petritxol rebosante de granjas en las que se tomaba chocolate a la taza y deliciosas ensaimadas. En realidad, mis mejores recuerdos del preuniversitario son los de la sensación de libertad: te escapabas del instituto y nadie te decía nada.

En algún momento de este curso visité la exposición retrospectiva de Joan Miró en el Hospital de la Santa Creu. No entendí gran cosa de su época abstracta, pero recuerdo los cuadros colgados en las paredes de piedra. Me pareció todo muy extraño e inexplicable, y este fue mi primer contacto con mi pintor favorito del siglo XX, al que luego dedicaría muchos años de estudio.

En 1968 me hice del grupo Iracaba. Este era el nombre de una revista creada en 1966 por Augusto Puncernau, periodista que lamentablemente murió joven. El subdirector era Domingo Triay. Las reuniones se hacían en la casa de Carles Cornet, en la calle Anglí 18, quien al cabo de dos o tres años decidió que ya no nos reuniéramos más allí, no fuera que hiciéramos algo ilegal. También se dieron charlas en el local de García Ramos en la calle Sant Elies. La revista primero fue ciclostilada y a partir de 1969, impresa. También formaban parte Augusto Folch, Pilar Tornos, Lluís Colell Mir, Víctor Estadella, Eduardo Ibarz, Jordi Pablo y Xavier Franquesa. Se publicaban poemas, se hacían entrevistas sobre religión o temas sociales, se publicaba crítica de cine *(Un hombre y una mujer, La caza, Giulietta de los espíritus)*, de teatro *(Tot esperant Godot*, de Beckett, representado por el Teatre Experimental

Català en el Palau de la Música en noviembre de 1966, *La buena persona de Sezuan,* de Bertolt Brecht, puesta en escena en el Grec de 1967 por la compañía de Núria Espert), se hablaba de los *beatniks* de Ibiza y de filosofía oriental, se entrevistaba a Joan-Josep Tharrats, a Joan Brossa, a un joven Mario Gas y también a una prostituta de la calle Robadors (¡!) y se recomendaban libros. Incluso se convocaba un certamen de novela corta o cuento. En 1968 entró en el grupo el poeta Carles Camps i Mundó, que publicó sus excelentes poemas en catalán en la revista y más tarde poemas visuales, completamente experimentales. Y entré yo, que debía de haber conocido al grupo por los Triay, y que escribí en mi diario: «Quizás me dejen ir a una conferencia de Iracaba»: en realidad, solo tenía dieciséis años, y a mis padres no les gustaba nada este grupo intelectual, a pesar de que la mitad de sus miembros proviniéramos de un entorno completamente burgués. Yo le gustaba a Carles Camps y salimos una temporada: hablábamos de poesía y paseábamos por el Barrio Gótico. Un día subimos a la estatua de Colón, luego fuimos a tomarnos un vino y nos reímos mucho. Si lo hubiera contado en mi casa, me habrían tomado por loca: «¡Sola! ¡Y en aquellos barrios!», me habrían dicho.

La verdad es que a mí me interesaba mucho aquel ambiente inquieto, culto e independiente. En una ocasión pusimos voz a una película que José María Nunes había rodado con los de Iracaba en la casa de la calle Anglí.

En su segunda época el formato era pequeño e igualmente modesto. Pero creo que el nivel de lo publicado mejoró. Apareció un poema inédito de Gabriel Ferrater, un largo artículo de Gonzalo Herralde sobre el teatro desde Artaud hasta el Living Theater, un largo artículo del artista Jordi Pablo, otro del pintor Xavier Franquesa. O todo un número dedicado a la poesía concreta (mayo de 1969). Como ya se hablaba de los *happenings* (aunque todavía no de acciones ni de *performances),* Eduardo Ibarz realizó una acción en la que mató un conejo. Aquello fue brutal. Recuerdo que me quedé muy impresionada, prueba de que las acciones «vivas» producen casi siempre un impacto en el espectador, ya sea por la violencia, como en este caso, como por el silencio o la inmovilidad, como sucede en algunas acciones de Marina Abramović. La idea fue suya porque hacía teatro. Al rememorarlo, me contó que lo tenía que matar Rafael Puig pero como este no se atrevió, lo tuvo que matar él. Hoy no se habría aceptado algo semejante. No hace falta ser un animalista militante para saberlo.

Más tarde, quizás en 1970, Xavier Franquesa nos llevó a Ana Díaz-Plaja y a mí a visitar el Taller Gran de Gràcia. Con este nombre se hacía llamar un grupo de artistas y poetas integrado por Carles Camps, Xavier Franquesa, Jordi Pablo, Santi Pau, Salvador Saura y Francesc Torres. Publicaron unos cuadernos preciosos en su sobriedad, con portadas escuetas y de colores mates y apagados, y en 1973 publicaron en esta serie el librito *Pluja*, de Joan Brossa, que es un conjunto de cuatro hojas onduladas como si hubieran sido mojadas por la lluvia. Una maravilla. Parece que el grupo nos miró un poco por encima del hombro, a nosotras vestidas de negro existencialista aunque con grandes risas y sonrisas. Pero de allí surgió mi interés por la obra de Jordi Pablo, que en su librito publicaba sus *Ejercicios sobre el cubo,* sobre las múltiples deformaciones que puede sufrir un cubo de gomaespuma y otro de cartulina, ya completamente en la línea de sus metamorfosis de objetos cotidianos. Más tarde frecuenté mucho más a Jordi Pablo, un excelente artista de la era conceptual.

En Castilla

En 1968 me tocaba ya hacer el llamado Servicio Social. Se instauró en 1937 y no se eliminó hasta 1978, en plena Transición. Dependía de la Sección Femenina, una rama de la Falange y era la contrapartida femenina del servicio militar masculino. En el NO-DO se podía oír que «la obligación de la mujer con la patria es el Servicio Social. Las mujeres españolas están en plena cruzada de Liberación». Así que no tenías más remedio que hacerlo, y yo me lo tomé como una experiencia más, de la que también aprendí no cosas prácticas, sino de la realidad de la España rural de entonces.

Se podía realizar en Barcelona en hospitales, escuelas y orfanatos, pero también, creo recordar, podía ser más corto si se iba a uno de los castillos o palacios que la Sección Femenina tenía por España: el castillo de la Mota, el castillo de Magalia en Ávila y el de Peñaranda. Yo pensé que cuanto más lejos, mejor, y así me apunté al de Peñaranda de Duero. Al volver escribí una carta a los amigos de Iracaba.

> Este verano he pasado un mes y medio en un pueblo perdido de la Vieja Castilla. Me ha entusiasmado su sobriedad, su infinitud, sus colores (...) bajo el punto de vista artístico da mucho ambiente pero humanamente hablando es denigrante. Me refiero a la inmensa miseria de los habitantes de aquellas tierras. (...) Los niños, entre los que la mayoría no nacen normales debido al estado alcohólico de sus padres cuando los conciben, corretean descalzos por las calles, grises de polvo y suciedad,

jugando con latas oxidadas a falta de algo mejor. He visto pocos que te miran con mirada ingenua; se esconden de ti o se ríen en tu propia cara, como si fueras algo extraño, completamente insólito. Sus padres son gente amable, por lo común hospitalaria (...). Las mujeres se distinguen como manchas negras en un mar de oro y llevan una vida dura, de manos curtidas por los mil cuchillos de azadas y agua de río. Se ven pocos jóvenes en el pueblo. La mayor parte trabajan en grandes fábricas o emigran a las capitales. Y se quedan solas las míseras casas, de magníficas puertas, curiosas cerraduras y malolientes interiores donde personas animales y enseres conviven en una existencia marcada por la pobreza. Conocí a una chica (cuyo aspecto casi distinguido me sorprendió en aquel establo donde nos habíamos cobijado tras una tormenta) que había sido criada por una cabra. Su madre la abandonó para ir a Madrid a fregar pisos.

Debía de haber raquitismo y esta historia que contaba era totalmente cierta. La cabra se llamaba *Blanquita,* y allí estaba, en el establo. Habíamos ido en burro al pueblo de al lado, Tere Font y yo, y muchos habían salido a mirarnos pues íbamos vestidas con pantalones. Entonces cayó la típica tormenta de verano y nos refugiamos, empapadas, en aquel establo.

En el precioso palacio de Avellaneda, del siglo XVI y de estilo plateresco, las chicas hacíamos gimnasia, marchas por el campo con unos ridículos bombachos azules, aprendíamos costura y cocina, íbamos a misa, cantábamos el «Cara al sol» y nos daban clase de Religión y del llamado Espíritu Nacional. En una carta a mis padres les contaba que antes de comer debíamos cantar unos rezos con voz aguda y gregoriana «que son francamente de risa para un siglo XX». A pesar de todo, yo me lo pasé muy bien, porque descubrí Castilla y cada fin de semana me iba con una amiga en autostop a recorrer parajes: Aranda de Duero, Burgos, Salamanca, Valladolid, Santo Domingo de la Calzada y unos pequeños pueblos maravillosos. En el pueblo había una botica de las más antiguas de España y nosotras, riendo, decíamos que nuestra jefa de la Falange se entendía con el boticario. El guarnicionero nos hacía cinturones y el herrero, anillos. Las chicas llegábamos de todas las regiones españolas; en mi grupo éramos cuatro catalanas (Mercedes Alsius, Tere Font, Pepa —luego Pucci— Vilurbina y yo) y había varias de Bilbao (entre ellas la pintora Aurora Gómez Tejedor). Pucci Vilurbina me recuerda vestida de pintora, «con una bata a lo Toulouse-Lautrec, con la paleta y pinceles en mano y alguna frase como: "¡Ah, el paisaje castellano!"». Debe de ser cierto, porque otra de mis impresiones fue aquel paisaje amarillo, extremadamente llano, enorme y vacío. Recuerdo también que en nuestra cartilla ponía la frase «Líbranos Señor del Demonio Meridiano», que nadie entendía. Con los años comprendí que este demonio era el del mediodía, cuando el calor y el deseo sexual aprietan.

Años de ruptura y formación

La Autónoma, primeros setenta

Empecé la carrera de Filosofía y Letras en el otoño de 1969, en la Universidad Autónoma de Barcelona, situada en Sant Cugat. Se estaba construyendo un edificio nuevo en Bellaterra (Cerdanyola), pero nuestros dos primeros cursos los hicimos en el monasterio de la ciudad, una joya medieval. Lo decidieron así mis padres porque pensaron que, al no estar en el centro de Barcelona, la policía no llegaría hasta allí, cosa que fue verdad. La única vez que llegó un furgón de policía fue a la plaza del Monasterio, debía de ser en 1970 o 1971, y allí estaba blandiendo una proclama Onliyou, que pasó de la política a ser un personaje de la contracultura. Como era el 14 de abril —día de la proclamación de la República de 1931 en España—, los estudiantes pusieron una bandera republicana y se armó jaleo. José María Latorre, que había roto un cristal de la puerta trasera, decidió, junto con otros alumnos, ir de cara a la policía, que sorprendentemente les dijo: «No se preocupen, ya sabemos que esto lo han hecho otros».

Mis padres, ingenuamente, pensaban que en aquel reducto no habría tanto problema político, pero los problemas políticos eran los mismos porque estábamos bajo la dictadura de Franco y en aquellos años se sucedieron el encierro de Montserrat, el Proceso de Burgos, el asesinato de Carrero Blanco y el de Puig Antich. De hecho, en 1973, Carrero Blanco cesó fulminantemente al rector de la Autónoma Vicente Villar Palasí, que era hermano del ministro de Educación José Luis Villar Palasí y al cual debió de considerar demasiado aperturista. Es cierto que la Autónoma parecía más tranquila vista desde fuera con ojos burgueses, pero en realidad mis padres sin saberlo me hicieron un favor, porque los profesores —algunos de ellos expulsados en 1968 por sus convicciones políticas, decididamente progresistas y que con el nuevo proyecto pudieron entrar a dar clases, entre ellos Antoni Jutglar y Pep Termes— eran muy buenos y mi experiencia universitaria fue excelente. Porque, en efecto, la primera Autónoma fue un centro de cierta renovación didáctica que hizo que un buen día apareciese una pintada bajo el rótulo de UNIVERSIDAD AUTÓNOMA DE BARCELONA con la siguiente inscripción: ISLA DEMOCRÁTICA DE PAPÁ VILLAR. Allí lo más importante para mí fue la consolidación de mi gran amistad con Ana Díaz-Plaja, hija pequeña de don Guillermo Díaz-Plaja, académico de la RAE. Como he dicho, empezamos los cursos en Sant Cugat, en el claustro del monasterio, y hacíamos toda la vida «extra» en el Mesón, que hasta hace bien poco ha mantenido la misma apariencia. A veces nos quedábamos a comer y coincidíamos con Francisco —Paco— Rico y Gabriel Ferrater, con quienes solo tomábamos un aperitivo, pero el ambiente era totalmente familiar.

Recuerdo a un Ferrater muy atractivo, con su habla extraña, sus jerséis de cuello vuelto y que tonteó bastante con nuestra amiga Maka Abraham. Yo no llegué a ser alumna suya, pero sí fui muy amiga de Helena Valentí, con quien tuvo una historia sentimental durante un tiempo y a quien dedicó algunos poemas. Dos de mis condiscípulos me recuerdan que las clases de Ferrater eran un plomo porque versaban sobre una lingüística ya muy especializada. Les hubiera encantado tenerlo de literatura, pero la lingüística era la otra gran pasión de Gabriel Ferrater.

Si tengo un recuerdo tan especial de mi carrera no solo fue por la docencia, sino por un grupo de amigos estupendos y porque con Ana nos hicimos inseparables. Luis Monreal nos puso el apodo de «las Cuervas», y no por nuestra maldad, sino porque íbamos vestidas de negro y a veces incluso tocadas con pamelas de fieltro negras. Pero reíamos tanto y de todo que nuestro aspecto no llegó a ser nunca puramente existencialista, una filosofía de vida que a pesar de todo nos influyó mucho, a través, especialmente, de su hermano Guillermo. En realidad, con Ana mi mundo cambió: en su casa se vivía un clima verdaderamente intelectual y a la vez ella misma era una caja de sorpresas: igual cantaba una zarzuela que una canción de Leonard Cohen; los chistes lingüísticos eran su especialidad, y tenía el mismo amor por la vida que yo: cada día salíamos por la tarde-noche y si no lo hacíamos, al llegar la hora de la cena, después de habernos visto todo el día en la facultad nos llamábamos para contarnos «las mil cosas» que habían surgido en el rato que llevábamos sin vernos. Aunque se había educado en el Sagrado Corazón, colegio burgués por excelencia, había muchos detalles en su educación diferentes de mi entorno familiar: a mí no me dejaban, como he dicho, sentarme en un banco de la calle sola, ni me habían dejado leer tebeos de niña, porque en mi casa opinaban que eran «literatura barata». Ella tenía un saber popular inmenso, del que yo carecía. Y, sobre todo, su magnífica relación con su hermano Guillermo —que nos integró a su grupo en el que todos eran intelectuales quince años mayores que nosotras— nos abrió la puerta a unas experiencias excepcionales para unas jovencitas de dieciocho o veinte años. Fui muchas veces a su casa familiar en la calle Ferran Agulló: su padre, don Guillermo, impresionaba por su apariencia patricia, pero debía de tener un sentido del humor especial porque un buen día, estando yo invitada a comer y sola con las hermanas y la madre, apareció don Guillermo y dijo mirando la mesa: «¡Esta niña se quedará con hambre!», y ni corto ni perezoso me lanzó un trozo de queso en el plato. El piso era muy grande, pero me impresionó especialmente el cuadro de Tàpies que tenían en el recibidor: un cuadro sombrío de la época de Dau al Set.

En la Autónoma seguimos el excelente Plan Maluquer, gracias al cual durante dos años podías escoger muchas asignaturas optativas, lo que te daba una formación humanista mucho más amplia. Yo, además de arte, escogí muchas asignaturas de filosofía, que también me interesaba. En el grupo que después escogería filosofía pura estaban Josep Ramoneda, Ana González, Joan Míguez, que se convertiría en íntimo nuestro, Joan Rovira y Joan Cabezas, al cual, claro está, inmediatamente le llamamos Joan Caps. Rovira y Cabezas eran de Terrassa, y «el Caps» formaba parte de un grupo en el que estaban Marta Pessarrodona, Marc Molins y el cineasta y dibujante Antoni Padrós, cuya película *Pim Pam Pum, revolución* fuimos a ver en 1970.

En cuanto a asignaturas generales escogí Historia de España, Geografía, Fundamentos Filosóficos e Historia del Arte en España; Paco Rico nos daba Literatura castellana, y José Manuel Blecua impartía una asignatura muy práctica llamada Técnicas de Expresión Escrita, que bien necesitarían para sí los alumnos actuales. Eran dos profesores completamente opuestos e igualmente brillantes: Rico era arrogante y hacía comentarios viperinos, pero lo sabía todo y lo explicaba magníficamente bien; Blecua, con su tez sonrosada y su hablar pausado, era todo bondad y dulzura, e igualmente parecía saberlo todo. Los rememoro con gran cariño a ambos. Recuerdo que acusaron a Paco Rico de colaborar con el franquismo, a lo que él, con gran regodeo, contestó que, efectivamente, explicar el *Lazarillo de Tormes* era sin duda alguna una muestra de simpatía con el régimen.

Mi carrera seguía. Teníamos, de Historia del Cine, a Joan Lahosa, con quien vimos *El acorazado Potemkin, Metropolis* y *Amanecer,* y de profesor de Filosofía a Xavier Rubert de Ventós, y éramos tan pocos que a veces íbamos a su casa. No sé si un día nos pasó *El año pasado en Marienbad* o simplemente la comentamos, pues en aquella época casi nadie tenía vídeo (era 1971). Estábamos fascinadas con Xavier Rubert, porque, aparte de simpático y seductor (a pesar de su físico torturado, prematuramente arrugado, y un cuerpo enclenque), nos abría caminos de pensamiento que nos parecían sumamente novedosos. Era el momento de la teoría de la comunicación —que más tarde dejó de estar de moda—, que él siempre ilustraba con ejemplos de la vida real, películas, anuncios u obras de arte. Y era el autor de un libro famoso en aquellos años titulado *El arte ensimismado,* que versaba sobre la autonomía del arte moderno. Y además, a diferencia de otros profesores, explicaba bastantes cosas sobre su vida privada —las que se podían contar, pienso ahora—, lo que le interesaba de las mujeres y temas ajenos a la práctica universitaria.

Por su parte, Eugenio Trías vino a dar algún seminario de filosofía, invitado por Xavier Rubert. Lo recuerdo siempre dando grandes pasos por la tarima de izquierda a derecha y de derecha a izquierda, aspirando profundamente el humo de su cigarrillo, haciendo unas pausas larguísimas entre frase y frase, y hablando de Hegel o Kant. Al principio era extremadamente tímido, y se notaba su incomodidad, pero pronto, como se había casado con Ana Casanovas, cuyo hermano Román había salido con mi hermana Lali, nos hicimos amigos. Amigos un poco distantes, aunque a lo largo del tiempo esta amistad se consolidó. Eugenio llevaba una gran melena y suplía su timidez con un gran sentido del humor, no sé si ejercido en *petit comité* o para toda la clase. Entre mis mejores recuerdos está su invención del concepto «kafkema». Al igual que existían los fonemas y grafemas podían existir, nos contaba, los kafkemas, aplicables a alguno de nuestros condiscípulos: uno de ellos fue bautizado como «kafkema mitad caballo mitad gallina», la mejor descripción que podía hacérsele a un exótico compañero nuestro.

Ana y yo acudimos puntualmente a la presentación de sus libros y pasados los años, de nuestros posteriores encuentros —generalmente en casa de Ana y su marido Luis Carroggio— recuerdo que nos desternillábamos jugando a los cadáveres exquisitos escritos, según la mejor tradición surrealista, en los que siempre surgían frases sobre sexo y violencia y conversaciones maravillosas llenas de ingenio e ironía por su parte. Como alumnas, nos gustaba de él su método, su claridad y su facultad para hacer de la filosofía algo vivo y conectado con otras disciplinas. Esto pude comprobarlo también años más tarde, cuando, siendo yo profesora de la facultad de Bellas Artes, me tocó durante dos o tres años tener que explicar estética. La estética de Kant fue para mí un hueso duro de roer y me despertaba a las tres de la madrugada murmurando: «¡No sé suficiente, no sé suficiente!». Hasta que tuve la gran idea de pedirle a Eugenio que viniera a dar aquella clase. Fue una clase magistral de la que conservo los apuntes y que compensé modestamente explicando el cubismo y el arte de Málevich en su aula de la facultad de Arquitectura.

El otro gran profesor fue Pep Calsamiglia, con quien leímos la *Fenomenología del espíritu,* de Hegel, durante todo un curso, Filosofía Analítica (Popper, Carnap, Wittgenstein) y Nietzsche *(El nacimiento de la tragedia).* Calsamiglia era muy amigo de los Rubert de Ventós, íntimo de Jordi Maragall (con quien cursó la carrera de Filosofía) y de los Planas, los primos de mi padre (que vivían en la plaza Molina, en el mismo edificio racionalista que los Calsamiglia, la casa Sans. También había sido expedientado por el franquismo y tuvo que dedicarse a la importación de tomates y plátanos de Canarias para ganarse la vida y sacar adelante a una familia de ocho hijos. Más tarde se dedicó a la industria gráfica y acabó fundando, con Alexandre Argullós y Joan Reventós, la editorial Ariel. Era un hombre serio pero afable y cariñoso, con un punto de ironía. Creo que a mí me quería mucho, porque nos tratábamos casi familiarmente: un día me pidió que lo llevara en su propio coche a Barcelona porque no se encontraba bien; otro día yo le explicaba mis problemas amorosos, y más de una vez pude ir a su casa a comentar un trabajo: nos abría la puerta Camila, su atractiva y joven esposa, hija del compositor Manuel Blancafort. Pep Calsamiglia murió de repente, de un ataque al corazón, en Arenys de Mar, en julio de 1982, dejando a familia y amigos, compañeros y discípulos huérfanos de su humanidad y de sus sabios consejos.

En el departamento de arte teníamos también a grandes personalidades. Sobre todo a Joan Ainaud, que explicaba el arte medieval catalán. Fue director del Museu Nacional d'Art de Catalunya y director general de los Museos de Arte de Barcelona durante cuarenta y un años (1948-1985), presidente del Institut d'Estudis Catalans (1978-1982) y presidente del Patronato del Institut Amatller d'Art Hispànic, entre otros muchos méritos. Pero sus clases eran monótonas y no guardo ningún gran recuerdo de ellas, pues es de sobra conocido que no es lo mismo ser un gran sabio que ser un gran profesor. Luis Monreal nos enseñaba el arte renacentista y barroco, y era muy brillante explicándolo, aunque lamentablemente este periodo histórico tampoco era mi preferido. Pero también despertaba la admiración de sus alumnos y tenía una relación muy amigable con nosotros. Un día nos invitó a tomar una copa en su casa, unos jovenzuelos de veinte años. Con él hicimos un viaje a París a ver la exposición de Goya en L'Orangerie, y coincidimos en Londres, donde nos paseó e instruyó sobre los pubs y otras costumbres inglesas. Con Tere Camps dimos las vanguardias clásicas (cubismo, expresionismo, dadá...), mientras que Pep Subirós se pasó todo un año explicándonos *El Estado y la revolución,* de Lenin. ¿A quién leíamos? Básicamente marxismo: Marx, Engels, y sus difusores de la época: Marta Harnecker, Nicos Poulantzas y Louis Althusser *(La revolución teórica de Marx,* ¡que en 1971 había llegado a su sexta edición!), quien, por cierto, con los años se volvió loco y mató a su mujer.

Todos estábamos muy influidos por el marxismo, pero de Pep Ramoneda, el más inteligente de todos los de filosofía, Ana y yo decíamos que cuando estornudaba no decía «Achís» sino «Ah... Ah... Althusser». Pep Ramoneda era entonces de Bandera Roja. Pero su militancia estaba más en la escritura en los medios de comunicación (escribía en *Tele/eXprés)* que en la militancia clandestina activa. Ramoneda explicó que en una reunión en que se hallaba Roman —Josep Serradell—, secretario de organización del PSUC, este le dijo: «Tú no estás aquí por comunista, sino por liberal», y que él entonces comprendió que su militancia se acabaría cuando hubiera unas elecciones. Es curioso pensar que aún estábamos en pleno franquismo y podíamos encontrar todos estos libros marxistas libremente, no bajo mano.

Yo me convertí en marxista como quien se convierte al cristianismo, pero había un aspecto que no podía asumir: el estético. Un día cierto profesor —supongo que Pep Subirós— nos dijo que un buen activista de izquierdas había de tener su casa con los gustos estéticos del proletariado, y yo inmediatamente le pregunté a Miguel Briongos, compañero de grupo y que pronto iba a convertirse en mi pareja durante siete años: «Entonces, ¿ha de tener cuadros de caballos al viento tipo Corte Inglés y colchas boatiné con grandes flores de colores?». «Pues sí», me contestó Miguel. «¡Ah, no, por ahí no paso!», exclamé yo. Tampoco estaba de acuerdo con la dictadura del proletariado, aunque fuera transitoria como decía la teoría marxista, antes de la abolición de toda clase social.

Obviamente leíamos muchas cosas más. *Eros y civilización* de Marcuse desapareció un día de mi cuarto y reapareció al cabo de unos días. Comprendí que mis padres habían ido a hojearlo por si contenía algo pornográfico. Otros clásicos de la carrera fueron *La función del orgasmo* de Wilhelm Reich, *El teatro y su doble* de Antonin Artaud, *Filosofía y carnaval* de Eugenio Trías y *El nacimiento de una contracultura* de Theodore Roszak. Los que seguíamos las clases de filosofía leíamos mucho a Nietzsche y un poco a Freud, mucho a Foucault, entonces muy de moda, a Walter Benjamin, mientras intentábamos comprender a Wittgenstein. Los que se especializaron en esta disciplina se decantaban o bien por la filosofía analítica, o bien por la Escuela de Frankfurt, mientras paralelamente estaba muy en boga el estructuralismo, del que nos hablaron por primera vez Rubert de Ventós y Eugenio Trías. Y luego yo leía todo lo que se lee en la juventud: Dostoievski, Kafka, Baudelaire, Lao-Tsé, Gombrowicz, *Trópico de cáncer* de Henry Miller, Herman Hesse, Henry James, Mercè Rodoreda... Un poco antes, supongo que a los catorce o quince años, me fasciné con Unamuno. Me gustaba de él su sentido crítico, su hablar claro en artículos periodísticos.

Volveré a ello, pero quiero continuar con mis profesores, de los cuales dos marcaron mi futura carrera profesional: José Milicua y Maria Lluïsa Borràs.

José Milicua Illarramendi empezó siendo mi profesor y luego se convirtió en compañero en la facultad de Bellas Artes, pero sobre todo fue una persona de un nivel intelectual altísimo que jamás se vanaglorió de ello y que compartió con todos aquellos que tuvimos el privilegio de conocer sus amplios conocimientos. Había nacido en Oñate en 1921 y se sentía tan vasco que un buen día nos aseguró que los vascos tenían la sangre de un color diferente al nuestro. Se licenció y doctoró en la Universidad de Barcelona y en Florencia fue discípulo del famoso historiador de arte Roberto Longhi. Sus clases en la Universidad Autónoma de Barcelona solo se prolongaron de 1968 a 1970, pero su influencia fue tan grande que cambió la vida de algunos de sus alumnos, entre los que me incluyo, ya que me decidí entonces por esta disciplina en lugar de estudiar sociología o historia. En el grupo que hacíamos arte estaban Jaime Barrachina, Manuel Trallero (que luego pasó a historia), Ana Díaz-Plaja (que luego pasó a filología), Margarita Cuyás, Jaume Socías, Carmina Roig, Jaume Santacana, Carme Collell, Xavier Franquesa, Alfredo Salom y Manolo Oller, entre otros. Lo que más nos impresionaba de Milicua era su capacidad de analizar, interpretar y apreciar tanto el arte de El Greco, Ribera o Goya como el de Picasso o el de Antoni Tàpies, algo muy poco frecuente en nuestro país. Era muy exigente, pero también muy simpático, y mostraba una fina ironía. Ya entonces apreciaba la buena comida y en privado nos hablaba de calorías y de dietas para adelgazar, porque él era muy alto pero con tendencia a engordar. Una vez, en Bilbao hizo una apuesta con un amigo para ver quién era capaz de comer más huevos. Creo que superó la veintena y con esto está todo dicho.

Su principal área de estudio era la pintura española e italiana del Seiscientos, y sobre todo Ribera. A pesar de que sus conocimientos eran extensísimos, le costaba mucho escribir, siempre a la búsqueda del mejor adjetivo y de una prosa precisa, rigurosa, esencial. Redactó un magnífico texto sobre Goya joven en la revista *Paragone,* y entre sus atribuciones se cuenta el *San Jerónimo leyendo,* de Georges de La Tour. Coleccionistas y expertos del mundo entero le pedían su opinión sobre atribuciones, especialmente sobre Ribera.

Fue director de la facultad de Bellas Artes, entre 1975 y 1977. Allí contribuyó a la modernización de su programa de estudios y formó a una legión de jóvenes artistas, historiadores del arte y restauradores, entre los que sobresalen Rosa Vives, experta en grabado y hoy brillante académica, gran amiga de Milicua, Fina Miralles, Anna Miquel, Rosa Agenjo, Eulàlia Valldosera, Ignasi Aballí... Milicua hizo entrar a destacados artistas como profesores: Joan Hernández Pijuan, Ferran Garcia Sevilla y Xavier Grau. Poco antes o después se incorporaron Chancho y Susana Solano. El clima siempre fue de compañerismo, aunque José nos hacía un poco de padre y de consejero, y quiero hacer constar que este suave paternalismo no estuvo nunca reñido con un gran respeto, incluso admiración, hacia nuestro trabajo profesional. Nunca dio muestras de machismo ante la carrera de las mujeres historiadoras del arte, ni frente a las artistas, lo cual también es un hecho destacable teniendo en cuenta su generación. Por el contrario, ayudó y alentó muchos recorridos profesionales con una generosidad ejemplar. Eso sí: era muy exigente. Al iniciar mi docencia, un día le presenté una bibliografía y puso el grito en el cielo: «¡Apréndete de memoria el libro *Come si fa una tesi di laurea* de Umberto Eco, y vuelve a presentármela!», me dijo. Era comunista o filocomunista, pero le gustaban las cosas exquisitas en vestimenta, hoteles y comidas, aunque nunca hacía ostentación de nada. Pero en historia del arte no era un marxista mecanicista, ni mucho menos. Le daba mucha importancia —como ha de ser— a los aspectos formales y cronológicos de una obra, y entonces nos decía que había que «saber insertarla en su contexto político-social».

También fue Milicua quien fundó la escuela de Bellas Artes de Bilbao, adonde llevó a Lluís Badosa y a Joan Sureda. Cuando se jubiló, fue profesor emérito en la Universidad Pompeu Fabra de Barcelona, y fue nombrado académico honorario de la Real Academia de San Fernando, vocal del Patronato del Institut Amatller d'Art Hispànic, miembro de honor de la Associació Catalana de Crítics d'Art y miembro de la Comisión Asesora del Museo de Bellas Artes de Bilbao. En 1993 Paco Calvo Serraller me pidió asesoramiento para la renovación del cargo de vocal del Real Patronato del Museo del Prado, e inmediatamente le hablé de José Milicua, que fue nombrado. Esta tarea le entusiasmó y allí volcó toda su erudición y competencia. También organizó algunas exposiciones estelares, como *El Greco. Su revalorización por el modernismo catalán* (1997) y *Caravaggio y la pintura realista europea* (2005).

Mi otra gran profesora fue Maria Lluïsa Borràs (Barcelona, 1931-Girona, 2010). Tras estudiar semíticas en la Universidad de Barcelona trabajó en la editorial Salvat (1967) y fue directora de la sección de arte de la revista *Destino* entre 1968 y 1973, periodo en el que escribió artículos enormemente influyentes en los que hablaba de arte de vanguardia local e internacional. Este último lo había podido estudiar de primera mano gracias a ganar la Ford Foundation Award en 1965, lo que le permitió residir un año en Estados Unidos y cursar estudios de arte contemporáneo en la famosa New School de Nueva York.

Durante el curso 1972-1973 nos dio una clase titulada «Análisis y crítica de la obra de arte», donde plasmaba su experiencia no solo en *Destino,* sino también en destacadas revistas francesas como *L'Art Vivant, Opus International* y *Canal,* para las que actuaba como corresponsal en España. Su extenso conocimiento del arte contemporáneo, su apasionamiento al explicarlo y su generosidad intelectual decidieron mi porvenir académico. Maria Lluïsa era impulsiva, a veces no venía a clase porque estaba en la otra parte del mundo, pero yo siempre preferí aquellas apariciones breves pero inteligentes a los monótonos cumplidores. No se le ha reconocido suficientemente el papel ejercido por ella en la creación de la Fundació Joan Miró de Barcelona, donde tuvo un rol fundamental, así como su relación con Joan Miró, para quien trabajó a principios de los años setenta. Maria Lluïsa escribió su monumental monografía *Picabia* (1985), en cuya obra se convirtió en experta mundial. Recuerdo una visita que le hice en su casa de la calle Mandri (muy cerca de casa de mis padres), donde me leyó textos del dadaísta Picabia con un entusiasmo exaltado.

Comisarió multitud de exposiciones de artistas, entre otros de Picabia (1990), Arthur Cravan, Olga Sacharoff (1992) y Joan Miró (2005). Su otra gran aportación en el terreno de la historia del arte fue su libro *Arthur Cravan* (Quaderns Crema, 1993), sobre el gran poeta dadaísta que desapareció un buen día en el océano Atlántico. Colaboró en *La Vanguardia* de 1977 a 2002, y sus crónicas eran seguidas por un público fiel. Pero además Maria Lluïsa tuvo una vida personal agitada. Inició su carrera profesional cuando ya estaba separada de su marido y con una niña pequeña a la que cuidar. Su condición de mujer sola y separada en los años sesenta debió de ser muy difícil, y lo prueba la contundente —por no decir dura— respuesta que le da en una carta a Joan Prats, en 1969: *«No em tornis a comparar amb qui ha tingut la sort de poder dedicar-se professionalment al que ha volgut i no ha estat obligat a dedicar dotze anys a feines domèstiques!»*. Estos «arrebatos» eran propios de Maria Lluïsa, como también lo eran su generosidad intelectual, su entusiasmo al emprender proyectos, el profundo sentido de amistad que le unió a un buen número de artistas (Miró, Tàpies, Brossa). Aunque Barcelona le otorgó la Medalla de Oro de la Ciudad y fue miembro de la Reial Acadèmia de Belles Arts Sant Jordi, estos reconocimientos llegaron, como suele ocurrir, demasiado tarde. Cuando yo viajé, en 1972, a México, iba con la dirección de Vicente y Alba Rojo de parte de Maria Lluïsa, y con ellos inicié una amistad que duraría toda la vida. A veces Maria Lluïsa nos hacía dar las clases a nosotros, y yo en 1972 hablé del arte conceptual, que ya era mi tema favorito. ¡Y pensar que no hacía ni tres años que había empezado la carrera sin saber lo que era el arte abstracto! Mi primo Santi Dexeus me explicó esta corriente artística un buen día, hablándome de Kandinski, y ahora yo ya explicaba el último movimiento de arte contemporáneo. Eso me llenaba de satisfacción y es algo que le debía en gran parte a Maria Lluïsa Borràs.

Las asambleas en la facultad eran largas y tediosas. Casi siempre hablaban los mismos y los temas consistían en discutir las diferentes estrategias que seguir por parte de los grupos o fracciones de izquierda (PSUC, Bandera Roja) que disentían mínimamente pero con gran vehemencia. A pesar de que estábamos en la Autónoma (que tenía muy pocos alumnos durante los primeros años), aquellas reuniones eran masivas, aunque los estudiantes, aburridos ya, iban abandonando poco a poco al cabo de una hora u hora y media. Los que tomaban la palabra más veces eran Carles Causa, Jordi Degà, Julià de Jòdar, Pep Solé y José Maria Latorre; y entre las chicas (menos numerosas), Carlota Falgueras y Sunsi Cros, que luego se casó con Josep Maria Benet i Jornet, el autor teatral. Ana y yo nos aburríamos, pero fuimos a varias manifestaciones en Barcelona, a veces con nuestra otra gran amiga Cristina Obiols, corriendo delante de los grises. Recuerdo una en la que, al llegar a la plaza Molina, alguien se puso a gritar: «¡Han matado a un estudiante! ¡Han matado a un estudiante!». Como a Ana, me entró el pánico, y me puse a correr para refugiarme en casa de mi abuelo, en la Vía Augusta. Llegué sacando el corazón por la boca y se lo expliqué: en realidad, tenía mucha más confianza con mi abuelo que con mis padres. «¿Cómo?», me dijo el abuelo. «¿No habéis volcado un tranvía?» «En mi época, esto es lo que hacíamos», añadió. En 1976 participamos en la celebración de la Diada en Sant Boi de Llobregat, era una manifestación enorme y todos gritábamos: *«Llibertat, amnistia, estatut d'autonomia!»*.

En diciembre de 1970 se llevó a cabo el famoso Proceso de Burgos, contra dieciséis miembros de ETA, con una petición de seis penas de muerte. Eran los años finales del franquismo, que fueron fuertemente represivos. La situación política y social era enormemente conflictiva: en este 1970 hubo mil quinientas huelgas, y las reivindicaciones de obreros y estudiantes eran el pan de cada día. Finalmente, tanto por la presión nacional como internacional, las penas de muerte fueron conmutadas por penas de reclusión. El juicio era seguido por toda la sociedad española de cualquier signo y la televisión —obviamente adicta al régimen de Franco— lo comentaba cotidianamente. Uno de esos días vino a comer un amigo de mis padres, alto empresario y muy conservador. Sus palabras se me quedaron grabadas durante muchos años: «¡Que los maten, hombre, que los maten!», dijo aludiendo a los enjuiciados. Entonces ETA se estaba formando y la gran mayoría de los antifranquistas no criticaba sus incipientes acciones. Yo permanecí callada ante el comentario de aquel hombre; discutirlo hubiera aumentado la larga lista de encontronazos con mis padres por cuestiones políticas, uno de los motivos de una rebelión que me llevó a dejar la casa familiar en 1972. Como acto de crítica al Proceso de Burgos y para pedir la amnistía para los detenidos, numerosos intelectuales —entre ellos Joan Miró, Antoni Tàpies, Maria Lluïsa Borràs, Albert Ràfols-Casamada, Maria Girona, Guinovart, Josep Maria Castellet— se encerraron en el monasterio de Montserrat. Otra acción de ETA fue el asesinato de Carrero Blanco, presidente del Gobierno de Franco, cuyo automóvil hicieron volar por los aires el 20 de diciembre de 1973.

Entre nuestros compañeros hubo gente muy inteligente que luego haría carreras notables. «¿Quién es Lluís Pasqual?», me preguntó un día otro alumno. «Es aquel chico de Reus que hace teatro», le contesté. Lluís era muy simpático, y unos cuantos fuimos a ver *Oratori per un home sobre la terra,* de Jaume Vidal Alcover, en los Lluïsos de Horta para apoyar a su grupo teatral. Entonces iba siempre con Isabel Montseny, una chica pequeñita también de Reus, pariente, por cierto, de Federica Montseny.

Si él encarnaba el teatro, Àlex Gorina encarnaba el cine, al cual ha dedicado su vida como crítico cinematográfico. Y también estaba Joan Lluís Bozzo, que ya empezaba a hacer teatro y que llegó a ser el director de la compañía Dagoll Dagom. Pero sobre todo un buen día me fijé en un chico de apariencia curiosa, con gafas redonditas, a quien Paco Rico también le había concedido una matrícula de honor. Era Jaume Vallcorba, que se ennovió con Pucci Vilurbina. Se casaron en plena carrera con una invitación en forma de octavilla que lanzaron por las escaleras de Sant Cugat. Entre los testigos de su boda estaban Pep Ramoneda y Miguel Briongos. La fiesta se celebró en el Jazz Colon, como no podía ser menos. Era la pareja más progre y sofisticada de la facultad y se fueron a vivir a La Floresta, como hacían entonces todos los «alternativos». Conservo de estos años —de 1974— una maravillosa publicación editada por Aiguadevidre (pero bajo el «paraguas» de Edicions 62) y creada por Pucci Vilurbina, Oriol Tresserra, Jaume Vallcorba, Josep Morgades y Guillem Pallejà titulada *Parking de les feres,* con una exquisita portada de Àlex Ferrer representando una mano femenina que coge una serpiente, obras de Fina Miralles y textos de Junoy, Oriol Pi de Cabanyes, Jaume Vallcorba, y Pep Morgades entre otros.

Jaume había comprado al pintor Manolo Gómez su taller de serigrafía Aiguadevidre y con este nombre, y con Pucci Vilurbina, Oriol Tresserra y Alex Ferrer, produjeron estampados y varios objetos que se vendían en la tienda de Vinçon llamada Detrás y en la tienda Groc del modisto Toni Miró, además de varias publicaciones como *Onades i estels*, o *Exercicis de caligrafia*. Luego, Jaume Vallcorba, Narcís Comadira y Quim Monzó publicaron *Pol·len d'entrecuix* con poemas eróticos de Quim Monzó, Joan Brossa, Ràfols-Casamada y las fotografías del célebre *Strip-tease català*, una obra de Brossa, en la que Christa Leem se iba quitando la ropa mientras jugaba con un naipe de la baraja española (esto ya sucedía en 1977).

Ana Díaz-Plaja, Juan Míguez y yo teníamos siempre grandes ideas mientras caminábamos desde la estación del tren hasta la facultad. A veces eran verdaderas tonterías como la de Míguez diciendo que podría dar una conferencia sobre «*Speed and Bacon today*», que no era otra cosa que «Velocidad y tocino, hoy» en inglés, pero un buen día se nos ocurrió una que nos pareció estupenda. Alfred Celaya, amigo de Míguez, le había hablado de la teoría del O o de la nada y así es como se nos ocurrió inventarnos un film de absoluta vanguardia cuyo autor se llamaría Michael Spivak, y que sería de la escuela de Jonas Mekas. El título del film sería *White*. Anunciamos el film con un cartelito y organizamos la sesión. Los estudiantes iban haciendo cola ya que tenían que pagar 5 pesetas. Después de una breve introducción totalmente inventada, leída por mí, habló un verdadero matemático que había sido invitado por Juan Míguez y Alfred Celaya. Tras ello empezaba la proyección que era... totalmente en blanco. Al cabo de unos minutos algún espectador ya se agitaba un poco en su asiento, mientras otros permanecían en un educado silencio. Aquella proyección duró unos ocho o diez minutos. Algunos ya se iban y decían que qué era aquello, que si era una tomadura de pelo. Pero Jaume Vallcorba, muy serio, dijo: «Como propuesta, ¡muy interesante!».

Salíamos mucho por la tarde-noche con Ana y el resto del grupo y estoy estupefacta al ver todo lo que vimos en cine y teatro: en teatro recuerdo *Antígona*, del Living Theater en 1969, *Mary d'Ous* en 1972, pero sobre todo el *Marat-Sade* de Peter Weiss que estrenaron en el Poliorama. Adolfo Marsillach hacía de Sade; José María Prada, de Marat, y Serena

Vergano, de Carlota Corday. Me impresionó, porque los que representaban a los locos de Charenton estaban encerrados en unas jaulas situadas en medio de los espectadores.

En cine, vimos *Un perro andaluz, Nosferatu,* casi todo Bergman, Kurosawa, *Psicosis, La joven,* de Luis Buñuel, *À bout de souffle,* las películas de Portabella y tantas más. Luis Racionero, que vino a la facultad a darnos unas conferencias sobre filosofía oriental, nos pasó películas sobre Berkeley en su casa y después todos nos dirigimos al restaurante La Oca, situado junto a la entonces llamada plaza Calvo Sotelo (ahora Francesc Macià), que entonces nos parecía muy moderno. Salvador Pániker también vino a darnos conferencias y también llegó a invitarnos a su casa. Por la noche íbamos a cenar a Casa José, donde ofrecían un menú de tres platos por cinco duros, a Can Tripas, a un italiano llamado Mario, a Can Massana, a Les Délices de France o a L'Agut del Pobre en la calle Gignàs, y luego a bailar al Jazz Colon o al Nostre Món, un local psicodélico en la plaza Lesseps. Más cutres eran el Cádiz y el Villa Rosa. En este último aparecía María la Macarrona y el presentador la anunciaba diciendo: «Y ahora María la Macarrona bailará *Carmen* de Bizet».

A veces íbamos al restaurante Las Violetas de la calle Alfonso XII (pocas veces, porque para nosotras resultaba caro), regentado por Montse Ester e Isabel Arnau —entonces mujer de Oriol Bohigas— y donde Brossa comía cada día invitado por las patronas. Montse Ester tenía además una tienda que se llamaba Saltar i Parar en la calle Madrazo, donde encontrabas vestidos pero también juguetes antiguos y, sobre todo, objetos e indumentaria étnica. Ella era sumamente morena, muy alta y delgada, vestida con minifaldas, unas larguísimas botas negras e innumerables collares africanos o asiáticos. Su entusiasmo era contagioso, su simpatía arrolladora.

Nos pasábamos la vida en las Ramblas, en el Café de la Ópera, que era el punto de reunión de todo el mundo. Íbamos de noche pero también a pasear simplemente un sábado por la mañana; las Ramblas eran nuestro mundo. Por las Ramblas paseaba Ocaña con grandes sombreros y un atuendo que a veces dejaba entrever sus genitales, acompañado por su corte encabezada por Nazario. Los Comediants empezaban su carrera y actuaban en plena calle. Otro lugar de moda era Les Enfants Terribles, una discoteca cerca de la calle Conde del Asalto, pero también íbamos a muchos espectáculos de travestis, que a mí me entusiasmaban por los vestidos de lentejuelas que llevaban, los altos tacones con plataforma y aquellos maquillajes de gruesas pestañas postizas, sombras de ojos azules o verdes y labios rojísimos. Estaba Madame Arthur en el Gambrinus y Peki d'Oslo en el cabaret New York de la calle Escudellers, donde bailaba semidesnuda. También íbamos a La Paloma a bailar, entonces tremendamente popular y donde se mezclaban los vecinos del barrio con la progresía barcelonesa. Solíamos acabar la noche en el Pastís, donde te servían aquella bebida blanquecina que ingeríamos tan alegremente sin temor a la resaca o a las consecuencias gastrointestinales, o íbamos a tomar una cazallita en una barra de mármol minúscula junto a las Ramblas. Esporádicamente —cuando era, por ejemplo, el cumpleaños de alguien— íbamos a El Molino, el maravilloso cabaret, con sus vedettes que se dirigían al público y se sentaban en las rodillas de los señores con bigote y gafas junto a sus esposas con peinados crepados y collarcitos de perlas, por lo general falsas. Y no nos perdíamos la revista del Apolo, con Luis Cuenca y Vicky Lusson, calificada en un rótulo como ESCULTURAL VEDETTE.

Por las tardes se podía ir al bar Cristal-City de la calle Balmes, donde tenían libros, y aquello nos parecía el colmo de la modernidad, una especie de pequeño Londres en un barrio de Barcelona. Esporádicamente frecuentábamos el bar del cine Astoria, elegantísimo y levemente *art déco,* con sofás mullidos y buenos combinados. A partir de 1973 nos convertimos en asiduos del Zeleste, en la calle Platería (hoy Argenteria), donde se tomaban copas y luego solía haber conciertos de rock. Zeleste duró muchos años, y fue allí donde Sisa, en 1975, cantó su «*benvinguts, passeu passeu...*». En Zeleste te podías encontrar con Joan Fatjó, mi vecino del piso de abajo de la calle Mandri 2, que había abierto una tienda de ropa y objetos *camp* en la calle Villarroel con la avenida Diagonal. Era el *summum* de la sofisticación, amable, un poco bohemio, que te reñía si te veía vestida, como él decía, de «burguesa», y que tuvo la desgracia de morir asesinado en extrañas circunstancias.

Con Miguel Briongos, al que Ana y yo llamábamos «el Alambrito» por su extrema delgadez o bien «Miguel el de las Gafitas», para diferenciarlo de otros Migueles, yo empezaba a salir con más asiduidad. Pero también veía a la vez, y mucho, a Pedro Garrido, amigo de Guillermo Díaz-Plaja. Pedro era biólogo, y se me quedó grabado el bonito nombre de una planta que me enseñó en el campo: *Hippocrepis unisiliquosa.* Con él iba yo a Bocaccio, donde se reunía toda la *gauche divine.* Seguíamos atentamente los artículos de Joan de Sagarra en el *Tele/eXprés,* y con él yo mantuve una pequeña pero deliciosa polémica que hoy no tendría lugar, tan seria se ha vuelto nuestra prensa. Una vez llegamos a ir a casa de Manuel Vázquez Montalbán con Joan de Sagarra y Guillermo Díaz-Plaja a ver películas porno: creo que todos salimos con los ojos como platos, especialmente Ana y yo, que éramos, como siempre, las pequeñas del grupo, aunque disimulamos perfectamente nuestro rubor.

Para acceder a Bocaccio, era el portero quien tenía que dejarte entrar. La puerta de madera tenía unos motivos modernistas. En la parte de arriba unos largos sofás tapizados de terciopelo granate resultaban muy cómodos para hablar, y en la parte de abajo había una gran barra, mesas y pista de baile. Regentado por Oriol Regàs, allí encontrabas a Román Gubern, Beatriz de Moura, Enrique Vila-Matas, Juan Marsé, Joan de Sagarra, al que llamábamos «el Sagarreta», Jorge Herralde y Lali Gubern, Gonzalo Herralde, Salvador Clotas y tantos otros. En una de estas noches estaba yo sentada junto a Román Gubern, cuando de repente me dijo: «¿Tú y yo nos hemos acostado?». «Hombre, Román, ¡te acordarías!», le contesté riendo y un poco ofendida. Este era el tono de Bocaccio, porque en los años setenta, antes del sida, había una gran permisividad sexual.

También íbamos a conciertos de Pau Riba, de nuestra gran amiga Maria del Mar Bonet, de Ovidi Montllor. Y al Canet Rock, no recuerdo exactamente qué año, donde todo el mundo estaba sentado y después ya tumbado en el césped y con bastantes porros en el cuerpo. Ana y yo no llegamos a ser hippies, sino simplemente modernas de aquella época. Ni a ella ni a mí nos interesaron las drogas y en mi caso lo vi muy claro: aunque las probé como todo el mundo en aquellos años, yo no quería perder el mundo de vista y estoy segura de que Ana tampoco. Entonces no lo sabíamos aún, pero varios de nuestros amigos que sí las consumieron, y mucho, pagaron un alto precio por ello.

Para ganar un poco de dinero, en el otoño de 1971 empecé a trabajar en la librería-club Trilce, regentada por Enrique Sales, al cual en secreto llamábamos «Frasco de Sales». Allí se presentaban los libros más progres y un día anoté: «Presentación del libro de Núria Pompeia. Todas las vacas sagradas».

Aunque estábamos bajo el franquismo, las actividades culturales en Barcelona entre 1970 y 1975 rezumaban variedad, originalidad, compromiso político y sentido lúdico, y lo magnífico es que siempre te encontrabas a conocidos en todas partes. La vida cultural —un determinado ambiente y unos vínculos muy concretos— era todavía muy pequeña.

Sexo y feminismos

Hacia 1971 formamos un grupo feminista en unas reuniones que fueron idea de Teresa Bassols, entonces novia de Enrique Sales, que llevaba, como he dicho, la librería-club Trilce. En estas reuniones estaban Luz Elena, que era brillantísima, Maite Arbó, entonces novia de José Luis Giménez Frontín, Nacha Medrano, Guiomar Eguillor, la abogada Elisa Vallés, que había publicado con Ana Sallés y Mireia Bofill el libro *La mujer en España* (en la editorial Kairós), Mireia Bofill, que luego se integró en el Colectivo La Sal y más tarde se vinculó a Ca la Dona. Esporádicamente aparecían Mary Nash y María José Ragué, que había vuelto de California y había publicado *California Trip,* y quizás ya estaba escribiendo, o publicando, su conocido libro *Hablan las Women's Lib* (1972), que aún conservo. Nos reuníamos en casa de Teresa Bassols, en la plaza Molina. Bastante más tarde hubo otro grupo con Mari Chordá, Laura Tremosa, Núria Pompeia, pero a este ya fui muy poco. Recuerdo unas reuniones completamente informales en las que se hablaba de temas que nos concernían a las mujeres, pero sobre todo de sexualidad. También se comentaban casos de machismo evidente. Por ejemplo nos explicábamos a nosotras mismas cómo fue nuestra primera experiencia sexual, y seguramente hablábamos de la píldora, que unas podían conseguir y otras no. Recuerdo en un bar a Luz Elena, que era muy guapa y con muy buen tipo, dirigirse a un hombre en la forma en que los hombres entonces se dirigían a nosotras, y este quedarse totalmente desconcertado. Para que se vea el ánimo combativo de todas nosotras, una escena similar sucedió cuando yo vivía en la calle Génova. Tendría veintidós o veintitrés años y estaba de muy buen ver, y un albañil empezó a lanzarme según él piropos, pero de lo más soez. Me planté allí mismo y le increpé: «¿Me meto yo con usted?», le dije. «Pues no se meta usted conmigo.» «Vaya, encima de que la llamo guapa», me contestó, ofendido y con el rostro enrojecido por el enfado. Y yo seguí tan digna. Pero la verdad es que era bastante molesto cuando empezaban a decir «Me comería tus tetas» y cosas similares.

Mari Chordá creó en 1977 la editorial La Sal, que publicó libros de autoras femeninas, y que tuvo un bar del mismo nombre en el Raval, donde se organizaban encuentros, charlas y coloquios.

Aquí he de hablar también de Helena Valentí (1940-1990), hija del filólogo clásico Eduard Valentí i Fiol, a quien debí de conocer en 1970 o 1971 en uno de estos grupos de mujeres y que llegó a ser una gran amiga, a pesar de que nos llevábamos algunos años de diferencia. Me influyó en muchos aspectos y la añoro profundamente. Era extremadamente inteligente y viva y me cautivó enseguida su entusiasmo por las personas, por los paisajes, por las ideas. Tras una intensa relación con el poeta Gabriel Ferrater, se casó con un inglés y vivió mucho tiempo en Inglaterra. De esta época recuerdo que me presentó a antiguos anarquistas exiliados en Londres y a una mujer que proponía un salario para las amas de casa. Recuerdo muy bien una foto de Helena, clavada con una chincheta en su hogar londinense: la policía la estaba deteniendo en una manifestación, y ella giraba el rostro hacia la cámara, tocada con una chistera y con una radiante sonrisa. Otros dos flashes asociados a Helena: me dio la dirección de la anarquista Federica Montseny en Toulouse, la que fuera breve ministra de Sanidad durante la Segunda República, que vivió exiliada en Francia tras la Guerra Civil. Y yo, ni corta ni perezosa, fui a verla. Ya era mayor, pero era una persona vivísima y lo único que se me quedó grabado al hablar de la lucha antifranquista en España es que cuando yo pronuncié la frase *«S'hauria d'organitzar»* (hablábamos en catalán) ella saltó: *«No! Organitzar no! Organitzar no!»*. Sus convicciones políticas la hacían partidaria del espontaneísmo.

Helena siempre estaba dispuesta, en los setenta, a organizar grupos para debatir y realizar actividades. Recuerdo que un día me dijo que *El Capital* era un libro fácil de leer. La recuerdo también en su casa de Cadaqués, siempre destartalada —se apropió del desorden inglés, que incluso fue capaz de aumentar—, haciendo traducciones para poder subsistir. Vivía pobrísimamente. Vestía con tejanos, camisetas, jerséis amplios y grandes fulares —cuando aún no estaban de moda—, pero sus ojos azules, su amplia sonrisa y sus risas frecuentes le conferían un verdadero *sex-appeal.* Como con todas las feministas, hablábamos de las relaciones con los hombres y de sexualidad, y un día me dijo: «No te creas, a veces eres tú la que les propone hacer el amor y ellos se tiran para atrás». Su segundo marido fue un pintor que se suicidó: quizás ya había pasado mucho tiempo, pero cuando me lo contó, lo hizo con una suerte de mezcla de desapego y entereza. Lo que más me sorprendía de ella era esa mezcla de locura y de profunda gravedad. Lo que me maravillaba era su total desinterés por el mundo razonable, bien establecido. Fue de las pocas personas de mi generación que no se reconvirtió o adaptó a la sociedad del bienestar, de la competitividad y del lucro. Hizo su incursión en el mundo de la literatura con una humildad casi impensable para alguien que había llegado a ser prácticamente un mito en los años sesenta. Poco a poco fue interesándose por otras fuentes de conocimiento y de vida basadas en el naturismo y las filosofías orientales. Ahí nuestros lazos se fueron debilitando, pues ella no quería curarse de su cáncer con métodos de medicina tradicional y yo entendí que nunca podría convencerla de lo contrario. Pero me queda la imagen nítida de una mujer llena de vida, su fe en las mujeres, su interés por el mundo intelectual de una forma totalmente genuina, y la sensación de ser la persona más independiente con quien yo me había topado en años.

A propósito de sexo, en mi casa no se hablaba del tema, y creo que yo, y tantas otras chicas jóvenes de la época, intentábamos aprender algo por otros medios. Mis padres me regalaron una enciclopedia del cuerpo humano y allí yo miraba, ávidamente, todos los órganos y con más atención los órganos sexuales, de los que no sabía nada. Nunca había visto a un hombre adulto desnudo, tan solo algún niño en la playa. Al menos, al ser mi abuelo un famoso ginecólogo, la cuestión de la regla fue algo bastante natural y de lo que se pudo hablar. Pero tampoco me enteré por mi madre, sino porque en el colegio, quizás a los once o doce años, una niña dijo: «A los trece años a las niñas les sale sangre por el culo». Así de brutal. Entonces sí que pregunté en casa y mi madre me dio todas las explicaciones. No solo eso, sino que me llevó a la sala de estar donde mi padre, en su sillón, solía leer cada día el periódico y le dijo algo así como «Vicky ya es mayor», a lo cual mi padre asintió complaciente, sin mayor comentario. Agradecí que nunca lo vieran como algo sucio o dramático, y nunca tuve grandes problemas. Había chicas que no se bañaban ni en el mar ni en la piscina cuando tenían la regla, pero a mí nunca me lo prohibieron. Es curioso cómo mi madre, tan puritana con las relaciones sexuales antes del matrimonio —algo absolutamente pecaminoso para la sociedad biempensante de la época—, se mostrara, en cambio, bastante moderna y de mentalidad abierta en otros asuntos del metabolismo femenino. Por ejemplo la menopausia, un periodo que solía afectar y asustar a muchas mujeres, mi madre la pasó muy tranquilamente, afirmaba que no ocurría nada y por mi parte yo la viví con un enorme sentimiento de liberación al dejar de poder quedarme embarazada. Por suerte, en mi casa se hablaba de ello con naturalidad. Sin embargo en aquella época estos temas sexuales solían ser, en las familias burguesas, tabú, y se hablaba con delicados eufemismos. Como por la parte Dexeus eran dados a hacer juegos de palabras, recuerdo que se llamaba a los problemas ginecológicos «problemas de *mezzanine*», lo cual me pareció una buena prueba del sentido del humor de mi madre. Pero era mucho peor todo lo relacionado con lo escatológico: «se iba al lavabo» y se tenían fórmulas también muy graciosas como decir «no he actuado» para hablar del tradicional restreñimiento de toda la familia. En cuanto a los fluidos y excrementos, se hablaba de «*eins*» y «*zwei*», o sea, ¡uno y dos en alemán!

Cuando apareció la píldora anticonceptiva, en los años sesenta, recuerdo que lo comentaron en una comida en casa de los abuelos Dexeus, pero toda la conversación estuvo llena de eufemismos y de muecas para que las adolescentes presentes no supiéramos de qué hablaban. Los adultos polemizaban sobre si era buena o no. En realidad, creo que mi tío Santiago fue uno de los primeros en prescribirla, pero ya cuando fue legal. Y yo, que quise tomarla enseguida, fui a hablar en 1972 —tenía veinte años— con el doctor Felip Solé Sabarís, que alguien me recomendó. Con un tono muy paternal y que inspiraba confianza me dijo una frase que se me quedó grabada: «El sexo es una cosa natural, como respirar y comer, no hay nada pecaminoso en ello». Esto me tranquilizó y debió de ser él quien me hizo la receta. No fue hasta el 7 de octubre de 1978 cuando las Cortes Constituyentes despenalizaron la venta, divulgación y uso de los anticonceptivos, pero desde hacía años bastantes médicos progresistas la recetaban como tratamiento para regular el ciclo menstrual. Lo que sucedía es que si tenías pareja estable la tomabas cada día —no existía la píldora del día después— sin mayor preocupación; si no la tenías, como a mí me sucedió entre 1979 y 1992, te parecía exagerado y poco saludable tomar una pastilla para unas relaciones que eran esporádicas. De ahí que muchas de nosotras se pasaran al diafragma o al DIU (un dispositivo intrauterino de cobre). A decir verdad, no nos fiábamos ni un pelo de los condones que pudieran llevar los chicos. Siempre había además alguna ocasión de recriminación social; no solo por la Iglesia, obviamente, que las prohibía, sino en ciertos círculos médicos y ya no digamos familiares. Recuerdo haber ido al Instituto Dexeus unas dos veces pensando que podía estar embarazada, asustadísima y sola como casi siempre suelo ir a los médicos. Me quedé sumamente aliviada al saber que no lo estaba, pero la señorita María, ama de llaves de mi abuelo y también responsable del control final tras la visita, me lanzó una mirada fulminante que equivalía a considerarme como una mujer de mala vida y me dijo: «Ah, tú misma, si has decidido hacer esto...».

El miedo a quedarse embarazada estaba siempre ahí, y si se daba el caso, las que se lo podían permitir iban a abortar a Londres, donde aquella intervención era legal, y las que no se lo podían permitir debían hacerlo en España en condiciones a veces dramáticas. Muchas de mis amigas abortaron más de una vez, y estoy convencida de que debió de ser más bien traumático. Yo era tan moderna y tan progre que solía decir: «Si me quedo, pues a Londres», y en una ocasión en que estaba casi convencida de estar embarazada, enseguida decidí no decirle nada a mi pareja —que era, sin embargo, un amigo, no un *«passavolant»*—, y hubiera hecho el viaje sola o con una amiga. Tan autónoma me veía a mí misma.

Es curioso cómo con el paso del tiempo reconoces no solo las diferencias fisiológicas entre sexos sino muchos otros temas que nos discriminaban. En conversaciones con los chicos a los catorce o quince años sobre los inconvenientes de ser mujer, nosotras siempre solíamos decir «tener la regla» y ellos contestaban «y nosotros, hemos de afeitarnos cada mañana». Era de una extraordinaria falta de experiencia vital, pues ni se nos ocurría mencionar el riesgo del embarazo no deseado ni imaginar todas las cortapisas y techos de cristal que nos iban a llegar en el futuro. La represión de ciertos comportamientos formaba parte de cualquier educación de las niñas y jóvenes burguesas, como el no sentarse nunca con las piernas un poco o muy abiertas. No ibas sola a casi ningún sitio, sino siempre en grupo, con una amiga o con un adulto.

Antes de la liberación sexual, recuerdo las dudas que solía tener una joven *comme il faut* sobre lo que se podía y no se podía hacer. Ya no estábamos en la época del baile agarrado pero con los bailarines suficientemente separados «para que pudiera pasar una escultura de la Virgen entremedio», como decían los sacerdotes en los años cuarenta y cincuenta. Pero había las llamadas «frescas» y las que no lo eran. Las frescas se dejaban manosear, se daban besos llamados «de tornillo» e incluso se dejaban hacer algo más, sin llegar al acto sexual. Los chicos, en las canciones lentas, siempre querían arrimarse completamente a las chicas; estas solían dejar que el chico jugueteara con el sostén y pusiera su mejilla contra la de ella, pero nada más. Yo, como la mayoría, no sabía qué hacer si la pareja no me gustaba. En realidad unas cuantas teníamos nuestros deseos muy reprimidos por la educación recibida, algo que se superaba poco a poco con la experiencia.

Estuvo bien perder la virginidad —como se decía antiguamente— con alguien de quien estabas enamorada. Otras la perdían por perderla, porque tocaba, y sin disfrutar en absoluto. Nadie te había explicado cómo disfrutar del sexo, y simplemente lo aprendías sola, aunque tengo amigas que me confesaron que no habían gozado del sexo hasta su segunda pareja, o matrimonios que llegaban a separarse por no poder tener relaciones sexuales satisfactorias.

Una casa heterodoxa: la calle Génova

En 1972 decidí irme de casa de mis padres. Para mí el ambiente era irrespirable por las peleas entre ellos y por nuestra gran diferencia de opiniones, especialmente las políticas. Mi relación con Miguel Briongos se había afianzado, y él acababa de conseguir un piso en la calle Génova 23-27. Miguel era inteligente, cariñoso, tenía sentido del humor y compartíamos muchos gustos comunes. Decidimos irnos a vivir juntos y se lo dije un buen día a mi madre: «¿Cómo?», me respondió. «Esto tiene un nombre de cuatro letras», queriendo decir «puta», palabra que su buena educación le impedía pronunciar. Luego me dijo: «Y no le digas nada a tu padre porque le dará un ataque al corazón». Evidentemente mi padre se enteró de todos modos y no sufrió ningún ataque, y con el tiempo acabó apreciando muchísimo a Miguel. Mi padre, en realidad, fingía no saber que vivíamos juntos, así era como iban las cosas entonces. Yo pensé que mi madre me podía enviar a la policía, porque yo aún no tenía los veintiún años, donde se situaba entonces la mayoría de edad, pero que no lo haría. En los siete años en que vivimos en Génova 23 tan solo vino una vez de visita, tal vez de quince minutos. Mi padre no vino nunca. Sin embargo, yo me llevaba tan bien con la madre de Miguel, Lluïsa Guadayol, que me parecía una segunda madre, una madre buena, cariñosa y siempre generosa.

El edificio de Génova 23-27 estaba y está en el barrio del Guinardó. A la casa, proyectada por el estudio de arquitectos Tusquets-Clotet, se la llamaba casa Fullà porque el terreno era de la madre de Ferran Fullà, el marido de Ana Briongos —hermana de Miguel—, mientras que el constructor fue el señor Briongos, que dio pisos a la familia Fullà en compensación por el terreno. Ferran fue uno de los iniciadores de Bandera Roja y quedó como figura histórica, dedicándose siempre a la política. Yo solo vi una vez a Ferran, y me pareció muy guapo.

Ana Briongos, mi cuñada, escribió un estupendo artículo sobre aquella casa. Ana cuenta que fue idea de su padre (mi exsuegro), del que explica sus orígenes. Cito a Ana:

> Restituto Briongos había llegado a Barcelona al terminar la guerra, sin medios económicos. Como había sido seminarista en el seminario de El Burgo de Osma, de donde se salía con el bachillerato terminado y hablando latín, decidió estudiar Derecho, carrera que terminó en tres años con excelentes notas. Mientras, trabajaba como inspector de policía. Se casó con mi madre, una catalana que tocaba el piano y había visto sus estudios de Medicina truncados por la contienda y que luego se hizo maestra.

Ana explica que entró en la universidad en 1963, que se afilió al PSUC y que militó en este partido clandestino durante unos meses; más tarde estuvo encerrada en la Capuchinada, la asamblea constituyente del Sindicato Democrático de Estudiantes de la Universidad de Barcelona (SDEUB), y luego fue delegada de asuntos culturales de ese sindicato. Se casó con Ferran Fullà, un estudiante de Físicas, hijo de republicanos, que acababa de salir de la cárcel después de ser juzgado en 1962 por un tribunal militar junto con Manolo Vázquez Montalbán, Salvador Clotas y Martí Capdevila, con los que cumplió condena.

Y Ana sigue escribiendo:

> La madre de Ferran tenía un terreno en el Guinardó, un lugar en la montaña desde donde se veía el mar, y mi padre le hizo

> una propuesta: ella ponía el terreno y él hacía una casa. No tenía experiencia como constructor ni tampoco dinero, pero era un emprendedor y ya había adquirido una fabriquita de ampollas para inyectables y un taller de muebles de camping que le reportaban algunos beneficios. (...) Buscaba un arquitecto, y como Martí Capdevila acababa de hacer la mili con el recién licenciado en Arquitectura Oscar Tusquets, se lo recomendamos. Construir aquella casa (1967-1970) fue una empresa tan difícil casi como levantar las pirámides de Egipto. Ni el constructor tenía experiencia como tal ni los arquitectos, Tusquets y Clotet, habían diseñado todavía edificios de aquella envergadura.

Añado a esta historia que la casa es muy preciosa y rara, de ladrillo rojo, con chimeneas que parecen las almenas de un castillo y con pisos todos distintos, unos dúplex, otros tríplex y otros planos. En los anchísimos pasillos continuaban nuestras fiestas, a las que solíamos invitar a los vecinos, casi todos amigos, y donde a veces los niños jugaban al fútbol.

Allí llegó Victor Jou, el promotor del Zeleste. Ana Briongos, que ya se había separado de Ferran, llegó con Pau Maragall. Otros inquilinos eran el cineasta Bellmunt y el dibujante Vallés y una serie de arquitectos como Xavier Sust, Alberto Aguirre, Joaquín Mora y Josep Maria Rovira. Llegó Victoria Sol con su hija Raquel, los médicos Tere Poblet y Toni Panyella y el pintor Àngel Jové con su esposa Sarita, hija del director de la cárcel de Lérida. También llegaron el poeta Joan Brossa con Pepa Llopis, que empezaron allí su larga vida de pareja. Y la escritora Marta Pessarrodona, y también Foncho, el jugador canario del Barça. Después llegaron Jaume y Loles Rambla, que más adelante se fueron a Nueva York, y de allí vino la psiquiatra Lolo Cid, recién separada del pianista Carlos Santos. Y también estaba Mercè Coll, compañera mía de facultad y que tanto ha hecho por el cine realizado por mujeres. En los pisos había situaciones tan insólitas como que el calentador de agua estaba colocado horizontal y no verticalmente, para sorpresa de los electricistas que lo venían a reparar. Mi amiga Lolo Cid me recuerda también que uno de los inquilinos se suicidó tomando pastillas.

Yo empecé mi amistad con Brossa porque me convertí en su teléfono. Ya me avisó de que antes de las doce del mediodía no estaba para nadie, y bajaba con un batín que en algún momento debió de ser azul y por entonces era de un color ala de mosca. Un día tuve la osadía de invitar a Brossa y a Pepa a cenar y les serví pollo al vino, con una salsa azulada. Al verlo me dijo: «¿Qué es esta salsa impresionista?», y Pepa me pidió que le hiciera una tortilla, algo que ya aprendí para el futuro: él solo comía alubias blancas con butifarra, patatas, tortilla y poca cosa más. En aquellos años, Brossa iba cada día a la Filmoteca —su conocimiento del cine era exhaustivo y le gustaba el cine mudo, Busby Berkeley, el cine expresionista alemán, Douglas Fairbanks, Jacques Tourneur y Delvaux— y llevaba un duro (cinco pesetas) en el bolsillo para el autobús. Cuando el autobús subió un poco de precio, ya fue por siempre jamás caminando. Y eso que estaba lejos.

Cuando expuse obras suyas en el Pabellón español de la Bienal de Venecia en 1997, yo me preguntaba qué opinaría de la ciudad más bella del mundo. «¿Qué, Joan, te gusta Venecia?», le pregunté. «No», respondió. «¿Y por qué no?» «Hay demasiada agua», me dijo. «¿Y qué le pasa al agua?» Y me espetó: «Mira si es mala el agua, que la han de bendecir». En Venecia solo quería ver el bar donde había estado Wagner. Y hablando de este músico, Tàpies me contó que, de jóvenes, él y Brossa iban al Liceo a escuchar Wagner, al quinto piso, y que había que hacer una cola larguísima. Se plantaban a las cuatro de la tarde. Y a eso de las nueve de la noche la madre de Brossa aparecía con un bocadillo, la cena del poeta. Brossa me habló muy bien de su padre, artesano, republicano y catalanista, y, en cambio, calificó a su familia materna de «coro de zarzuela siniestro». Y era esta madre, «insoportable» según él, la que llevaba el bocadillo a su hijo.

Era el momento de la creación de la sala Zeleste, una genial idea de Víctor Jou y Pepe Aponte. Como solía pasar entonces, las mujeres éramos las que cocinábamos, además de trabajar, y en una de aquellas cenas en mi casa se idearon las famosas lámparas del local. El Zeleste, cuyo logotipo lo creó Sílvia Gubern a partir del nombre escrito por su hijo (que lo escribió con Z por error), tenía unas cortinas de terciopelo granate, y allí tocaban la Orquesta Mirasol, el Gato Pérez, Oriol Tramvia o la primerísima Elèctrica Dharma. Todo parecía pasar en el Zeleste, y el día que escuchamos «Qualsevol nit pot surtir el sol», con su *«benvinguts, passeu passeu»* cantada por Jaume Sisa a mí me pareció que aquello era la poesía pura, la utopía, un cuento en el que te mecías suavemente.

También vivían en Génova Lluïsa Roca y Albert Estibal, quienes ayudaron a Juanjo Fernández a montar la revista *Star* en 1974. Siempre me he preguntado cómo un chico que a mí me parecía tan serio y tímido como Juanjo montó aquella revista cuyo título estaba plagado de estrellitas y cuyos contenidos eran puro sexo —o no tan puro—, política y rock and roll, siempre en clave *underground.*

La vida en la calle Génova estaba llena de fiestas y también de sustos. Un día vino la policía a registrar un piso, justo el de Carmina Roig, hermana de Montserrat Roig y compañera mía en la facultad. Recuerdo los *parties* en casa de Ana Briongos, con los que para mí eran los «mayores»: Pasqual Maragall, Narcís Serra y otros amigos. Bailábamos, bebíamos y muchos fumaban porros. Yo probé uno o dos y la sola idea de evadirme de la realidad ya me puso nerviosa. Nunca más probé ninguno. Las fiestas acababan tardísimo y en general invitábamos a los vecinos. Enfrente de mi apartamento vivía Xavier Sust, que era y es un gran sabio de la arquitectura y del estudio de fenómenos *kitsch* mucho antes de que esto se pusiera de moda. Estudiaba los interiores de las casas que aparecían en el *Hola*, pretenciosos y llenos de muebles dorados, y lo hacía con gran parsimonia, pero también con gran pasión, y publicó un delicioso libro titulado *Las estrellas de la arquitectura* (donde estudiaba los monumentos con más o menos estrellas de la guía Michelin), participó con Leopoldo Pomés y otros en *Arquitectura y lágrimas,* y coeditó el volumen colectivo *La arquitectura como símbolo del poder.* Aquí cabe recordar que Ana Díaz-Plaja y yo habíamos publicado un artículo titulado «El *kitsch* y la moral del español» en la revista *Comunicación* de Madrid (n.º 4, 1972).

Como Miguel y yo éramos estudiantes, nuestro mobiliario era casi todo regalado. Muchos de nuestros enseres nos los dio Pepe Aponte, que dejaba un piso para irse a la India o simplemente a Formentera, no lo recuerdo. Pepe era arquitecto y había montado escenografías para Guillermina Motta: de él heredamos una mesa de madera maravillosa, donde comíamos y yo trabajaba —apartando los platos y las bandejas—, y *Los diez libros de arquitectura* de Vitruvio. Sobre esta mesa y viajando hicimos Miguel y yo las Guías Naranja, que empezaron en 1977. Entonces era muy fácil montar una editorial (la nuestra se llamó Tinta Verde). En el formulario donde había que indicar de qué capital disponíamos escribimos: «Una mesa, una silla, una máquina de escribir». Comprobamos que no existían guías turísticas en español, e hicimos las de Grecia, Portugal, Italia y Nueva York, incorporando restaurantes y hoteles de precio medio y barato, mercados, fiestas populares y rutas bastante alternativas. El diseño de la portada fue obra de América Sánchez, y como la hizo rápidamente no quiso constar en los créditos, pero de él es. Para hacer las guías nos desplazábamos al país en cuestión, y recuerdo la de Italia: a las nueve de la mañana ya estaba yo diciéndole a Miguel: «En el transepto derecho, *Virgen con santos,* de Filippino Lippi; en el transepto izquierdo, un *Calvario* de Ghirlandaio». Además de nuestros apuntes, nos guiábamos por las famosas *Guides Bleu* francesas, y si teníamos dudas sobre las dimensiones de un monumento que no habíamos visitado, consultábamos también la guía *Baedeker.* Recuerdo asimismo que recorrimos en coche todo el perímetro del Peloponeso y en el último tramo de la costa oeste había largos trechos de carretera sin asfaltar.

Por mi casa y por la de Ana Briongos pasaba mucha gente: Damià Escudé, personaje tan excéntrico como entrañable que nos enseñaba un manojo de llaves, que eran las de las casas de todos sus amigos donde podía dormir (durante una época vivió en casa de Luis Racionero), Pepe Ribas, que siempre vaticinaba que el régimen de Franco «tenía los días contados», y Montesol, que dibujaba en mi mesa, muy aplicado, con Pau Maragall. Como yo ya empezaba a publicar crítica de arte, Montesol me pidió algún consejo. Le dije que fuera a pintar del natural y de un modelo para aprender un poquito más..., y ha logrado ser un excelente artista, además de una estupenda persona. Entre los que venían por casa, un día apareció Genís Cano, al que trajo Pau Maragall. Era delgado y guapo, y ya estaba un poco en las nubes. Vino con un perseguido por la policía para quedarse a dormir en casa y yo pasé mucho miedo. Se fue el perseguido y se quedó Genís, que elucubraba y dibujaba. Luego fue compañero mío en la facultad de Bellas Artes y antes de morir publicó un libro sobre la Barcelona contracultural. En él aparece Ramón Olives, hijo del catedrático de Griego del Instituto Balmes, un chico altísimo y de belleza clásica que hizo de escultura viviente para una acción de Carlos Pazos en EINA; fotos de los hippies en Ibiza y Formentera, y un Zush (ahora llamado Evru) jovencísimo y luego famoso pintor. En el libro hay, raros de ver, dibujos de Pau Riba y de Pau Maragall (Pau Riba era muy amigo de Ana y Pau, y frecuentaba bastante la calle Génova, cuando no estaba en Formentera). Aparece también Xefo Guasch, en el libro se le puede ver fotografiado en un *happening* que hizo el artista alemán Wolf Vostell.

Con Pau Maragall siempre me llevé bien, supongo que porque nos unía el arte y porque él decía que me parecía a su madre. Cuando se enfadaba con Ana, venía a nuestra casa y se ponía a dibujar. Un día pintaba con acuarelas y su pincel pasó del papel al sillón, tan campante... Pero nunca nos peleábamos. Pau Riba, su gran amigo, lo definió así:

> *El pau era una espasa una espasa aguda i afilada una fulla esmolada que a l'hora d'apuntar filava prim i que a l'hora de tallar tallava amb eficàcia i netedat (...) com tants altres membres de la seva família, el pau era un polític, un estratega però si el potencial dels primers, indiscutit, ha figurat sempre dins d'un sistema consolidat que tan sols admet continuïtat o millores i no deixa créixer més que en la militància funcionarial, el seu, indòmit, alimentà la pruïja de per una banda organitzar la ruptura i per un altre resistir el sotrac, cosa que el feu caure en la militància guerrera: el maquis la resistència.*[1]

Pau tenía una elegancia natural, era muy delgado y caminaba de una forma realmente particular, con mucha levedad, como si no pisara el suelo. Tenía la nariz de los Maragall, el pelo largo y se vestía como un hippie austero. Tenía también mucho *sex-appeal.* Sus poemas son muy bellos y mejores que sus dibujos. Cuando yo me separé de Miguel y me fui a Nueva York, a mi regreso ya vi muy poco a Pau. Creo que se había ido a vivir a una comuna, luego a otra... Un día a principios de los noventa, antes de su trágica muerte en 1994, me lo encontré en el aeropuerto: *«Oh, Pauet, quina il·lusió veure't!»*, le dije (yo le llamaba Pauet), y pagué el taxi porque él no llevaba ni un céntimo encima. Cuando murió de una sobredosis, yo estaba viviendo en París y le envié una carta de pésame a su hermano Pasqual. Me contestó con una carta

1. Pau era una espada una espada aguda y afilada una hoja afilada que a la hora de apuntar hilaba fino y que a la hora de cortar cortaba con eficacia y limpieza (...) como tantos otros miembros de su familia, pau era un político, un estratega pero si el potencial de los primeros, indiscutible, ha figurado siempre dentro de un sistema consolidado que tan solo admite continuidad o mejoras y no deja crecer más que en la militancia funcionarial, el suyo, indómito, alimentó el prurito de por una parte organizar la ruptura y por otra resistir el golpe, cosa que le hizo caer en la militancia guerrera: el maquis la resistencia.

muy tierna, pues Pau era un hermano muy querido por él. Mercedes Vilanova, en su libro *La palabra y el poder,* da varias teorías sobre esta dramática muerte: una dosis fatal proporcionada intencionadamente (como venganza política para Pasqual), un suicidio o un accidente. Yo no creo en la tesis del suicidio, aunque por entonces hacía años que no le seguía la pista. Para mí su muerte fue un *shock,* porque aunar tanta inteligencia y sensibilidad en una persona es muy difícil y siempre le guardé cariño.

En los años que pasé en la calle Génova (de 1972 a 1979) la ciudad cambió muchísimo. Barcelona en los años setenta no era la ciudad hiperdiseñada y llena de guiris que es hoy, sino una ciudad en parte mucho más gris pero mediterránea, subterráneamente moderna y algo canalla. Teníamos un enemigo claro, la dictadura, pero todo lo demás era fácil: había trabajo, la vida era barata, las salidas al restaurante que llamábamos «cinco duros» o al Jazz Colon costaban poquísimo. Las Ramblas eran nuestro paraíso, nuestro escape, nuestra vida cotidiana nocturna. Cuando yo me fui a Nueva York, en 1979, solo añoraba el mar, a mis amigos y las Ramblas. Nuestros locales fueron El Magic, La Enagua, el Pastís, el Jazz Colon. Antes de la famosa movida madrileña surgió el movimiento contracultural en Barcelona, del que la calle Génova fue uno de los faros.

Surgieron revistas como *Star, El Rollo Enmascarado* —primer tebeo *underground* español, si no me equivoco—, muy inspirado en el cómic *underground* norteamericano, *Nasti de Plasti, Vibraciones, Alfalfa, Pastanaga* y sobre todo, mucho más programática y teórica, *Ajoblanco,* creada por Pepe Ribas en 1974. Mariscal sacó el *A Valeenciaaa!* que a mí me entusiasmó. Mariscal llegó de Valencia a Barcelona en 1970, vivió en la comuna de Enrique Granados, donde también estaba Miguel Farriol. Entonces la Ciudad Condal era la meca de los que venían de fuera: también se instalaron aquí durante unos años los ilustradores madrileños Ceesepe y El Hortelano. En el grupo de *Ajoblanco,* que es el que yo conocí más, estaban

Tonia Salom, Ana Castellar y Luisa Ortínez, hija de la que sería mi gran amiga Marisa Díez o Marisa de la Ciento. Y allí estaban también Quim Monzó, Biel Mesquida, Pep Rigol, Ana Díaz-Plaja... Fueron a buscar a Manel Esclusa, que vivía, y vive, en Vic, gran fotógrafo, para hacer la famosa portada de la boca mordiendo un diente de ajo, una portada originalísima. Y el logo de *Ajoblanco* parodiaba el de la Coca-Cola, todo un hallazgo de diseño gráfico. *Ajoblanco* hablaba tanto de ecología como de la cultura gay, poesía contracultural, drogas, movimiento anarquista, cine independiente..., y había una sección de anuncios muy divertidos. Publicaban fotos de Joan Fontcuberta y Xavier Gassió, reprodujeron el *Manifest groc* de 1928 y el texto del Grup de Treball en la Mostra d'Art Múltiple de 1974, de la cual hablaré más tarde.

Pepe Ribas venía a cenar a Génova y siempre nos contaba extrañas teorías sobre la muerte de Franco «que él sabía de muy buena fuente». Nos hacía mucha gracia su personaje de dandi anarquista cuyos relatos estaban siempre salpicados de gran gestualidad.

Lo más importante, obviamente, fue la muerte del dictador y cómo cambiaron las cosas a partir de entonces. Pero ya en el tardofranquismo la vida cultural de Barcelona, animada por el movimiento de la *gauche divine* de los años sesenta, estaba llena de modernidad. Todos los jóvenes que teníamos de veinte a treinta años en los setenta y que éramos curiosos y culturalmente activos vivimos aquellos años con una gran excitación, con un gran apasionamiento. Todo nos parecía nuevo y sorprendente, muchas cosas prohibidas dejaban de estarlo. Fuimos a los conciertos de Canet Rock, en los que me recuerdo tumbada en unas mantas sobre la hierba, rodeada de chicos con largas melenas. Íbamos a la galería Mec-Mec, veíamos a Christa Leem haciendo su *striptease* en el hotel Oriente. En poesía surgieron los *Llibres del Mall*, con portadas de Antoni Tàpies, y que fueron financiados por el propio Tàpies, Joan Miró y el doctor Obiols, todo a fondo perdido. Entonces empezábamos a oír hablar de Xavier Bru de Sala,

Miquel de Palol y Àlex Susanna. El Primer Festival de Poesía Catalana tuvo lugar en el Gran Price de Barcelona, donde recitaron sus poemas Joan Brossa, Gabriel Ferrater, Salvador Espriu y Pere Quart, que eran nuestros factótums poéticos de entonces. Una lista de invitados al festival Gespa Price, que tuvo lugar en 1975, sorprende por la presencia de tan solo siete mujeres poetas entre sesenta y siete invitados. Me parece que la presencia de las mujeres en la cultura catalana de entonces —en literatura y canción— se limitaba, aproximadamente, a Marta Pessarrodona, Maria del Mar Bonet, Maria Mercè Marçal, Guillermina Motta y Pucci Vilurbina.

Entre 1975 y 1982 surgió la revista *Neon de Suro* en Mallorca, editada por Bartomeu Cabot, Sara Gibert, Andreu Terrades y Steva Terrades. Tomeu Cabot podía llegar a ser no solo radical, sino violento en su lenguaje, especialmente sexual y escatológico.

Viajes: europeos, exóticos y accidentados

Londres, *underground*, pero no tanto

Fui a Londres durante tres veranos a estudiar inglés, idioma que entonces aprendí poco, pero la experiencia fue fundamental. Todos aquellos jóvenes inquietos, y cuya familia podía permitírselo, iban a aprender inglés y a ver mundo, pero sobre todo a ver la capital inglesa, en la que el cine, el teatro, la música, la moda y las exposiciones, desde lo más *underground* hasta lo más clásico, eran de las mejores de Europa. En mi primer viaje, en 1969, fui con mi amiga María Jesús Figa, ambas a una residencia, y luego, en 1971 (en 1970 una hepatitis me impidió volver), como mis padres no me dejaban ir sola, viví en casa de una pareja, John y Janet Wright, en Ranelagh Gardens. Allí lo primero que me sorprendió fueron los colores de la decoración. Creo que la moqueta era morada y había muebles pintados de verde o de naranja, algo que nunca veíamos en España, donde todas las paredes eran de color blanco o blanco roto. A pesar de ser amables y de que ambos eran abogados, tampoco eran muy limpios y se comía muy mal, como casi siempre sucedía en la Inglaterra de aquellos años. Para mí no solo fue ver y vivir el Londres *underground* (que ya estaba muy aposentado en 1969), sino ver un país democrático. En una suerte de diario escribí: «Todos conocemos la legendaria tradición democrática inglesa que procede de aquella famosa Carta Magna. El gobierno, sea laborista o conservador, lo tolera todo mientras no se le ataque directamente. Por eso uno tiene aquí la sensación de aparente libertad de expresión, de acción y de pensamiento.

Sobre todo de pensamiento. A nadie molesta el que uno pueda asistir a conferencias sobre budismo, psicoanálisis o la doctrina Mao Tse-tung». ¡Cómo sería la represión cultural de nuestra España franquista que el poder asistir a una conferencia de psicoanálisis nos parecía una gran libertad! También anotaba la vida vecinal, con sus numerosas asociaciones de barrio que mantenían un constante debate sobre cualquier tema que interesara a los vecinos. Y añadía: «En Londres pueden encontrarse a cada paso carteles como este: ARTE REVOLUCIONARIO, ARTE ANTI-*establishment,* PÓSTERS POLÍTICOS, POESÍA POPULAR», y el cartel estaba ¡en el hall de la iglesia de Todos los Santos, cerca de Portobello Road!

En Londres vi muchísimo cine y recuerdo *The Servant, Belle de Jour, The Prime of Miss Jean Brodie, Women in Love* o *The Devils,* entre otras. Siempre que iba al extranjero, en toda mi juventud, atesoraba películas, ya que en la España de Franco no veíamos apenas nada más que cine español o comercial.

En mi diario escribí:

> El *underground* londinense sigue bien, gracias. Bien establecido, quiero decir. El *boom* que supuso el estreno de *Hair* marcó una época solo comparable a la era gloriosa de los Beatles. Pero ahora ya no queda un solo inglés con pelo corto que no haya fumado porros alguna vez o que no crea en la liberación sexual. Ahora ya es un buen negocio vender jeans en Portobello, camisetas con estrellas y casacas indias. La impresión general es que todo lo que parecía nuevo —comunidades, *free music,* teatro sin censura, etcétera— se ha aposentado tanto que forma parte del show nacional.

Fui a ver *Jesuchrist Superstar* en el verano de 1972, un musical en el que los actores aparecían con atuendos hippies y peinados afro. Tenía un punto *kitsch* evidente, como su Herodes vestido con traje de lamé ajustado junto a una cama de agua plateada rodeada de señoritas.

En Londres descubrí el ICA (Institute of Contemporary Art), que había sido creado por Roland Penrose y ahora lo dirigía Julie Lawson, una crítica de arte amiga de Maria Lluïsa Borràs y de Joan Brossa. El instituto me pareció el *summum* de la modernidad. Aquel año habían decidido hacer un ciclo dedicado al cuerpo como medio de expresión, un tema entonces bastante novedoso. Allí en el verano de 1971 vi una exposición de Kienholz que me impresionó mucho. Ese año nuestro grupo de españoles estaba integrado por Ana Díaz-Plaja, Miguel Briongos, Manuel Trallero, Mercè Coll y Jorge Figa.

Vi el film *I am Curious Yellow* con el antropólogo José Ramón Llobera, amigo de Guillermo Díaz-Plaja, y con Carlos Bidón Chanal. Catalogado como «film erótico», en realidad es la historia de una joven sueca de veinte años preocupada por los problemas sociales —también los de las mujeres— y políticos de su país. Lo curioso es que en el film aparecían Olof Palme y Martin Luther King. En algún país lo calificaron de obsceno porque hay algún desnudo integral y alguna escena de sexo bastante explícito, que hoy no escandalizarían a nadie.

Hablando de sexo, Ana Díaz-Plaja y yo, de diecinueve años, éramos tan inexpertas e inocentes que entramos en un *sex-shop* y nos compramos un gel con el cual pensábamos que jamás nos íbamos a quedar embarazadas, nuestra mayor preocupación por aquel entonces, ya que nuestro gran objetivo era liberarnos sexualmente.

Recorríamos todo Londres; entonces el Covent Garden aún era un mercado de flores y frutas y a nosotras, viniendo de una España gris y atrasada, nos asombraban muchas cosas: las mujeres policías, un señor con apariencia de financiero con shorts, camisa planchadísima y calcetines altos blancos paseando por Oxford Street, carritos de comida en la calle, una viejecita que tocaba con un bidón y dos palos a guisa de tambor «Yellow Submarine» en Hyde Park, cosas que al cabo de muchos años vimos también en España.

Nos apuntábamos a cualquier plan cultural y político. Fuimos, por ejemplo, a la manifestación a favor de *Oz,* una revista *underground* de sátira, humor y política que había sido atacada por obscenidad; tras un juicio, sus editores fueron condenados a prisión y luego liberados pronto. Éramos una masa de gente, ellos con cabellos realmente muy largos, y algunos vestidos de hippies. Se leyeron manifiestos. John Lennon (y los carteles anunciaban que también Yoko Ono) llegó a componer una canción, «God Save Oz» que luego se convirtió en «God Save Us» y cuyo resultado fue un disco publicado por Apple y producido por Phil Spector. John Lennon no la cantó, parece que por sus compromisos contractuales, pero los *royalties* del disco fueron destinados a pagar la defensa de los responsables de *Oz*. La policía primero miraba, tranquila y flemáticamente, y luego ya desalojó con mucha energía. Otro día fuimos a un espacio de lo que llamábamos entonces «Gay liberation», y yo apunté: «sitio tétrico». En otra ocasión asistimos a un mitin maoísta en un piso, anunciado en la revista *Time Out!* Cuál no fue nuestra sorpresa cuando en un momento dado el retrato de Mao se cayó de golpe al suelo. Nos hacía mucha gracia cuando hablaban de *«Chairman Mao»*, y cuando el retrato se desplomó, nos dio un ataque de risa, por lo que tuvimos que marcharnos rápidamente al ver el semblante tan serio de los oradores y asistentes.

En estos tres viajes a Londres descubrí la Tate Gallery, la Serpentine Gallery, la National Gallery, el British Museum, la Wallace Collection y la Hayward Gallery, donde vi una excelente exposición de Bridget Riley, magnífica pintora del *op art*. Lo que nos gustaba de estos museos es que tenían restaurante y tienda, lo que nos parecía el *summum* del confort y de la civilización. Y en teatro vimos a Alan Bates, ¡aunque entendimos tan solo el diez por ciento de la obra como máximo! Fue muy especial ir a ver bailar a Merce Cunningham, el pope de la danza contemporánea. En un escenario desnudo, dos placas metálicas evolucionaban en el espacio, se juntaban y se separaban. No solo el bailarín era perfecto, sino que el decorado era tan minimalista como él.

Comíamos en sitios baratísimos, como The Golden Egg, los Whimpis o los restaurantes chinos del Soho, aunque poco a poco fuimos descubriendo locales de buen precio pero más sofisticados, como The Hungry Years, con fotografías de la Depresión norteamericana de los años treinta en las paredes —vaya idea—, Oodles, un lugar en el que servían ensaladas y la comida era orgánica, o Parsons, todo decorado en color blanco, ideas todas ellas que luego se copiaron en muchos otros países, incluido el nuestro. En uno de estos viajes vino nuestro profesor Luis Monreal y nos invitó a cenar en un típico pub. Tomamos las pintas de rigor y de comida había el horrible *kidney pie* o los *scottish eggs*. Al salir todos pensamos que ya habíamos comido, pero Manolo Trallero dijo: «Yo aún tengo mucha hambre», y nos fuimos a otro lugar donde recuerdo que se comió un pollo *a l'ast* entero. Era, y es, alto y delgado, pero comía como una lima.

En uno de estos viajes a Londres, el de 1971, vi una exposición titulada *Art Spectrum* en el desangelado Alexandre Palace. De ahí surgió mi primer artículo, publicado en *Destino* en 1972 en la sección de Maria Lluïsa Borràs, que titulé «El escándalo de la diversión». Porque en esta abigarrada exposición colectiva lo que sobresalía, junto al arte pop, el minimalismo, el conceptual y el habitual arte abstracto, eran las obras que los espectadores podían manipular. «Ahora los nuevos valores», escribía, «eran lo grotesco, lo absurdo, lo espontáneo, lo pueril, lo sensorial (...) y una desenfadada mezcla de realidad y ficción.» Y mi interpretación final era que estas obras, lejos de simbologías e intelectualismos, lo que pretendían era «ahondar en el proceso de comunicación entre arte y público». Si bien no destacaba ningún nombre conocido, el hecho es que llevamos medio siglo (e incluso mucho más, desde el dadaísmo) explorando esta vía lúdica. La exposición tenía siete sedes que cubrían el arte contemporáneo de toda Gran Bretaña, estaba organizada por el British Council y su catálogo mostraba una portada alegre y muy a tono con la moda de entonces: unas relucientes peras pintadas de todos los colores. Para mí, aquello fue como una entrada en el mundo de las exposiciones de lo que se llamaba en aquellos días «arte vivo», en oposición al arte muerto de los museos.

México

En enero de 1972, invitada por un médico amigo de la familia, el doctor Rovalo, viajé a México. Fue una experiencia fundamental, me encantó el país al cual luego volví tantas veces, pero también fue allí donde de forma inequívoca constaté las graves desigualdades sociales. Llegabas en avión a una ciudad inmensa y extensísima y durante un largo rato sobrevolabas enormes zonas que emitían pequeñas lucecitas. Las diferencias entre clases eran enormes: en el Pedregal, el barrio más rico de México DF, las casas tenían vallas o muros altísimos para protegerse y tres o cuatro coches por familia, enormes, al estilo norteamericano. También tenían cuatro o cinco muchachas de servicio, piscina y chófer. En mi estancia, tuve la suerte de conocer a muchos pintores y escritores, así como a mujeres que luego hicieron grandes carreras. En aquellos años había menos problemas de seguridad. Fui sola a muchos sitios, incluso conduciendo por aquel horrible periférico en el que te pasabas horas enteras. Enseguida visité el Museo de Antropología y a su maravilloso director Mario Vázquez y también la galería Pecanins, regentada por las tres hermanas Pecanins, todas guapas y que hablaban mexicano con acento catalán. Tras una fiesta espectacular —a la que acudió un hijo de Buñuel—, me quedé a dormir en casa de Teresa Pecanins. Recuerdo que me desperté a las ocho, vi que todo el mundo dormía, salí de puntillas y me fui en autobús a casa de mis anfitriones.

No me gustó nada el Polyforum Siqueiros, en honor del gran muralista, y escribí en mi diario: «Trampa ideológica. El señor Siqueiros está chocheando y se vende al sistema por cuatro chavos». Entonces conocí a Vicente y a Alba Rojo, a los que ya he mencionado. Con ellos congenié enseguida y visitamos Tula, Puebla y la iglesia de Santa María de Tonantzintla, una joya del barroco popular en la que se mezclan angelitos, niños con penachos de plumas y frutos mexicanos, todo ello en una gran explosión de colores y dorados. Vicente era muy tímido, cultísimo y un excelente pintor y diseñador gráfico. Llevaba pantalones de pana y tenía unas manos muy bonitas. Irradiaba pulcritud, orden y sensibilidad. Y Alba trabajaba en el Fondo de Cultura Económica, la famosa editorial. Alba me llevó a ver exposiciones en museos y galerías como la de Inés Amor y el Museo Diego Rivera en el precioso barrio de Coyoacán, donde vivían. Con los Rojo nos fuimos escribiendo muchos años y yo les enviaba mis libros. En una de sus cartas, de 1990, Vicente me preguntaba, con su fina ironía: «Pero ¿cuándo extirparán el pólipo-Subirachs de la bella Sagrada Familia?».

En México vi mucho a Paloma Villegas, la escritora mexicana. Y también frecuenté mucho a Isabel Vericat, esposa del poeta Héctor Manjarrez y hoy en día gran defensora de los derechos de las mujeres, especialmente de las que viven en la frontera entre México y Guatemala y que son obligadas a prostituirse, cuando no asesinadas. Isabel, que es catalana de origen, volvió una temporada a Barcelona con Marta Acebedo, otra destacada feminista, y se unió a nuestras reuniones de mujeres, a las que asistían la ingeniera Laura Tremosa, ocasionalmente Núria Pompeia y Mari Chordá. Marta Acebedo era entonces novia del poeta David Huerta, hijo del también famoso poeta Huerta.

Decidí ir a Cuernavaca, en un autobús en el que se apiñaba la gente y las gallinas, a visitar a mi tía abuela Rosa Trias de Bes, una de las «dos Rosas» de las cuales ya he hablado. Se había separado en 1957 de Pepe Carles-Tolrà y se había casado con Allen Haden, agregado cultural de Estados Unidos en México. Vivían en la Casa de Piedra, una preciosa mansión que habían convertido en pequeño hotel de lujo —hoy se llamaría *boutique-hotel*—, pues con la devaluación del peso habían perdido mucho dinero. Mi tía Rosa me encantó: tenía una nariz grande y afilada, un buen tipo y muchas ganas de reír. Cocinaba tan bien que había escrito un libro de recetas en inglés titulado *My Stove is my Castle* (Mi horno es mi castillo) y bajo su nombre de autora había puesto «Former marquesa de Castellar». Nos caímos muy bien y cuando ella murió, el tío Allen tuvo muchos detalles conmigo. Llegó a decirme que si él tuviera treinta años menos se hubiera casado conmigo porque yo le recordaba mucho, con mi carácter, a la tía Rosa, lo cual me halagó. Cuando vivía yo en Nueva York, el tío Allen, ya viudo, me invitó a su casa de Cuernavaca. Allá pude ver el álbum de fotos y descubrí cuán diferente era la tía Rosa de mi abuela Montserrat. En las fotos se veía a una mujer fuerte, que fumaba, que no posaba para el fotógrafo sino que sonreía o fruncía un poco el ceño, como preocupada, pensando. Tenía las cejas anchas y la boca grande y unos hombros preciosos. Parece ser que era anticlerical y antifranquista. El tío Allen la describió como «programática en el amor, en la cocina y en la política», y no sé muy bien qué quería decir con ello, salvo que era decidida, muy Trias de Bes. Una de las sirvientas me contó que cuando murió la tía Rosa, la hija del tío Allen tiró casi todas sus pertenencias tan solo dos días después de la muerte. «Aquí esperamos nueve días», añadió, «por respeto a los muertos y al dolor.» Y que empezaron a llegar «amigos» que se llevaban cosas; a Lupe, la sirvienta, le dieron la sensación de buitres correteando.

Volviendo a 1972, viajé mucho por todo el país, y así como en Tula fue el día en que pasé más frío en toda mi vida, en las ruinas de Chichén Itzá fue todo lo contrario. Visitamos preciosas haciendas entre las que destacaba la casa Montejo de Mérida, construida en el siglo XVI en estilo plateresco. No sé si fue en esta o en otra hacienda donde, como quien tiene un perro, alguien tenía un pequeño cocodrilo en un estanque. En el CIDOC de Cuernavaca, asistí a una clase de Ivan Illich, famoso filósofo y teólogo. Escribí entonces que era un gran seductor, con una postura de divo *nonchalant* que me recordaba a Xavier Rubert de Ventós, pero la verdad es que sus ideas, tan polémicas y controvertidas, eran muy radicales y alguna precursora de tendencias actuales. Criticaba tanto la escolarización tradicional y obligatoria como la medicina profesional. Con la familia Rovalo fui a Acapulco y allí, ya invadido por el turismo, especialmente el norteamericano, es donde oí gritar a un niño: «¡Oiga, oiga, por un pesito le canto, le bailo y le muevo la barriga!».

Espía en Yugoslavia

En el verano de 1973 Miguel y yo decidimos viajar a los Cárpatos. No contábamos con que en Liubliana nos robarían los pasaportes. Los llevaba yo en un cesto de paja de aquellos que estaban tan de moda entonces, abiertos completamente. Obviamente, pagamos caro mi despiste (ya nunca más he llevado un bolso abierto). Pensábamos estar casi un mes recorriendo Yugoslavia, Grecia, Rumanía y Bulgaria, y aquel maravilloso proyecto se convirtió en una aventura entre trágica y cómica. Decidimos visitar tan solo Yugoslavia, pues la policía nos había emitido un permiso —recuerdo el documento, que era de papel rosado— de estancia de una semana. Fuimos hasta Montenegro, donde los niños iban vestidos con bombachos y con las uñas pintadas de rojo. En unos de estos parajes montañosos nos tiraron piedras al coche. En el camino de regreso tuvimos un pequeño accidente porque yo iba conduciendo y me despisté al pedirle a Miguel un trozo de chocolate. Acabamos en la cuneta y tuvimos que pedir un remolque, ir a un taller, cambiar dos ruedas y alguna pieza más. Recuerdo que le preguntamos al dueño del taller qué pensaba de la situación política: estaban bajo el Gobierno de Tito. ¡Qué inocentes nosotros, a nuestros veinte años!: el pobre mecánico no abrió la boca, no fuéramos a delatarlo. Pero en Mostar, una ciudad preciosa —cuyo puente fue destruido durante la guerra— donde paramos en un camping idílico, se nos había acabado el permiso de residencia y llegó la policía. Nos llevaron a la comisaría y empezaron a interrogarnos. Nos preguntaron a cuántos croatas conocíamos en Barcelona. Debieron de tomarnos por espías croatas y entonces confirmamos lo que habíamos ya presentido: que aquel país tan distinto acabaría con una guerra entre serbios, croatas y musulmanes. Nada tenía que ver el europeo Zagreb con los niños de bombachos de Montenegro. Al final nos soltaron con otro papel para dos días al cabo de los cuales debíamos regresar, y así lo hicimos, y al enseñar el papel en la frontera italiana y explicarles nuestro caso el policía italiano exclamó: «*Poverini!*», una expresión que recordaré toda mi vida. Y sin embargo vimos un bello país, y visitamos Zagreb, la ciudad medieval de Ptuj, Belgrado, y los monasterios de Gracanica, y Studenica, cuyos frescos de los siglos XII y XIII me encantaron. Vimos Ohrid, cerca de Albania, junto a un bonito lago y su iglesia de San Juan Kaneo. Fotografié el antiguo bazar de Skopie y comenté bajo la imagen: «Cerrado, parece Texas»; hoy se ha convertido en un lugar abarrotado de turismo.

Un bikini en Afganistán

En la Semana Santa de 1974 viajamos a Irán los señores Briongos, Miguel y yo, a ver a su hermana Ana. Teherán me pareció una ciudad fea y enorme. En ella sin embargo nos encontramos con unas cuantas españolas casadas con iraníes, a los que habían conocido en Londres o en París estudiando una carrera: una catalana, Luisa Rubio, y una burgalesa llamada Goyita cuyo nombre tan gracioso y exótico para mí se me quedó grabado para toda la vida. En general vivían muy bien, pues sus maridos eran ingenieros, empresarios o médicos, y una de ellas nos contó que su esposo tenía grandes viveros de orquídeas y que abastecía al sha. Como españolas que eran, expresaban sus opiniones con total franqueza sobre la situación política del país, con sus pros y contras. En general todas afirmaban que era una dictadura, pero hubo quien se refirió al lado «bueno» del asunto como era el poder recibir revistas extranjeras y otros bienes occidentales. Una de ellas nos ofreció una comida que tardaron tres días en preparar: allí había arroces de todos colores y aromas deliciosos.

De Isfahán recuerdo la gran plaza Naghsh-e Jahan, de la cual se dice que es la segunda más grande del mundo, así como la mezquita del Imam y la Real, con sus cerámicas, todas en tonos de un azul brillante, un inmenso baño de azul para los ojos. En Isfahán visitamos a un señor que me preguntó: «¿Cuántas maneras conoce usted de pelar una naranja?». Y claro, yo le debí responder que dos o tres. «Pues hay nueve», me dijo, y me las explicó. Aquel hombre también podía hablar de poesía.

Tanto las explicaciones sobre las nueve maneras de pelar una naranja como lo de la poesía hubiera resultado realmente exótico pronunciado por un burgués español de la época.

Y aquel mismo año de 1974, en el verano, viajamos a Afganistán para visitar de nuevo a Ana Briongos. La historia de nuestro viaje está ligada a la de la familia real afgana, como ahora contaré.

El 23 de julio de 2007 falleció el exmonarca afgano Zahir Shah (Kabul, 1914), que había reinado en su país durante cuatro décadas, de 1933 a 1973. Había promulgado la primera Constitución de Afganistán, que entre otras cosas daba derecho al voto y al trabajo a las mujeres, y bajo su reinado se creó la primera Universidad de Kabul. En 1969, Ana había conocido en Kabul a Walid Yussof, sobrino del rey, quien después pasó todo un año en Barcelona, en casa de sus padres, para perfeccionar sus estudios de guitarra. Hoy me parece fantástico que a principios de los setenta este pariente del rey pasara todo un año acogido como un hijo por esta familia catalana de la calle Lauria, pero enseguida pienso en el carácter de Lluïsa Guadayol, la madre de Ana y de Miguel, de una bondad exquisita e interesada por todo y por todos. Ana viajó varias veces a Afganistán —y ha escrito varios libros sobre su experiencia— y nosotros decidimos visitarla. La expedición estaba formada por Miguel y yo, Pau Maragall —entonces pareja de Ana, y lo fue por muchos años— y Juan Míguez, estudiante de Filosofía en la facultad de Filosofía y Letras de la Autónoma, y compañero nuestro. Salimos de París en un vuelo de Voyages sans Frontières: para Juan aquel era su primer vuelo, y estaba muy asustado al ver las enormes montañas que rodean Kabul: «No te preocupes, es natural asustarse un poco, no pasa nada», le dije para tranquilizarlo, pero en realidad el aterrizaje en Kabul es uno de los más peligrosos de Asia, pues el avión parece desplomarse sobre la ciudad entre montañas en un espacio muy reducido.

Cuando llegamos, el rey Zahir se acababa de exiliar a Roma por el golpe de Estado liderado por su primo y primer ministro, Mohamed Daud, que instauró la República. Zahir llegó a Roma con su mujer e hijos, y con el eunuco que, según cuenta Ana, le había proporcionado las mujeres más hermosas de todo Afganistán. Los cuarenta años de mandato del pariente de mis amigos se recordaron después como los más pacíficos y estables de la historia del país. Se había educado en Francia y su primo, que nos hospedaba —el padre de Walid—, era un arquitecto formado en Viena en las enseñanzas de la Bauhaus. Por eso era sorprendente la vivienda en que nos alojábamos, toda geométrica y completamente blanca en medio de las casas de adobe, más grises u ocres y de formas orgánicas. Más raro que la casa era el funcionamiento interior: por un lado teníamos un sirviente asignado a nosotros, que nos traía zumos de grosella a la piscina, y por otro, nuestro cuarto de baño era tan primario y mugriento como el de cualquier bar de mala muerte de Barcelona. En la familia había muchos hijos, pero yo recuerdo especialmente a Walid, nuestro gran amigo. Tenía el pelo muy negro, un poco ensortijado y con unos largos bigotes casi dalinianos. También recuerdo a su hermana Hassina, que llegó a venir a vernos a Barcelona e incluso a París en 1975, cuando Miguel y yo vivimos allí. Era una familia cuya fortuna ya estaba en franca decadencia, en parte porque según parece se la jugaban al póker, poniendo sobre la mesa de juego brillantes y otras alhajas cuando ya no les quedaba dinero en efectivo.

«Somos un pueblo que nunca se ha dejado invadir», te contaban los afganos nada más llegar, y aseguraban que cuando los alemanes quisieron construir un ferrocarril colocaban los raíles durante el día y los afganos los arrancaban por la noche. Se cuenta que durante una de las múltiples guerras que asolaron el país, los afganos dejaron con vida a un inglés y lo enviaron con un burro a Peshawar para que explicara los hechos. Esto da la medida de cómo es el lugar: recóndito, fiero y con unas tribus irreductibles. Y siempre están pidiendo dinero al visitante extranjero (entonces, al turista; luego, al reportero).

En Kabul visitábamos cada día el bazar, y recuerdo que no todas las mujeres iban con burka (creo que entonces lo llamábamos *chadri),* ni mucho menos. Sí, aquel vestido como un gran manto que a la altura de los ojos tiene un bordado diminuto como una rejilla que permite ver el exterior nos chocó, pero supongo que lo veíamos como los vestidos negros y los pañuelos negros que las mujeres se ponían, en Andalucía, a cuarenta grados a la sombra, hasta los años sesenta; lo considerábamos algo tradicional, porque aún no era una imposición religiosa. Nos contaron nuestros amigos que en el interior de las casas las mujeres iban a cara descubierta, y de hecho, por la calle había algunas mujeres vestidas al estilo occidental. Y tal como sucedía en la España atrasada de la posguerra, tan solo una minoría culta y con dinero podía estudiar.

En el bazar había las grandes tortas de pan colgadas en cordeles, los puestos de carne de cordero, los granos y las especias, todo tipo de objetos artesanos y las alfombras. Las telas las vendían los sijs, venidos de la India. Cuando compramos un kilim, en medio del regateo el vendedor le dijo a Miguel: «Mire, le dejo este precio, pero no la toco» (quería decir a mí). «¿Qué?», exclamé yo; «Miguel, ¿me protegerías si este hombre me toca?» Miguel permaneció impasible, sonrió y comprendí que no se pelearía por nada del mundo con aquel vendedor... Pero compramos la alfombra, que trajimos enrollada y aún la conservo.

De hecho, cuando nosotros estuvimos en Kabul, los «modernos» eran los prosoviéticos; en todo caso, los jóvenes más inquietos se iban a estudiar a Moscú. Para un estudiante afgano, esta ciudad significaba el progreso, la educación, lo laico. Más tarde, con el régimen prosoviético, las mujeres podían llevar falda, trabajar, conducir un coche. Mi cuñada Ana, por ejemplo, se hizo amiga de Homa, que llevaba tejanos y minifalda; su padre era un historiador educado en la Unión Soviética y su hermano, a quien visitamos, era el director del Museo de Kabul.

Durante nuestro viaje en 1974 resultó algo chocante ver cómo las mujeres nómadas, a las cuales vimos en el desierto, sí iban con la cara descubierta y con vestidos de muchos colores. También llevaban preciosas joyas, especialmente de plata y lapislázuli. Esta excursión al desierto fue maravillosa, y hoy solo me quedan unas cuantas fotografías y los recuerdos tan vívidos de algunas escenas que surgen en mi memoria como si fuera una película de aventuras. Mis evocaciones son muy precisas: el campo, fértil, con hombres y mujeres faenando, con una gran prestancia y dignidad, armónicamente colocados entre el verde en una suerte de composición natural, una imagen semejante a la de las miniaturas del famoso libro *Les Très Riches Heures du duc de Berry*. Viajábamos en el Volkswagen de Walid, y en un momento dado, el vehículo se quedó encallado en mitad de un riachuelo que teníamos que atravesar. Nuestro chófer, bajito, con el pelo también muy negro y bigote —el suyo recortado—, no perdió en ningún momento la calma. Salió del coche, empezó a mirar el suelo y al cabo de unos buenos y largos diez minutos encontró un cartoncito con el cual hizo una junta de culata. Con ello reparó el desperfecto en el motor y proseguimos el viaje hasta Bamyan y Mazar-i-Sharif. Recuerdo a los niños y muchachos, vestidos todos con bombachos y unas largas túnicas con cuello redondo sobre las cuales, en invierno, se ponen unas chaquetas de piel bordadas de muchos colores. Llevaban turbante y todos salían a mirarte: tenían la piel quemada por el sol y una amplia sonrisa, y sus ojos chispeaban y también sonreían. Sus cejas eran largas y espesas. Algunos llevaban un canasto de mimbre en la espalda lleno de boñigas secas que utilizaban como combustible para cocinar o calentarse en invierno.

En este recorrido por el desierto no había hoteles. Recuerdo haber encontrado algo llamado «hostal» en el que las sábanas estaban tan sucias que se habían vuelto marrones. Como era verano, salimos a dormir al patio, supongo que en sacos de dormir, escuchando la música de Toti Soler que Pau había traído. Otro día cenamos en un local al que nos llevó el chófer. Como las mujeres no podían ni cantar ni bailar en público, estábamos todos sentados comiendo algo y se nos ofreció un espectáculo de baile que me pareció de lo más particular. Unos adolescentes guapísimos, muy maquillados y con las uñas pintadas, bailaban muy bien y de forma un tanto provocadora. Uno de ellos se insinuaba a Pau, que se sintió muy incómodo en aquella situación.

En Bamiyán vimos los famosos Budas. Es uno de los monumentos más bonitos que he visto jamás, tan bello como el Partenón de Atenas o las pirámides de Egipto. Desgraciadamente los talibanes los dinamitaron el 9 de marzo de 2001, ante el estupor internacional, pues se había hecho lo indecible para impedir aquella atrocidad. Pero según los talibanes, aquellos monumentos eran ídolos, y además budistas, y por tanto muy peligrosos, por lo cual destruyeron o mutilaron unas dos mil quinientas esculturas grecobudistas. Los budas estaban tallados dentro de unas montañas antiquísimas, parecidas a las Montañas Rocosas; sus detalles fueron modelados en barro mezclado con paja y bañado en estuco: de ahí su refinamiento. El cuerpo estaba cubierto por un manto que parece transparente y que permite vislumbrar la forma de los muslos y de las rodillas con una belleza solo comparable a la estatuaria griega. Fueron esculpidos entre los siglos V y VI, y las enciclopedias les atribuyen también el estilo grecobudista. En algún viaje anterior, Ana consiguió subir con Walid a la cabeza de uno de ellos a través de galerías que comunicaban con habitaciones y escaleras, y pudo ver el inmenso paisaje que se abría a sus pies. Hoy quedan fragmentos de aquellos budas por los alrededores, dejados ex profeso como huellas de la barbarie. Entretanto, un arqueólogo afgano formado en Francia pidió ayuda para encontrar el otro gran Buda de la región, un Buda acostado, que representa al personaje en su lecho de muerte y mide trescientos metros de longitud. Finalmente, lograron encontrarlo y según las fotografías parece igualmente impresionante.

A los pies de los budas se extiende el fértil valle que separa los picos del Hindu Kush de las montañas de Koh-i-Baba. La llanura era preciosa; el verde contra el ocre aplastante de la montaña y el rosado de la cordillera del fondo. Campos cuidados, separados por álamos, y casas grandes, de adobe, esparcidas aquí y allá. Algunos niños llevaban jerséis con bonitos dibujos geométricos; comían el estómago, seco, de una vaca: no tenían otra cosa. Este fértil valle formaba parte de la ruta comercial entre Oriente y Occidente, transportando seda, piedras preciosas, lacas y toda clase de especias.

Luego nos trasladamos a Ban-i-amir, un paisaje natural bellísimo. Se trata de unos lagos colgantes en mitad del desierto; unos están situados en plataformas elevadas y otros al fondo de amplios valles. En invierno se hielan, y cuando se deshielan en primavera y verano, el agua va cayendo formando cascadas. Estas cascadas pueden helarse al llegar los primeros fríos y su efecto es espectacular. Pero lo que a mí me impresionó fue el color: el turquesa más límpido que jamás he visto en los sitios con poca profundidad de agua, y el azul ultramar —como el del lapislázuli— en los lugares más profundos. Sin pensarlo ni un momento, nos pusimos el traje de baño y nos fuimos a bañar. Y allí estaba yo, en bikini, con Pau Maragall esquelético como siempre, en aquellas aguas cristalinas. Junto a nosotros, los niños nómadas, muy tapados con sus túnicas de rayas de vivos colores y tocados por una gorra y como siempre, mirándonos. Pero sin hacer nada, plantados allá y mirándonos. Hoy la escena es impensable y supongo que entonces tampoco habrían visto a muchas mujeres en bikini.

De noche plantábamos una tienda enorme y por fin, un día, nos autorizaron a ir a visitar las tiendas de los nómadas. Las mujeres —Ana y yo— pudimos entrar en la de las mujeres y los hombres —Pau, Miguel, Joan y Walid— hicieron lo propio en la de los hombres.

Recuerdo aquella tienda de las mujeres como algo muy grande, y a ellas vestidas con ropas con estampados muy vivos y sentadas en círculo. Sus vestidos estaban bordados de todos los colores hasta debajo del pecho, las mangas eran anchas y la falda estaba hecha de retazos de telas de colores. Llevaban trencitas rematadas con monedas de metal y los ojos muy pintados con kohl. Nos miraban con muchísimo interés y atención, el mismo que poníamos nosotras en ellas. Ana llevaba puesto un anillo con los santos de Mahoma, venerados por los chiíes (una de las dos grandes ramas del islam en Afganistán; la otra es la suní). Acabó regalándolo a la mujer de más edad. No podíamos comunicarnos con palabras, y aunque Ana sabía algo de farsi, lo hacíamos por gestos. Se mostraban muy intrigadas por saber si estábamos casadas con aquellos hombres y con cuál estaba casada cada una de nosotras. Pero lo increíble fue que muchas de ellas no paraban de mirarme a mí con insistencia, y yo ya no sabía qué hacer ni qué cara poner. Hasta que una, muy joven, casi una niña, se levantó de su lugar, vino hacia mí y pasó sus dedos lentamente por mis cejas: ¡nunca había visto una ceja depilada! Estaba fascinada, igual que nosotras con sus joyas de plata y lapislázuli. Al salir y volver a tomar la carretera, un corro de niños nos gritaba: «¡Nivea!, ¡Nivea!». Y «¡Aspirina, aspirina!». Porque aunque eran ricos en ganado y plata, no poseían lo más elemental de un botiquín europeo. Recuerdo también que en nuestro honor (sabían que viajábamos con un pariente del rey) mataron un pollo, que cocinaron lentamente y nos lo ofrecieron con arroz.

Bastante más allá, visitamos Mazar-i-Chariff, una ciudad silenciosa con una mezquita habitada por blancas palomas. Subimos a un montículo arbolado y estábamos descansando de aquel calor agobiante cuando de repente llegaron dos niños a darnos conversación. No pedían nada ni vendían nada, iban vestidos con el sobrio y elegante atuendo tradicional —los bombachos y una larga casaca, todo de algodón—, y entonces pensé que aquello era el tiempo detenido y quizás incluso la felicidad.

Rusia (sin Malévich)

En 1975 Miguel y yo decidimos visitar Rusia, nosotros desde París y en un viaje organizado, pues de otro modo no podías entrar en el país. Viajamos con Joan-Anton Maragall y se añadió una pareja también de Barcelona cuya empresa importaba alimentos rusos. Recuerdo que en el viaje de ida hablamos con un joven francés que consideraba a Stalin «el padre de la patria» y «un ser que hizo muchas cosas buenas», y eso que el francés era un joven intelectual. Íbamos con Viajes SEU y en Moscú nos organizaron un encuentro con jóvenes y nos colocaron con algunos miembros del Komsomol (la organización de jóvenes comunistas) en unas grandes mesas alargadas con botellas de agua acompañadas por unos tristes platitos con galletas. En aquel recinto había muchas más mesas con otros jóvenes como nosotros. El responsable del Komsomol, que de joven no tenía nada, atendía nuestras preguntas, en un inglés bastante correcto. Nosotros, que estábamos aún bajo la dictadura de Franco, le preguntábamos (inocentes como éramos) que cómo se podía quejar uno en Rusia si estaba en contra o tenía quejas de algo en concreto. Parecía no entender nuestra pregunta, que repetimos una o dos veces más. Ah, dijo al final, usted puede coger el teléfono y quejarse, dijo tan tranquilo. En definitiva, y dentro de lo naíf de nuestra actitud, comprendimos que no le íbamos a sacar nada en concreto y mucho menos crítico.

La ciudad impresionaba por sus monumentos, pero a mí lo que más me impactó fue la tumba de Lenin, que resultaba ser casi como una obra de Malévich en tres dimensiones y de granito rojo oscuro. Allí, creo recordar, hicimos una cola más corta (seguramente a los turistas nos dejaban pasar antes) hasta ver la momia del dirigente. Estaba perfectamente conservado y la gente lo miraba con una veneración religiosa. Este acto suscitó entre nosotros una viva discusión acerca del culto al dictador, que unos reprobaban —como yo— y otros encontraban «comprensible», dada la cantidad de hazañas y reformas que introdujo en el país. Ahora pienso que todos veníamos de una postura fuertemente antifranquista, por lo que era casi automática —si se era joven— la admiración hacia la Revolución rusa y los aspectos negativos que podíamos entrever en aquel viaje —el racionamiento para la mayoría de la población, el control de los visitantes extranjeros, la ausencia de una sociedad competitiva, el estado lamentable de muchos servicios, incluido nuestro hotel— nos parecían poca cosa frente a una revolución que creíamos que había abolido las clases sociales. Otros del grupo afirmaban que era sabido que los miembros del Partido gozaban de condiciones mucho más favorables, cuando no espléndidas, y entonces el matrimonio barcelonés argumentó que, a pesar de todo, allí todo el mundo comía y tenía acceso a la educación. Yo quería sobre todo ver el Museo de Arte Ruso, donde sabía que estaba el famoso *Cuadrado negro* de Malévich, uno de los primeros cuadros abstractos del siglo XX, pero cuál no fue mi decepción cuando, al preguntarle a la guía por su ausencia, farfulló algo como «lo están restaurando». En realidad no lo colgaron hasta la época de Gorbachov y el arte del siglo XX se detenía en el impresionismo, en Matisse, Lariónov y Goncharova, los cuales, aunque de vanguardia, aún eran figurativos y, por tanto, aceptados. Para mí, que había aprendido inglés leyendo el libro de Camilla Gray sobre el arte en Rusia *(The Great Experiment. Russian Art, 1863-1922)* y que enseñaba el constructivismo y el suprematismo rusos con una pasión desaforada, tal era mi admiración por ellos, haber podido ver el cuadro que, en 1915, terminó con la figuración tradicional hubiera sido un acontecimiento. A partir de entonces, durante los treinta años siguientes, preguntaba a alumnos o amigos que habían viajado a Rusia si lo habían visto en aquel museo, hasta que creo recordar que en la década de 1990 o a principios de la de 2000 ya por fin pudo verse.

Viajamos en tren hasta Leningrado, hoy San Petersburgo, y la ciudad me emocionó mucho. Prácticamente no había coches, y con sus canales y sus edificios neoclásicos, parecía haberse detenido en el siglo XVIII.

Madrid

En los primeros años setenta Ana y yo íbamos bastante a Madrid, porque teníamos la suerte de que su padre, que era miembro de la Real Academia Española, tenía una casa en la calle Rosales 42. Queríamos ver y disfrutar de otros ambientes culturales, sobre todo porque su hermano Guillermo, gran periodista, tenía amistad con grandes escritores y artistas. Comíamos en La Carmencita, El Comunista, El Tigre o La Zamorana porque eran baratos, aunque Guillermo nos llevaba a veces a locales más de moda como el Pub Santa Bárbara o el Oliver, donde se reunía toda la progresía.

Fisa Aranguren, la hija de Aranguren, tuvo una relación sentimental con Guillermo. Tenía unos grandes ojos verdes y calzaba chirucas, que yo calificaba de «zapatos de gamberro». Era una verdadera existencialista, dotada de un sentimiento trágico de la vida, y se dedicaba a hacer unos cortos experimentales que yo recuerdo muy tristes. Un fin de año fuimos invitadas por Fisa a su casa familiar. Mesa puesta, la madre muy elegantemente vestida y yo llegué a bailar con el señor Aranguren, nuestro gran filósofo, tan serio en su casa como en los actos públicos. Nosotras queríamos aprovechar al máximo, verlo todo, y pasábamos de ver una tragedia de Sófocles a *Viva la Copla,* de Manolo Escobar y sus hermanos, un espectáculo que debía de ser lo más cutre del mundo. Tanto íbamos a ver *Marat-Sade* como la Revista Colsada en el Teatro Apolo de Barcelona, con Tania Doris y los inefables Luis Cuenca y Pedrito Peña.

Nos hicimos muy amigas de los Pérez-Mínguez, porque los padres eran amigos de la familia Díaz-Plaja. Rafael Pérez se había reencontrado con Ana Díaz-Plaja en la boda de su hermana María Gloria con José Vericat. Se cayeron bien y Ana inmediatamente le dijo: «Tengo una amiga, Vicky Combalía, con quien vamos a ir a Madrid». Y así cada vez que viajábamos a Madrid íbamos con él a ver «lo más moderno», como una visita que hicimos a Luis Gordillo, entonces el padre espiritual de la llamada Nueva Figuración Madrileña (integrada por los artistas Carlos Alcolea, Guillermo Pérez Villalta o Chema Cobo). Rafael es un pintor hoy poco conocido —al menos fue recordado en la exposición *Los esquizos de Madrid,* en el Reina Sofía en 2009— que empezó con obras conceptuales para pasar a una figuración influida por el Pop y cuya segunda exposición —primero fue en Amadís y luego en la galería Buades— fue, según Juan Manuel Bonet, «pasadista, antigua, mitológica». Aún expuso en Vandrés en marzo de 1973. Era primo de Luis y de Pablo Pérez-Mínguez, y junto con ellos creó la excelente revista *Nueva Lente,* que se prolongó de 1971 a 1979 y que revolucionó el concepto de la fotografía en España, entroncando con el arte contemporáneo. Con Rafa y Macarena, su novia, coincidimos en los Encuentros de Pamplona, en 1972. Lamentablemente murió joven, en Segovia, en 1999. Tengo un recuerdo divertido de una salida nocturna con Rafael, el diseñador Carlos Serrano, Ana y yo. Después de múltiples antros y múltiples copas, de repente Carlos, que conducía, se internó en la Casa de Campo. Supongo que era la ocasión para achucharnos, como se solía hacer entonces, a nosotras tan jóvenes y buenas mozas, y cuál no fue su asombro cuando a ambas nos dio el ataque de risa y muy resueltas dijimos: «Pero ¿qué hacemos parados aquí? ¡Adelante, adelante, adelante!». Y Carlos inmediatamente puso en marcha en coche y para nuestro regocijo dijo: «Pues claro, sí, sí, sí, imagínate que nos detienen y mañana salimos en los periódicos, ya estoy viendo el titular: "Dos hippies y dos fulanas detenidos en la Casa de Campo"...». Y la frase «dos hippies y dos fulanas» se nos quedó a Ana y a mí como un latiguillo de las juergas de aquella época.

En abril de 1971 fuimos en autocar, en un viaje que duró quince horas. Allí comimos con Guillermo (para nosotros, Mito) y Núria Pompeia. Núria era una gran ilustradora y muy feminista, esposa del filósofo Salvador Pániker, al que yo conocía por sus libros sobre filosofía oriental y que había venido a darnos alguna charla en la Autónoma. Núria también asistió, como he dicho, a alguna de nuestras reuniones feministas. Era guapa, simpática, tenía unos ojos preciosos y una gran sonrisa y también un gran carácter. Sus dibujos eran muy reivindicativos sobre la condición de la mujer. En aquel viaje visitamos la galería Juana Mordó, entonces una de las mejores de Madrid, si no la mejor, el Prado y una exposición de José María Yturralde, que hacía una abstracción geométrica de gran empaque. Con él visitamos el Centro de Cálculo de la Universidad de Madrid, que se había creado en 1966. Entre sus Seminarios destacó el hoy famoso Seminario de Generación Automática de Formas Plásticas, donde participaron artistas plásticos, ingenieros, arquitectos y programadores. Entre los artistas que integraban el grupo estaban José Luis Alexanco, Elena Asins, Barbadillo, Soledad Sevilla, Eusebio Sempere y José María López Yturralde. Cenamos con el tío de Ana, Fernando Díaz-Plaja, todo un personaje, autor de *Los siete pecados capitales de los españoles*. Vivía en uno de los pisos de la Torre de Madrid y tenía una biblioteca en la que creo recordar que solo había los libros escritos por él. Era simpatiquísimo y se las daba de galán (de hecho, tuvo muchos amoríos), y en una ocasión, estando en el teatro con él y Ana, apareció el actor Fernando Rey. Percibí clarísimamente que ambos se consideraban igual de seductores y la conversación fue como un simpático reto por ver cuál era mejor.

En septiembre del mismo año iniciamos un viaje a La Rioja, pasando por Madrid. Íbamos con Mito, Maria del Mar Bonet —entonces su pareja— y Pedro Garrido. Maria del Mar era guapa, buena y cariñosa, y ya era una famosa cantante de la Nova Cançó. Recuerdo que su madre era una suerte de ecologista *avant la lettre* porque era vegetariana y su hermano era autor de unos bellos poemas. A todos los del grupo nos gustaba lo popular, pero cuando pasábamos por un pueblo con mercadillo, Maria del Mar siempre exclamaba «¡Mercadito, mercadito!» para que paráramos inmediatamente.

Pobres, pero felices, en París

Tomamos la gran decisión, Miguel y yo, de ir a París con una beca durante el curso 1975-1976. Yo ya había empezado a dar clases en Bellas Artes y en la escuela Massana, pero Franco seguía vivo y pensamos que este era el momento de marchar para vivir nuevas experiencias en el extranjero. Solicité una beca March, y me sucedió algo que con el tiempo se ha repetido: suelo ser muy valiente y reivindicativa para muchas cosas y para otras, me dejo explotar o acepto la injusticia. Todo ello es, quizás, fruto de no haber tenido una figura paterna fuerte, alguien que te pueda aconsejar y muchas veces ayudar en este tipo de sucesos. Pero también en mi caso era tal el divorcio ideológico entre mis padres y yo, que tampoco quería pedir ninguna ayuda. La beca «me la concedieron pero no otorgaron» (esto era exactamente lo que ponía la carta), lo que quería decir que el jurado me había aceptado y seleccionado, pero el dinero se lo habían dado a otra persona, cuyo padre era miembro del tribunal. No supe cómo reaccionar a esta injusticia flagrante, no apelé, y para colmo la persona agraciada resultó que se hizo amiga mía en París.

La ciudad era de una belleza aplastante, el frío, atroz, y los museos, inigualables. Íbamos al cine, que teníamos racionado a una vez por semana, como la carne: recuerdo las películas de Godard, que me producían una mezcla de desconcierto y atracción a la vez. En realidad allí fui muy feliz, a pesar de nuestra semipobreza. Allí conectamos con Joan Todó, Lala Gomà, Tona Casanelles, y sobre todo con la generación llamada de los artistas catalanes en París, que entonces eran Beni Rosell, Xifra, Miralda (que iba y venía) y Rabascall. En verano o en septiembre ya fui a buscar piso. Hubiera podido coger el de Miralda, cerca de la Place d'Italie, todo decorado en color rojo, con telas y tules rojos y lilas por todas partes, pero se me adelantó María Lluïsa Borràs, que lo había apalabrado antes. Mientras buscaba piso, me acogió con una generosidad espléndida Joan Rabascall, quien vivía en un estupendo apartamento en el distrito XV. Allí residí casi un mes, y vi pasar a Muntadas y a otros invitados. Rabascall trabajaba entonces en lo que creo que ha sido la parte más interesante de su carrera, la manipulación de las imágenes extraídas de los periódicos o las revistas, poniendo en cuestión la publicidad, la alienación producida por la televisión o la destrucción del paisaje con el llamado progreso y en España, la «España del desarrollo». Rabascall tenía un carácter entre catalán e inglés y le ponía un poco de pegas a todo, entre risita y risita, siempre irónica. En una fiesta en su casa, en diciembre, Lala me presentó a Patricio Vélez, pintor exquisito que en 1976 se vendría a vivir a Barcelona. Y un día le presentamos, Lala y yo, a Marisa Díez de la Fuente, la directora de la galería Ciento, con quien Patricio expondría tantas veces en el futuro.

Xifra era completamente diferente: risueño, también irónico pero más cálido, y creo que entonces daba clases en Dijon, porque nos invitó a una fiesta en el campo cerca de aquella preciosa ciudad. Con Xifra (que vivía a dos pasos), Miralda y otros del grupo fuimos a Les Halles, que estaban en proceso de demolición pero aún había pabellones en pie. La gente iba de noche a cenar allí, a tomar copas (en La soupe à l'Oignon o Au pied de Cochon), a escuchar música y a bailar. No sé si mis recuerdos del propio mercado son de entonces o de 1968, de mi primer viaje a París, pero aquello era impresionante: era el mercado más grande que he visto, «El vientre de París», como dijera Zola, un desbordamiento de verduras y frutas y carne y pescados y gente. Recuerdo mangueras limpiando a chorros de agua el suelo y obreros empujando carretillas. Antes de ser artista, Jaume Xifra había sido marinero y mecánico, y este aspecto manual se puede ver en sus obras. Se fue a Francia en 1959 y se instaló en París en 1962, y fue asistente de los escultores Apel·les Fenosa y César entre 1964 y 1965. Fiel a sus ideas políticas, tomó partido contra los coroneles griegos en 1967 y se fue al Chile de Allende a impartir talleres de arte.

La casa de Xifra, donde luego también estuve una vez invitada en 1979, era una planta baja y un sótano, decorado con obras de arte propias o de amigos. Xifra hacía los llamados «Irreversibles», donde unos objetos estaban completamente imposibilitados para realizar su función: un martillo y un huevo, pero encerrados ambos en bolsas de plástico transparente, una alambrada bloqueando una herramienta... Xifra hablaba catalán con un fuerte acento francés, porque llevaba ya muchísimos años en Francia. Como yo estaba buscando piso, y esto en París era dificilísimo, Xifra me dio un gran consejo: «Las porteras, Vicky, las porteras», añadiendo: «son fundamentales para encontrar piso». «Te las has de ganar y si quieres, te ayudo.» Xifra era profundamente bueno, y aunque nunca le conocí ninguna novia, le gustaban mucho las mujeres y dominaba el arte de los piropos galantes.

Josep Ramoneda, muy amigo nuestro, había vivido en París antes que nosotros y entonces era el enlace de Bandera Roja en la capital francesa. Asistía como *auditeur libre* a las conferencias de la École de Hautes-Études, tenía una excelente relación personal con Althusser y se movía en el círculo de la hija de Claudín. Entonces nuestros mitos intelectuales eran, en el marxismo, Althusser, que luego mató a su mujer y cuyas aportaciones al pensamiento marxista fueron completamente revisadas, y Marta Harnecker, que era una excelente divulgadora del pensamiento de Marx. Julia Kristeva y su teoría lacaniana resultaba completamente incomprensible si se la leía, pero si la escuchabas en sus clases, a las que yo asistí como oyente, podías entenderla, y sobre todo, Michel Foucault. Las clases de Foucault en el Collège de France gozaban de tanto éxito que la mitad de los asistentes tenía que seguirlas en otra sala a través de una pantalla. Miguel y yo decidimos un día ir a escuchar a Jacques Lacan, cuya fama de tipo genial y extravagante, con discursos llenos de grandes silencios, gestualidad exagerada y juegos de palabras lo hacían irresistible para el público chic de la época. Pero hablaba con un tono tan bajo que desistimos de volver a asistir.

Por su parte Tzvetan Todorov, luego famoso y que fue un conferenciante de mucho éxito en el CCCB de Barcelona, adonde venía a hablar sobre todo de política, me dio un excelente curso de estética del Romanticismo. Era claro, hablaba bien, conocía su tema y era afable y serio a la vez.

Yo me apuntaba un poco a todo lo que me interesaba como *«auditeur libre»* (oyente), una figura para la que había que pedir permiso, te habían de aceptar y te daban un carnet. También asistí al curso de Raymonde Moulin sobre arte y mercado —que entonces, por cierto, estaba en plena crisis— y a las clases de Hubert Damisch y de Alain Badiou. En París me compré el libro *Le dernier tableau,* de Nikolái Tarabukín, un texto programático del constructivismo ruso. Estaba fascinada —y aún lo estoy— por la vanguardia rusa, que aunó formas completamente radicales —ya fuera la abstracción radical de Malévich, ya fuera el arte al servicio de la vida cotidiana de Tatlin— con la revolución política, cierto que fracasada, pero ejemplo de utopía para los jóvenes antifranquistas que éramos. Mas tarde escribiría el prólogo de la versión castellana editada por Gustavo Gili.

En lo que al arte se refiere, nadie vendía nada en París, y recuerdo pasar por delante de una galería que exhibía obras de Man Ray y entrar a ver la exposición y preguntar precios. Uno de sus objetos —es verdad que eran ediciones de varias piezas— no costaba mucho. Yo no entendía cómo la obra de uno de los padres del dadaísmo, cuyas obras estudié durante la carrera de Historia del Arte, costaba tan poco. Solo con los años aprendí que las leyes del mercado y las del valor artístico son a veces distintas. Existen modas, operaciones de marketing, comportamientos mundanos que hacen inclinar la balanza hacia uno u otro lado. Los lienzos se vendían mucho más que los objetos, y ya no digamos que los objetos seriados. Por otro lado, la consagración de Duchamp y del dadaísmo solo llegó, masivamente, en los años ochenta y, sobre todo, en los noventa. El público no entiende aún muy bien que un objeto manipulado sea tan apreciable como una tela o un mármol cincelado.

No era tan fácil para una joven pareja alquilar un apartamento. Se necesitaba un avalador y una amiga de la familia que residía en París y que era francesa nos hizo el favor. Me pregunto cómo lo harían los demás, o los exiliados, porque para nosotros fue un paso difícil. Recuerdo las visitas a los minúsculos apartamentos que vimos, dada nuestra exigua economía: los agentes inmobiliarios te enseñaban un piso y tenían ya al otro interesado esperando abajo y, con bastante antipatía y cierto acoso, te decían que si te gustaba te decidieras rápido, pues había muchísima gente interesada en él. Vimos un piso estupendo en la Rue Université, pero ya del lado de Les Invalides, y nos pareció que había poca vida de barrio, y que aquella «*grandeur*» tan francesa nos iba a deprimir un poco. Y así cogimos la buhardilla del Impasse Guéménée 1, en el Marais, entonces un barrio popular, justo delante de la Place des Vosgues. La casa era la típica de clase media francesa, con sus mansardas arriba; desde la nuestra se divisaba la parte posterior de la casa de Victor Hugo. El cuarto de baño era escuetísimo y nuestra vivienda tenía tan solo dos habitaciones: en una estudiábamos, ambos de cara a la ventana, y en la otra dormíamos, con un colchón en el suelo. Una cocina-armario nos dio para cenas pantagruélicas, o así lo pensábamos nosotros. Los muebles los íbamos trayendo de la calle y de amigos: Beni Rossell nos dio sillas; otro nos daba una mesa, otras cosas las comprábamos en Les Frères d'Emaus, una asociación caritativa donde la gente da muebles y lo recolectado es caridad para los pobres. Nos calentábamos con una estufa y, claro está, pasábamos frío. Los cristales estaban helados: rascabas con la uña y podías escribir en ellos. Íbamos a comprar a la una, cuando ya cerraban, al mercado del Aligre: entonces las verduras un poco amarillas o las frutas demasiado maduras te las daban por mucho menos y a veces te las regalaban. Vivíamos de una beca de Miguel y de mis ingresos correspondientes a los textos que yo escribía para los catálogos de la hoy desaparecida galería G. Estaban muy bien pagados y los completaba con artículos en la revista *Batik*.

Recién llegados a la ciudad se inauguraba la Novena Bienal de París y pude escribir —esta vez en *Tele/eXprés*— una reseña de la misma, en la que destacaba el arte hecho por las mujeres artistas, el aburrimiento del vídeo —entonces aún muy mal expuesto, en pequeños monitores—, el interés de la para mí aún desconocida Marina Abramović (que tomaba frente al público dos pastillas para curar la esquizofrenia y esperaba sus efectos) y el descubrimiento del arte maoísta chino, con sus idílicas imágenes de amables y encantadores campesinos con un lenguaje entre popular y realista que a mí, ignorante, como tantos otros, de la realidad de la Revolución Cultural, me encantó.

En París me entusiasmé con los textos de los formalistas y de los constructivistas rusos. Ya he mencionado *El último cuadro* de Tarabukín (Éditions Champ Libre, 1972), un ensayo en el que predicaba el fin del arte de caballete para que el artista se integrara en la producción de objetos para la vida cotidiana, lo que hoy llamaríamos diseño. Llegué a escribir el prólogo de la edición castellana (Gustavo Gili), en 1977 o sea, a mis veinticinco años. Miguel estaba contento con las clases de Bruno Bettelheim. También conocí a Catherine Millet y empecé a escribir para su revista, *Art Press*. Allí publiqué un artículo sobre las vanguardias en España, en el número de enero de 1976. En él decía que en nuestro país la censura imperaba, puesto que había prohibido una exposición de arte erótico en Madrid, y que incluso habían hecho retirar la reproducción de *La maja desnuda* de Goya del escaparte de un comercio. Explicaba la ausencia de instituciones artísticas como las que existen en los países avanzados, aunque se daban algunas excepciones, como la nueva Fundació Miró de Barcelona o las escuelas EINA y Elisava, también en la Ciudad Condal. Y que si el artista no se acoplaba a los estilos imperantes como la figuración de todo tipo o la abstracción lírica o matérica, evidentemente entraba en la escena marginal. Pasaba a explicar el arte conceptual español y la salvedad figurativa de Antonio López, que me parecía también muy válida. Lo curioso es que el artículo apareció en un número especial dedicado a un debate sobre la pornografía, entonces muy en boga en París como fenómeno público nuevo, en revistas y en películas como *The Devil in Miss Jones* o *Garganta profunda.* Se planteaba a escritores como Philippe Sollers, Félix Guattari, Alain Robbe-Grillet o al editor Jean-Jacques Pauvert si la pornografía indicaba liberación sexual o si era un «estilo» conformista y estúpido.

Estábamos en París cuando murió Franco, el 20 de noviembre de 1975. Creo recordar que lo celebramos con champán con unos cuantos amigos de la colonia española. Desde hacía bastante tiempo nos iban pasando las noticias, entonces mucho más lentas y costosas: no había móviles y alguien decía: «Me han llamado de Barcelona y Franco sigue igual», o bien: «Parece que ha empeorado» y aquella agonía se alargaba, se alargaba.

Yo me hubiera quedado encantada en París, pero Miguel tenía miedo de no encontrar trabajo a causa de la crisis del petróleo de 1973 que había afectado a toda la economía. Y así, en el verano de 1976, regresamos a una España que con las primeras elecciones democráticas en 1977 iniciaría un cambio radical. Guardo la papeleta del voto como recuerdo de aquel momento de grandes esperanzas.

En París yo vivía, como he dicho, de los textos que escribía para los catálogos de la galería G. Esta fue una iniciativa de Agustí Coll, un constructor catalán que planeaba abrir una tienda que, gracias a los consejos de José María Martí Font y del diseñador América Sánchez, acabó siendo una galería de arte. El logotipo que América Sánchez creó para la ocasión era genial: una visión dantesca de Barcelona, la imagen menos glamurosa de la ciudad mediterránea, es decir, el caos urbanístico salpicado de los poquísimos rascacielos entonces existentes, con el aditamento de una G cuyas gotitas de cómic daban una impresión subliminal de algo excitante y apetecible.

La primera exposición estuvo dedicada a Andy Warhol, a su serie *Sopa Campbell* y a la serie *Queens*, y duró del 19 de diciembre de 1975 al 10 de enero de 1976 (hoy diríamos ¡qué poco tiempo!). Andy Warhol no apareció, pero acudieron los progres locales y la familia del propietario, y, como siempre, no se vendió nada. Por Barcelona, recordémoslo, pasó el *Desnudo bajando la escalera* de Duchamp en el año 1912, y tampoco sucedió nada. Tampoco Picabia, en 1922, vendió ni una sola obra en las galerías Dalmau, y eso que se trató de su mejor exposición en vida. Con todo, a falta del artista en persona, la segunda cadena televisiva (que era la más «intelectual») entrevistó a José María Martí Font sobre Andy Warhol y el *pop art*.

En aquel catálogo escribían también Enrique Sales, exdueño de la muy progresista y barcelonesa librería Trilce y entonces crítico de arte en boga, y Eugeni Bonet, que se convirtió en excelente teórico del vídeo. En mi texto, escrito días después de la muerte de Franco, me planteaba si era lícito criticar el nihilismo de Warhol o si había que darle la vuelta y comprender su pasividad como «receptáculo de energías ajenas», y por ello es recordado como un espejo en el que cada uno proyectaba la imagen que deseaba ser. También aludía a todo lo que él anticipó, como la repetición y serialización de las imágenes, un recurso típico del arte minimalista posterior o la lectura ambiental que se desprendía de sus paredes tapizadas con imágenes de vacas o flores y que en realidad pueden ser vistas hoy en día como instalaciones murales *avant la lettre*. Sin contar con lo que yo creo que ha sido su mayor aportación: el cinismo erigido en moneda de cambio, la antivisceralidad por encima de todo, es decir, el antiexpresionismo. Con ello se iniciaba el distanciamiento propio de la posmodernidad.

En 1976 hubo en Madrid una exposición Warhol en la galería Buades, en Claudio Coello 43, otra sede de la vanguardia de aquellos años. Se expusieron las *Queens*, alguna *Marilyn Monroe* y las *Sopas Campbell.* Y en 1977 la galería G volvió a mostrar a Andy Warhol, en esta ocasión la serie dedicada a Mick Jagger. Entonces apareció en Madrid la galería de Fernando Vijande, quien, con su gran profesionalidad, trajo a Andy Warhol en persona en 1983. Blanca Sánchez, mano derecha de Vijande, recordaba que la entrada de Warhol con su asistente Christopher Makos y Fred Hugues fue, en contra de lo que todo el mundo podía imaginar en alguien tan famoso, muy natural. A Blanca le extrañó la gran disponibilidad del artista norteamericano, pero en general todos los grandes artistas cumplen hasta el final sus compromisos y no se arrugan jamás ante la carga de cualquier detalle del montaje. En la rueda de prensa, Warhol no se sintió abrumado por las cámaras. Muy al contrario, conocedor de los medios de comunicación y manipulador perfecto de estos, respondió tranquilamente, con su ironía habitual, a los periodistas.

La exposición fue realizada expresamente para la galería, lo cual es importantísimo, sobre todo porque decidieron entre los dos la temática. Según contó el propio Vijande, «reunimos algunos elementos de carácter español. Por un lado las cruces, que es un poco la religión y la Iglesia, la España negra y la Inquisición. Por otra parte estaba la pistola, que es la guerra y el apasionamiento. Y finalmente el cuchillo, que era el punto de vista folklórico. "Carmen la de Ronda con el cuchillo en la liga..."». Conociendo a Fernando, estoy segura de que puso mucho de su parte en el temario, y Warhol creó unas imágenes potentísimas, y de hecho, en las últimas subastas, son obras que han salido a precios muy altos. Las cruces, los revólveres y los cuchillos, contemplados hoy en día, parecen una metáfora de nuestra situación actual, la del mundo asediado por los integrismos de todo signo. El público tenía que pagar para ver la exposición, y Fernando Vijande quiso aplicar este principio warholiano a todas sus muestras. El próximo era Gordillo. «Cuando Fernando me sugirió lo de cobrar entrada, le dije que ni loco. Nadie iba a pagar por ver mis cuadros. No vendría nadie», me comentó Gordillo.

Nueva York

Residí durante dos años en Nueva York, entre agosto de 1979 y junio de 1981, y recuerdo que al principio no quería frecuentar mucho a lo que yo llamaba «la colonia catalana», porque uno no se va a Estados Unidos para ver a la misma gente, sino para conocer otras culturas, otros aires, otros paisajes mentales. Y sin embargo, con los años, mi colonia catalana ha resultado ser un grupo de notables creadores y de personajes humanamente excelentes, raros de encontrar hoy en día. Existía una camaradería similar a la que, pongamos por caso, había unido a tantos artistas de vanguardia en los años veinte, y Manhattan estaba siendo, yo sin saberlo, una especie de primer laboratorio mental para todos ellos.

Llegué en un agosto tan caluroso que los zapatos se pegaban en el asfalto. La ciudad era igual a la que todos habíamos visto en las películas, pero con dos novedades para mí: los extraños humos que surgían de en medio de las calles y la poca luz y el poco cielo que se vislumbraba en la Sexta y Séptima Avenidas, tan altos eran los edificios de aquellas vías. Se oían muy a menudo las sirenas de las ambulancias, algo que raramente ocurría en Barcelona. Al principio te sobresaltaban, luego una se acostumbraba totalmente a ellas y si no oías sus pitidos el silencio resultaba inquietante. ¿Qué estaría pasando? ¿Era el fin del mundo? Cuando llovía fuerte, las calles estaban llenas —en los buenos barrios— de paraguas abandonados en las aceras: pronto comprendí que los vendían por la calle a todas horas y era más barato tirar que arreglar.

También tiraban los árboles de Navidad tras las fiestas; daba muchísima pena ver aquellos muertos vegetales en las calles del Upper East Side, el barrio elegante.

Me acababa de separar de Miguel Briongos, quien, como yo, tenía una beca para ir a Manhattan. Era la Beca del Comité Conjunto Hispano-Norteamericano (Fullbright) para asuntos educativos y culturales y era la contrapartida de las bases americanas en España. Al principio incluso tuvimos reparos ideológicos en pedirla y en aceptarla, pero luego vimos la gran oportunidad que aquello representaba y la aceptamos encantados. Éramos tan civilizados y modernos que decidimos ayudarnos, y así acabamos viviendo el uno arriba y el otro abajo del mismo inmueble, en el 321 de la Calle 22 Este, junto a Gramercy Park. Era un edificio moderno, ni bonito ni feo, pero por encima de todo tenía un *spa,* palabra para mí totalmente desconocida, que adquirió ribetes mágicos cuando una amiga me la pronunció. No era otra cosa que un gimnasio, algo muy común en el país del *fitness,* pero rarísimo aún de ver en España en los edificios de viviendas.

Mientras buscaba piso me alojé en muchos lugares: los tres primeros días en el hotel Lexington, cuya estancia me pagó un tío abuelo mío, Allen Haden, del que ya he hablado, agregado cultural de Estados Unidos en México y que era el viudo de mi tía abuela Rosa Trias de Bes. Era un hotel solo para mujeres, construido en estilo *art déco,* y sus habitaciones eran minúsculas. Pero allí se habían alojado grandes personalidades, entre ellas Grace Kelly, y estaba muy bien situado. Cuando una tiene veintinueve años y aterriza sola en un lugar como Manhattan, muerta de miedo por todo lo que te han contado sobre la inseguridad ciudadana, da cierto alivio dormir en un hotel para señoritas. Al cabo de un mes ya me reía de mis miedos y de aquella estancia, pero toda la vida recordaré el momento en que abrí la puerta de aquella minúscula habitación coquetamente decorada, con una ventana que no podía abrirse, como tantas otras en Nueva York, y yo con mi gran maleta ocupando casi todo el cuarto. Quince años después, en uno de mis frecuentes viajes a Nueva York por motivos profesionales, encontré a la salida del avión a una chica de otros veintitantos años, con un inglés tan medianejo como el mío en 1979, y con un trabajo en la sucursal de un banco español en Manhattan. Me ofrecí a acompañarla en mi taxi hasta su piso alquilado, que ella no conocía, situado también en el East Side y que ella debía imaginar bonito por estar en un buen barrio. Su cara de desolación al ver aquel *brownstone* de fachada altamente deteriorada, sin ninguna gracia, no se me borrará nunca. La llamé todos los días para darle ánimos y explicarle pequeños detalles de la vida neoyorquina, y le di direcciones de posibles amigos: imaginaba su soledad, la misma que había sentido yo, comiéndose sola un sándwich frente a la televisión durante el primer mes de su estancia allí. Ella me escribió durante un año o dos para agradecer mis atenciones, y espero que su estancia le haya sido provechosa. Era agradable, simpática, ilusionada, y yo estaba segura de que los primeros días debía de haberse puesto a llorar, y de que se habría gastado bastante dinero en llamadas a sus padres y amigos en España.

Otro de los amigos que me alojaron algunos días fue Perico Pastor, en su *loft* del Bowery. Había que pasar por encima de uno o dos *clochards —bumps—* para entrar en su casa y cuando tímidamente le dije que no me atrevería a vivir en aquel barrio, me comentó: «Oh, ya te acostumbrarás». Pero yo no quería acostumbrarme a aquellos sustos cotidianos. Recuerdo que una vez fui a verlo y alguien por la calle Bowery se dirigió a mí, seguramente para preguntar la hora o una dirección. Retrocedí de un salto. «Señorita, no se asuste, no voy a hacerle nada», me dijo aquel hombre. Este era el clima de Nueva York en los años setenta, del que te contaban que uno podía encontrar un muerto por la calle y nadie movía un dedo ni se inmutaba, no fuera a tener que ir a declarar y meterse en problemas. Perico había llegado a Nueva York en 1976 y le iba muy bien, pues realizaba ilustraciones para el *New York Times, Harper's Bazaar* y *Vogue*. Compartía su *loft* con Àngels Ribé, que se había separado de Francesc Torres. Su vecina de enfrente era la fotógrafa y artista multimedia Nan Goldin, entonces desconocida para todos, al menos para nosotros.

En el *loft* de Perico casi cada semana se organizaban fiestas, unos *parties* magníficos, donde no había comida sino bebida, pero sobre todo se bailaba. Se bailaba salsa, rock y lo que fuera, y supongo que fue él quien me presentó a Juan Croveto, que nos dio clases de baile a muchos de los del grupo. Me estoy viendo aprendiendo a bailar el tango con Carles Santos, en un piso, que más tarde practicábamos en el Roseland. El Roseland era un lugar magnífico, en la Calle 52 con Broadway, donde había baile continuado, pero también maratones y, en nuestra época, conciertos de jazz y de rock. Cabían en él tres mil personas y cerró tan tarde como en 2014, después de noventa y cinco años de existencia. Entonces las chicas nos poníamos un vestidito, medias y un poco de tacón, y yo me aficioné a lo *vintage*, pues era muy barato y en aquellas tiendas de segunda mano había vestidos preciosos. Uno de ellos, rojo con topos blancos, fue para mí como una prenda fetiche y aún lo conservo porque si lo tirara, sería como tirar todos mis años setenta por la borda.

Aquel otoño de 1979 vinieron los Ràfols-Casamada a Nueva York y les hablé con gran entusiasmo de un «artista joven, excelente dibujante...» que era, obviamente, Perico, y cuando ellos me preguntaron quién más había en Nueva York de mi «colonia catalana», aparte de los artistas, les contesté que Bibí Escalas. «Está Bibí Escalas, que está con un cubano; es simpatiquísima y vive como una reina.» Yo sabía de la existencia de Bibí porque nuestros padres eran amigos —su madre era la famosa dibujante e ilustradora Mercè Llimona y su padre, un conocido abogado—, así que enseguida me fui a verla. De hecho, era una de las dos únicas direcciones que yo llevaba en el bolsillo y la verdad es que me daba mucha pereza llamarla. La hija de unos amigos de mis padres, ¡uf!, pensaba yo.

Bibí vivía en Roosevelt Island, la isla alargada que está en medio de Manhattan, en unos bloques de apartamentos construidos por Josep Lluís Sert. Aquello me pareció de un lujo asiático porque había muchos ascensores, muchísimos pisos y, para variar, otro gimnasio. Bibí estaba totalmente adaptada a Nueva York, hablaba perfectamente inglés sin acento y era la sonrisa y la risa personificadas. Tenía un sentido del humor que después de viajar por todo el mundo considero completamente catalán, una mezcla de mala baba y de refinada ironía. Enseguida congeniamos, y yo la llamaba Bibilla y ella a mí Vickilla. Era como un chicuelo, alta, delgada, rubia, con ojos azules, rasgos finos y perfectos, y yo la encontraba muy guapa (y era muy guapa; ya no está entre nosotros). Me puso al día de la vida americana: *«això es fa així i això es fa això»*. Y sobre todo me pareció muy moderna, a mí, que aunque me hubiera ido de casa de las primeras de mi generación, solo había tenido tres o cuatro novios, nada más. Me pareció muy liberada sexualmente y toda ella completamente heterodoxa, en su lenguaje provocador y en todo lo que contaba. A mí, para quien la rebelión contra mi medio burgués pasaba en primer lugar por la rebelión contra mis padres, me sorprendía mucho aquel gran amor que Bibí manifestaba por sus progenitores. Una admiración sin límites por su madre, Mercè Llimona, a quien una parálisis no le había impedido dibujar, y que era una mujer de una gran fuerza espiritual y moral. Su padre era el hombre más parlanchín de toda Barcelona y yo lo había podido comprobar cuando llamaba a mi madre, siempre al mediodía (con lo que resultaba que era siempre yo la que se ponía al teléfono, pues comía casi diariamente en casa de mis padres). Lo de Bibí con el cubano se acabó y Bibí se ennovió luego y de forma tormentosa con Frederic Amat. Quien los aprecia a ambos dirá lo mismo que yo: aquello era imposible, y sin embargo eran tan magníficos, tan guapos y deslumbrantes y tan simpáticos ambos, tan vitales... Pero yo siempre quería verlos por separado, pues Frederic no dejaba hablar a Bibí —como tantas veces pasa con los hombres, y más si son protagonistas—. Yo veía por separado a Bibí y nos reíamos muchísimo, sobre todo por su curiosa costumbre de telefonear diciendo «Vicky, te llamo para decirte que te voy a telefonear». Esto me encantaba, era algo casi wittgensteiniano, lo peor es que a veces lo cumplía, pero a las dos o las tres de la mañana. En una de las bonitas cartas que Frederic me envió desde Nueva York cuando yo ya había regresado a Barcelona, me escribió que añoraba a Bibí, «que le acercaba al perfecto lado inocente de las cosas y la vida». Frase maravillosa si la hay y que la describe perfectamente. Pero Bibí era tan inteligente que tampoco podía ser totalmente ingenua.

Frederic llegó unos meses más tarde que yo, en otoño, y se fue a vivir a un bonito *loft* en Greenwich Street, cuya pared del fondo iba llenando con preciosos dibujos de pequeño formato. En aquellos dibujos se podía ver un cuerpo yaciente de color ocre, muchos cofres y urnas, la mayoría de las obras tratadas con cera y pigmentos naturales. Dos años después el *New York Times* lo destacó en sus páginas diciendo «Amat es un artista que no hay que perder de vista». En realidad, así era: estaba en su mejor momento, tras su periodo mexicano en donde realizó asimismo algunas de sus mejores obras. Se lo enseñé al gran historiador Meyer Schapiro, al que le interesó mucho la obra de Frederic.

En su *loft* se llevaron a cabo una serie de acciones entre él y Carles Santos que llamaron *Correspondencias*. Mientras se proyectaban dibujos de Amat en las paredes, Santos hacía alguna de sus acciones espectáculo. Recuerdo su poema sonoro «La sargantaneta», que me encantó, y que toma el nombre de su barca. Allí estábamos Jaume Oller, Medina Campeny, Jordi Teixidor, Miguel Briongos y yo, Jaume Nos, y la crítica de arte Michèle Cone —que seguía atentamente la obra de Amat—. Con Frederic conocí a Miguel Cervantes, pintor mexicano y *dealer* en arte con quien compartíamos admiración por Philip Guston y visitas a galerías de arte. Era educadísimo, culto y con sentido del humor.

En Nueva York se comía muy mal y era difícil encontrar productos extranjeros. Fue Bibí quien me hizo descubrir Dean

& DeLuca, en el Village, entonces demasiado caro para mí, que tan solo tenía una beca de mil doscientos dólares al mes: un tercio se me iba en el alquiler y el resto lo tenía todo contado: tanto para libros, tanto para ir a cenar fuera una o dos veces por semana, tanto para cine. La ropa me la compraba en rebajas o en *thrift shops*.

El 3 de septiembre ya me dieron las llaves del piso, que era pequeñísimo, con una moqueta verde que imitaba el césped, sobre la cual coloqué una lámpara en forma de pato que aún conservo. No conocía a ninguno de mis vecinos, otro rasgo norteamericano, a excepción claro está de Miguel, quien enseguida se ennovió con Marta, una chica muy lista de Madrid. En aquel miniapartamento se produjo un pequeño incendio del cual yo no me di cuenta, pero se escapó mucho humo por debajo de la puerta hasta el largo pasillo comunitario y alguien llamó a los bomberos. Se presentaron muy pronto unos ocho muchachos altos y fuertes, que lo solucionaron todo rápidamente y hasta me dieron conversación: «Así que ¿usted es escritora? ¿Y qué escribe?». Se interesaron por mi máquina de escribir Olivetti y me regañaron sin acritud por no controlar el guiso en el fuego que prendió no sé cómo y del que surgieron grandes llamaradas, y yo sin percatarme hasta al cabo de cinco largos minutos.

Salíamos mucho a escuchar música. Y una o dos veces fuimos a escuchar al reverendo Ike (1935-2009). Este reverendo había fundado la Christ Community United Church en Nueva York y fue muy popular en los años setenta por sus sermones en la radio y sus apariciones en televisión, donde llegó a tener una audiencia de dos millones y medio de espectadores. Su credo se basaba en la idea de que la única salvación consiste en llevar a «Dios en ti», con el corolario de que todo el mal procede de la falta de dinero. «Lo mejor que puedes hacer por los pobres es no ser uno de ellos», decía, y para lograrlo preconizaba la confianza en sí mismo para hacerse rico. «Olvídese del pastel en el cielo; coja el suyo aquí y ahora.» El reverendo recitaba todo esto con gran oratoria en sus actuaciones en el Palace Cathedral, un antiguo teatro en la Calle 175, en Washington Heights, que hizo restaurar y cuyo estilo fue calificado por un periodista como «bizantino-románico-rococó-déco». El reverendo adornaba su vestimenta con corbatas vistosas y siempre con alguna flor en el ojal. La enorme sala siempre estaba llena de fieles. Sus defensores argumentaban que fue el primer negro en América que predicaba una psicología de autoafirmación entre las masas de color, lo cual, claro está, es relativo, aunque el hijo del reverendo, Xavier Eikerenkoetter, llegó a comparar a su padre con Martin Luther King y Malcolm X.

También asistíamos a los típicos musicales, que yo adoraba porque siempre salía de buen humor: era la época del famoso *A Chorus Line.*

En septiembre de 1979 llegó a Nueva York Fernando Vijande, al que yo ya conocía desde principios de los años setenta. Veía mucho al escultor Ricardo Regazzoni, al pintor Brian Nissen, el marido de una de las Pecanins, y al grupo catalán de Perico Pastor, en el que estaban Jaume Rambla y Loles (Loles fue luego pareja de Perico). Llegó Jordi Teixidor, el pintor valenciano, y a él también le encontramos un piso en nuestro inmueble. Jordi tenía una beca March y podía ir a pintar a un estudio en el Clocktower, que dependía del PS1, y con él visité el maravilloso Museo de Ciencias Naturales. Lo fui a buscar al aeropuerto, tal era la impresión que nos daba nuestra entrada en Estados Unidos a nuestras edades, y él me invitó a un dry martini en el bar del Sherry Netherlands porque quería mostrarme cómo iluminan los bares exquisitos en aquel país, con su luz tamizada y perfecta para el ambiente. En España esto aún no se había conseguido, o muy raramente. Con Jordi comentábamos si la gente en Nueva York miraba o no miraba, como se hace en los países latinos. Yo sostenía que nadie miraba a nadie y él sostenía lo contrario. Pero como yo estaba recién separada y un poco deprimida por el ambiente norteamericano, pensé que tendría que tener algún *affaire* sentimental, o aunque solo fuera sexual. «¿Qué hace la gente aquí para conocerse?», pregunté. Pues en mi Institute of Fine Arts había muchas más chicas que chicos y yo quería conocer extranjeros, no a mi colonia catalana, que me la tenía muy sabida. «Aquí hay *single bars*», me explicaron; «que es donde liga la gente.» ¡Qué decepción! Una barra muy larga con gente sola, muy separados, bebiendo en completa soledad, sin nadie dándose conversación. Ahora pienso en los cuadros de Edward Hopper, el colmo del optimismo al lado de los *single bars*.

Amigos o conocidos de Barcelona viajaban a Nueva York y me contactaban. Algo así como «llamemos a Vicky Combalía, que nos enseñará cosas de Nueva York». La visita más divertida fue la del cineasta Ventura Pons, que vino acompañado de Ocaña, simpático e histriónico. Me llevaron a una fiesta en casa de una dama ya un poco decrépita pero muy elegante, en un soberbio apartamento lleno de efebos vestidos con modelos como para ir a jugar al tenis. En el taxi el gran Ocaña no paraba de gritar: «¡Me ha salido un grano en el culo!, ¡me ha salido un grano en el culo!», o sea que sencillamente tenía almorranas, y estaba desesperado. Los dejé a las dos de la mañana en el *party*, tan contentos.

En Nueva York vi muchísimo cine, porque en aquella España de finales de los setenta aún había pocas películas, sobre todo las antiguas. Los festivales del MoMA se iniciaron con cine mexicano: *Doña Bárbara*, con María Felix; *Así se quiere en Jalisco*, con Jorge Negrete. Iba cada día al cine; a veces veía tres películas en un solo día: una en el cine y dos en la televisión. Íbamos al cine Thalia que estaba en el 250 de la Calle 95 Oeste. También al Bleecker, al Cinema Studio. Vi *La règle du jeu* de Renoir, que me impresionó porque yo la encontré entonces una película completamente amoral sin comprender que se trataba de una manera de ser simplemente francesa, la del cortejo, la de la seducción, la del amor por encima de todo. Vi *Recuerda*, de Hitchcock, *El ángel azul*, de

Von Sternberg, y *Vestida para matar,* de Brian de Palma, pero quizás la película que más me impresionó de todas fue *La caja de pandora,* con Louise Brooks. Ella encarnaba la modernidad de los años veinte con su flequillo y su pelo cortado a lo bob, y su risa tan natural.

En Nueva York no solo vi, como es obvio, muchísimo arte norteamericano, sino también muchísima fotografía histórica, una disciplina raramente vista en España en aquellos años. Descubrí entonces a autores como Walker Evans, Dorothea Lange, Imogen Cunningham o Lee Friedlander. La diferencia con nuestro país era entonces brutal en lo que se refiere a cultura; también me sorprendió la alta calidad técnica de los pintores y grabadores norteamericanos, un aspecto distinto al de su originalidad, pero no desdeñable.

Yo era *visiting scholar* en el Institute of Fine Arts, el lugar más prestigioso para la Historia del Arte después del Courtauld Institute. Mi estatus era muy bueno: hacía mi tesis doctoral (que versaba sobre Gustave Courbet y la modernidad) y podía ir a las clases de oyente. Decidí ir a todas las que me interesaban. Pedí ir a las de William Rubin, que era entonces también director del MoMA y uno de los mejores especialistas en Picasso. Me equivoqué y le dije con mi mal inglés si podía *«assist your class». «Assist»* en inglés es «ayudar», que yo confundí con «asistir». Suerte que se dio cuenta y me dijo que lo confundía con el francés *«assister»* y que podía ir, pero que me sentara a cuatro metros de distancia del resto de los alumnos, pues este era el lugar reservado a los oyentes. William Rubin era muy arrogante, pero sus clases eran excelentes, aunque hoy en día no confirmo sus teorías, totalmente formalistas. Él distinguía, por ejemplo, entre dos clases de surrealismo: el surrealismo ilusionista, en cuyas pinturas se produce una sensación de profundidad (como en Magritte, Delvaux, pero también en Tanguy), y el surrealismo abstracto, con Miró y Masson.

Robert Rosenblum era también un poco esnob, pero encantador y tenía un tono de voz cansino, que se hacía difícil de seguir al cabo de media hora. Con los años, lo volví a ver en varias ocasiones: hace unos años lo vi con ocasión del año Dalí y, claro está, ya no me pareció esnob: yo ya había visto y aprendido mucho a mis cincuenta años, y sobre todo tenía ya ideas propias. Creo que Bob Rosenblum sigue siendo uno de los mejores escritores de arte: le comenté que acababa de leer su texto (un sencillo pero magnífico texto en un catálogo) sobre un joven pintor americano, John Currin, y que me había parecido, una vez más, impecable e iluminador. El texto empezaba citando a Roy Lichtenstein y cómo, en 1962, este descubrió «cuán espantosa puede ser la imagen de la belleza ideal norteamericana». Luego comentaba los primeros retratos femeninos de Currin, que no son otras que sus colegas femeninas de la clase, «tan predecibles como los Renoirs» (qué bella comparación), y la fascinación de Currin por las dimensiones del pecho femenino, una obsesión norteamericana, decía Rosenblum con acierto, citando a Jayne Mansfield y a la británica Diana Dors. Cuando comentaba que a Currin se le había criticado por sexista, al retratar a «mujeres ya mayores que se encuentran al final de su ciclo de potencial sexual, cuando se encuentran entre ser un objeto de deseo y un objeto que causa repugnancia», añadió, con malicia de hombre maduro: «el candor de Currin al revelar que su trabajo está basado primordialmente en el deseo heterosexual es refrescante».

Pero quien influyó en mí de forma especial fue el historiador de arte Meyer Schapiro. Él había escrito sobre Gustave Courbet un largo artículo de investigación y pude consultarle muchísimos aspectos del artista francés. De hecho hablábamos en francés, pues mi inglés en 1979 no era nada bueno y él, muy simpáticamente, me dijo: «Lamento no poder hablarle en catalán, aunque podría hacerlo en latín». Genial Schapiro, que para mí, junto a Leo Steinberg, era el mejor historiador de arte vivo. Aprendí en Estados Unidos algo que muy raramente se da en España: la cooperación entre especialistas, el diálogo profesional, las ayudas puntuales sobre un detalle específico que luego es agradecido en una nota a pie de página. Así, Schapiro y yo mantuvimos una correspondencia sobre temas muy especializados: uno de ellos era el motivo de Cristo y la escalera, que aparece en un grabado de Picasso, la famosa *Minotauromaquia* de 1935. Aparece en los pasos de Semana Santa, en unas pocas pinturas de la Edad Media y luego el tema ya pasa a ser el de la elevación de la cruz. Pero él añadió que se preguntaba si no había una asociación con las escaleras que llevan al tejado de ciertas casas que tienen un habitáculo para las palomas (como es bien sabido, el padre de Picasso pintaba palomas). También me pedía que investigara pruebas de si Picasso había leído *Mas allá del bien y del mal,* de Nietzsche, si el libro estaba traducido en 1904, y si Picasso habría leído *Reflexiones sobre la violencia,* de Georges Sorel, todo ello para conocer más elementos del joven Picasso. En una larga carta de 1982 (cuando yo ya había regresado a España y había escrito en la revista *Artilugi* un largo artículo sobre tres historiadores de arte norteamericanos (Meyer Schapiro, Leo Steinberg y Harold Rosenberg), me concretó y puntualizó su posición acerca del marxismo y del comunismo: «En los años treinta fui un simpatizante comunista, y a mitad de esta década ya estaba convencido de que la Unión Soviética no era ni comunista ni socialista. En 1936 fui miembro del Comité de Investigación de los Juicios de Moscú. Luego entre 1937 y 1949 escribí en la *Partisan Review,* revista antiestalinista. (...) Aprendí mucho de la lectura de Marx desde mis catorce años», añadía, «pero nunca fui un marxista ortodoxo, y sobre todo nunca fui un "materialista dialéctico"».

Mi mayor satisfacción fue publicar, al volver de Nueva York y en la editorial Gustavo Gili, para conmemorar el centenario de Picasso, mi *Estudios sobre Picasso,* que recogía algunos de los mejores artículos escritos sobre el pintor malagueño con una larga introducción mía. Sus elogiosos comentarios me confirmaron que aquella estancia en Nueva York, académicamente hablando, había valido la pena.

El 31 de diciembre de 1979 conocí a Julian en una fantástica fiesta de fin de año. Su madre era una inglesa al estilo de Virginia Woolf que se había casado con un pintor haitiano. Aquella fiesta me pareció lo más exótico del mundo: era en Brooklyn, había muchísima gente y no se besaban y abrazaban como nosotros al tocar las doce de la noche (creo que ponían también la televisión para ver la hora). Me quedé prendada de Julian, y al día siguiente me fui con él a cenar y al cine, nos acostamos..., nos declaramos amor mutuo, pero para mi gran desespero él tenía que volver a Cambridge, donde era profesor. Este amor fue precioso pero triste, no teníamos ni un duro para llamarnos a través del océano y así quedábamos cada tres o seis meses. Debimos de vernos cuatro o cinco veces: fue un amor imposible. Una vez quedamos en París, y vivimos en casa del artista catalán Xifra. Luego volví, veinte años después, a aquella casa que entonces me había parecido una maravillosa cueva de Alí Baba: mi nido de amor era, al filo del año 2000, un espacio de cuatro metros cuadrados pero repleto de viejas telas y cachivaches varios: el amor embellece cualquier cosa.

El 7 de enero vino el artista Joseph Beuys a Cooper Union, una escuela de arte al lado de mi casa, y una de las mejores de Nueva York. Creo que coincidía con su exposición en el Guggenheim. Joseph Beuys no era entonces, en 1980, el gurú adorado que fue más tarde, antes de su muerte en 1986 y en los años inmediatamente posteriores a su muerte. Era un artista ya venerado en Europa pero aún no en Estados Unidos. De hecho, los Estados Unidos aceptan muy mal el arte europeo, especialmente aquellos artistas con temas como la enfermedad y la muerte, al estilo de Tàpies o Beuys. En el caso del artista alemán, aún podía ser más extraña su aceptación, porque, habiendo sido un joven soldado en la Segunda Guerra Mundial, evidentemente perteneció al ejército alemán. No sé todavía por qué en aquellos años se corrió un tupido velo sobre este aspecto de su vida (tanto en Europa como en América); quizás el hecho de presentarse como un chamán visionario liberador lo eximía de las represalias del *lobby* judío de Nueva York. La sala estaba abarrotada, pero las preguntas de los estudiantes fueron bastante simplistas.

A veces tenía tres *parties* en una semana, ¿de qué me quejaba? Estaba deprimida. Mi inglés era muy primitivo, no conectaba con los americanos y mis pocos y buenos amigos eran todos europeos: me costaba mucho adaptarme a aquel país que no sabía comer, que no sabía quién era Flaubert, que creía que Barcelona era una ciudad de Sudamérica y que en España las mujeres íbamos vestidas de sevillanas. La comunicación era el gran problema: en mi edificio, no sabías a quién tenías al lado, pero un sábado por la noche, en el ascensor, una de mis vecinas se me abrazó llorando, medio borracha, contándome que su marido le pegaba. Seguramente la misma persona no me habría ni saludado al día siguiente. Aquello me deprimía completamente. A veces lloraba bajando al metro y me decía: «¿Qué hago aquí?, ¿qué hago aquí?», y enseguida pensaba: «La tesis, la tesis, y aprendo mucho y leo mucho»; esto me consolaba. Como yo entonces fumaba, y bastante, caminaba tres o cuatro calles (que allí son larguísimas) para ir a comprar tabaco a unos filipinos o jamaicanos, porque al menos te daban conversación. En realidad solo me decían: «¿Qué tal?, ¿cómo le va el día?», o «Vaya tiempecito, ¿eh?». Nada más, pero a mí me parecía que con aquello ya conectaba suficiente con el mundo exterior. Era mi ración de humanidad semanal, el hilo que me recordaba que aún quedaban almas en aquella metrópoli. Sin embargo, pronto empecé a dominar un poco más la ciudad: al salir por la noche, tenías que saber que siempre había un policía no recuerdo si en el primer o último vagón del metro, y allí es adonde tenías que ir a sentarte. Y luego siempre había muchos taxis que valían para una emergencia. El segundo año de estar en Nueva York mi soledad se mitigó porque llegaron los Solà-Morales, Ignasi y Lali, que me hicieron un poco de familia. Sin embargo, rememoro mi añoranza en fechas destacadas y cómo, llamando a casa no sé si en Nochebuena o fin de año, la respuesta de mi madre fue: «Bueno, te dejo, porque estoy jugando al bridge y no puedo retrasarme».

Pero en Nueva York hice dos grandes amigas a las cuales cuarenta años después sigo adorando. Una es Anne Husson, ahora directora cultural de la Maison de la Amérique Latine en París, tarea que realiza con gran eficiencia. La conocí en el Institute of Fine Arts, y como yo apenas chapurreaba el inglés, al ver a una chica tan guapa y con un atuendo mucho más sofisticado que el de una americana normal, me acerqué tímidamente y le pregunté: «*¿Are you French?*». Al contestarme que sí, me sentí salvada, pues mi francés era muy bueno y ya podía comentar cosas con ella, que además vivía cerca de mi casa, porque el segundo año me mudé al 85 de la Cuarta Avenida, entre las Calles 10 y 11. Allá compartí piso con Irini Emirza, una griega de pelo rubio, educada y con la que era fácil convivir, y a la cual yo llamaba Oblómov, tal era su sentido llamémosle poco productivo de la vida. Hacía joyas, y para mi pasmo, nunca llegó a presentarlas al Metropolitan Museum, donde trabajaba mi segunda amiga. Por suerte en 1985 me escribió que había hecho una gran exposición de sus joyas en Grecia producida por el gran joyero Zolotas, pero que había regresado a Nueva York y trabajaba «tan duro como Oblómov pudiera hacerlo». Me pareció que para ella volvían las vacas flacas y su vida solitaria, pero su cariño permanecía incólume en su misiva. Mi otra gran amiga fue Gabriela Befani Canfield, mayor que nosotras y *chief director* del departamento de educación del Metropolitan Museum. Aquello fue estupendo, porque me abría otro campo profesional, y de hecho me ofreció quedarme en el país dando cuatro conferencias al mes (en español) en el Metropolitan, con lo que hubiera ganado lo mismo o más que con la beca. Si no me quedé fue porque pensé que ya había iniciado una carrera en España como profesora y crítica de arte, y que si me instalaba en Estados Unidos seguramente perdía lo de Cataluña y ya me quedaba en las Américas por muchos años. En realidad, solo me descorazonó el factor humano. Si no me hubiera encontrado tan sola, tan desplazada respecto a aquella civilización, me hubiera instalado en Nueva York, donde aprendí de golpe en dos años lo que en España se aprende en veinte, si es que lo aprendes.

Pero hablemos de Gabriela Befani. Simpatiquísima, italiana de alta alcurnia casada con un americano de una renombrada familia y alto ejecutivo en la editorial Harper, era, y sigue siendo, de izquierdas y la persona más vital, desordenada y ordenada a la vez, a la par que una gran historiadora del arte. Por eso teníamos tanto en común, a pesar de la diferencia de edad. Ella se había separado de su marido, y pasó de vivir en un apartamento súper alto standing cerca de la Quinta Avenida a un *loft* muy bohemio en Tribeca y, por fin, a un piso pequeño pero junto al MoMA. Gabriela conocía a todos en el mundo del arte y cuando se jubiló empezó a viajar a China, a su Italia natal, a América Latina y a España, donde yo la acogí con toda la hospitalidad de la que fui capaz. Ayudó sobremanera cuando el ataque del 11 de septiembre a las Torres Gemelas y allí donde se la necesitaba, acudía.

También recuerdo a Norma Bessouet, una artista argentina muy amiga de los Ràfols, rubia y lánguida, que vivía en compañía de muchos gatos. Luego tuve otros amigos encantadores, como la pintora Manuela Filiaci, que daba cenas de pasta italiana para ocho, diez o doce, pues siempre decía que donde comen seis comen ocho, y donde comen ocho comen diez. Estos europeos me hacían de segunda familia, hasta que en el segundo curso llegaron los Solà-Morales con una beca. Pasé la Navidad de 1980 con ellos y muy gratos momentos: sobre todo de discusiones teóricas con Ignasi, a quien le gustaba la disciplina de la estética como a mí. Aquella Navidad fue una de las más frías en las últimas décadas: yo esperaba un taxi en la calle y llevaba dos pares de guantes, abrigo de piel y gorro: por un momento pensé que se me helaba la nariz; creo que estábamos a menos veinte grados.

Traté entonces también a Francesc Torres. Vivía con Terry Berkowitz, en un *loft* enorme en Tribeca en el 38 de North Moore Street, una calle que me daba auténtico miedo cuando iba a cenar a su casa y hoy es un barrio de artistas de lo más cotizado. Además, se tenía que subir a su piso en un montacargas industrial, algo parecido a los que se ven en las películas en donde intuyes que allí van a matar a alguien y me cubría un sudor frío de pánico el poco rato —que me parecía eterno— que duraba aquella ascensión. Francesc no se codeaba con el resto de la «colonia catalana», o muy poco, y entonces, como ahora, me contaba con gran entusiasmo sus piezas, sobre algunas de las cuales he escrito. Ya había expuesto en el Whitney Museum y en poco tiempo acabaría nacionalizándose norteamericano.

Conocía a otros artistas españoles a los que veía menos: José Guerrero, muy simpático y al que se le iba un poco la mano con las señoras jóvenes y guapas; Esteban Vicente, un gran señor de apariencia casi inglesa; Carles Fontseré, el fotógrafo republicano al que solo vi una vez y que me fue presentado por Jaume Oller. Y por allí pasaban Miralda, Zush, todos instalados en casa de Muntadas, que me daba un poco la tabarra con sus trabajos, a lo que le espeté, un poco chula, lo confieso: «Mira, Antoni, ahora lo que me interesa es Baudelaire y Flaubert para entender a Courbet», que era el tema de mi tesis doctoral. Porque para entender a Courbet leí casi todo Flaubert y me impresionó mucho *La educación sentimental*, que narra la vida de un joven de provincias que va a la capital a hacer carrera y a ascender socialmente.

Jorge Castillo vivía como un pachá en un precioso *loft* al cual me invitaba a cenar a veces con su mujer tan guapa, Mariela, que le llevaba perfectamente su carrera, clientes y estado de cuentas. Pero cuando hubo el golpe de Tejero en 1981, yo estaba en una tienda en Broadway mirando tejanos y en la radio oí: «*Spain military coup*» y me fui volando a mi casa a ver la noticia en televisión. Empecé a llamar a amigos, recuerdo que Ignasi Solà-Morales me dijo: «*Ens haurem d'exiliar, un altre cop la dictadura, la repressió...*», mientras que Castillo me dijo: «Es que estamos en un país sin solución: siempre necesitamos mano dura». Me quedé helada. Cuando vi a don Juan Carlos salir defendiendo la Constitución y la democracia me tranquilicé bastante. Él era el jefe de los ejércitos, y esto me pareció decisivo (aunque luego surgirían teorías contradictorias sobre su posición en ese golpe de Estado).

En el Institute of Fine Arts también había profesores interesantes: Gert Schiff, muy culto, que por ser alemán explicaba el expresionismo y que fue autor de un excelente libro titulado *Images of Horror and Fantasy,* y con quien aún me escribí en 1983 a propósito del tema de los mosqueteros en el arte de Picasso, pues yo le hice ver que era un motivo frecuente en autores españoles del siglo XIX como Domingo Marqués, Sánchez Barbudo o Pinazo; o bien el tranquilo hispanista Jonathan Brown, que siempre fue muy amable conmigo.

Cuando vivía en la Cuarta Avenida, estaba limítrofe con el Lower East Side. Siempre he intentado trabajar de cara a una ventana y allí veía enfrente una enorme pared medianera con un anuncio seguramente de los años cincuenta, que no me molestaba en absoluto. En St. Mark's Place vivía Brian Nissen y también Dore Ashton, gran crítica de arte. Un día vi un anuncio en *The Kitchen* y me fui sola a ver el espectáculo. El lugar era pequeño, estaba muy lleno y la entrada era barata: allí estaba Laurie Anderson tocando «O Superman» con su violín y para mí fue una auténtica revelación. Era como un chicuelo, delgada y con el pelo corto, y detrás de ella había imágenes proyectadas, en blanco y negro, algo que yo nunca había visto. Quizás también cantó «From the Air»: *«This is your Captain. We are about to attempt a crash landing. (...) This is your Captain and we are going down, we are all going down, together...».* Aquello me pareció fascinante.

Al final de mi estancia llegó el pintor Xano Armenter, que vivía con muy pocos medios. Se alojaba en el Lower East Side, entonces un barrio muy marginal, en el que convivían el rock punk, las drogas, las prostitutas y los restaurantes multiétnicos. Él «heredó» mi televisión y mis plantas, y cuando yo lo iba a ver pasaba bastante miedo al caminar sola por las Calles 1 y 2, donde una vez me gritaron desde un coche: «*Honey, do you want a ryde?*». A él le robaron su bici en su propio edificio, aunque esto no era nada: un día vio un muerto real en su rellano. Pero en 1981 allí se empezaron a instalar tímidamente algunos espacios de arte joven, siempre precarios. Entonces lo más *in* era el *graffiti art* y el neoexpresionismo. Con Xano íbamos a ver galerías y recuerdo que nos pareció horrible el arte de Julian Schnabel, que exponía en la galería Leo Castelli sus obras con trozos de cerámica rota. En aquella época también apareció en Nueva York la llamada Transvanguardia italiana, que se presentó en el Instituto Italiano en 1979. Dos años después, Castelli mostraba a Sandro Chia en sus paredes, con gran éxito.

Durante mi estancia en Manhattan, mi primo Carlos Dexeus, que también estudiaba allí, se casó con su novia. Todo fue muy íntimo y al acabar la ceremonia la fiesta se prolongó en el Studio 54. Era una discoteca solo para gente muy guapa o muy rica, y lo difícil, por lo tanto, es que te dejaran entrar. Evidentemente yo no había pasado del CBGB, otro local más asequible, pero esta vez, elegantes como íbamos, nos dejaron pasar enseguida. En un momento dado fui al lavabo y cuando iba a entrar, ¿a quién veo?: a la mismísima Nico, cantante de Velvet Underground, llorando a lágrima viva. Era muy guapa, tal como se la ve en las fotos, por más que el rímel se le corriera, y se me echó en los brazos farfullando no sé qué dramas. Creo que ya iba muy colocada. También íbamos con Jordi Teixidor o con alguien de la colonia catalana a escuchar jazz y recuerdo el 5 Oaks, un piano bar en Grove con Bleecker Street muy frecuentado por gais que perduró hasta mitad de los años noventa.

Fui a escuchar a Bob Wilson, a quien pedí un autógrafo, que por cierto he perdido. Y luego por la calle uno se cruzaba a veces con gente famosa: así, yo vi a Andy Warhol por Lexington Avenue y a Laurence Bacall, guapísima pero que andaba como un caballo, por la Primera Avenida, donde en aquella época había muchas charcuterías polacas a las que yo a veces iba a comprar.

Mis dos años neoyorquinos tuvieron su gran ración de soledad pero de intensa formación profesional. Contacté con historiadoras de arte como Barbara Rose, Margit Rowell, la ya citada Dore Ashton (que siempre invitaba a un vaso de vino tinto cuando la ibas a ver a su casa) e incluso Lucy Lippard, en una reunión con feministas neoyorquinas. Allá descubrí a Clyfford Still, Hans Hoffmann, Dziga Vértov, Nam June Paik, Charlotte Moorman y Steve Reich, los films de Jonas Mekas, a Vito Acconci en la galería The Kitchen, y la galería A.I.R. de mujeres artistas, el C Space en Chambers Street. Me impresionó mucho la instalación de Walter De Maria titulada *El kilómetro roto* en el DIA Art Center de Manhattan. El espacio era el típico de las galerías neoyorquinas. Amplio y con columnas de hierro y capiteles corintios, todas pintadas de blanco y con las cañerías del local a la vista. Sobre el suelo de parquet, el artista había dispuesto quinientas barras de latón pulido de dos metros cada una, con lo cual, si se hubieran puesto en fila, medirían un kilómetro. Visualmente, los tubos formaban largos rectángulos que brillaban con la luz natural. Uno tenía la misma sensación que se puede tener en una catedral gótica o en la capilla de Rothko: un espacio de meditación, en cierto modo trascendental. Todo un logro. Pero también descubrí a los artistas norteamericanos de la primera mitad del siglo XX, tan poco conocidos entonces en Europa: Joseph Sloan, Stuart Davis, Thomas H. Benton, Max Weber, Charles Demuth, y obviamente Edward Hopper y Georgia O'Keeffe.

En Manhattan podías cenar con un amigo de Mondrian (¡!) que me contó anécdotas del pintor: fanático del boogie-woogie, iba a un salón de baile, sacaba a una señorita a bailar, permanecía callado y al acabar el baile la devolvía a su asiento. También asistí a la representación del famoso ballet *Le cocu magnifique* (El magnífico cornudo) en marzo de 1981, y conocí a una bailarina rusa que había actuado en la función original. En la función estrenada en 1922, la puesta en escena corrió a cargo de Meyerhold y los decorados, con plataformas, ruedas girando y puertas giratorias fueron una creación de la pintora constructivista Liubov Popova. Para mí, que soy un poco mitómana, aquello fue como haber visto a Lenin revivido; estaba muy emocionada al pensar que frente a mí, en carne y hueso, tenía a una persona que había actuado en la Rusia revolucionaria.

Quise trasladarme a Princeton para conocer a Timothy Clark, autor del libro *Image of the people. Gustave Courbet and the 1848 Revolution* (que en 1981 publicamos en Gustavo Gili) y me alojé en casa de unos amigos de Ángel Vilalta, que tenían dos grandes cargos en la universidad. A la hora de cenar ellos salieron y nadie me dijo lo que tenía que hacer, con lo cual me quedé sin cenar. En España si uno tiene un invitado le cuenta los planes de todos los de la casa, pero parece que en Norteamérica esto es raro, y que cada cual ha de ir a la suya. A la mañana siguiente mi anfitriona me dijo algo así como: «¡Ah, podías haber ido a la nevera y coger lo que quisieras!», y añadió: «esta noche cocinaremos para ti». Cocinar era coger un pollo entero del supermercado, debidamente envuelto en un enorme plástico, leer las instrucciones de cómo cocinarlo y meterlo en el horno, sin nada más. Evidentemente todo regado con mucho alcohol. Por la tarde me sentía tan sola que llamé a Alfredo Pastor —hermano de Perico— y su mujer, los cuales amabilísimamente me enseñaron Boston y me llevaron a merendar. Por mi cuenta visité el Museo Colección Isabella Gardner, un edificio neogótico con un hermoso jardín y una magnífica colección con artes decorativas y obras de grandes maestros. Se hizo doblemente famoso por el robo de trece piezas en 1990, entre las cuales estaban *Cristo en el Mar de Galilea,* de Rembrandt, y *El concierto,* de Vermeer. Aún hoy se ofrecen diez millones de dólares a quien proporcione información que pudiera esclarecer los hechos y llegar hasta los ladrones. Y también visité el Museum of

Fine Arts de Boston, con obras del Greco, Velázquez y los impresionistas franceses.

Yo me acostumbré y no me acostumbré a Estados Unidos y a Nueva York. Aprendí a trabajar y me gustó su movilidad profesional, pero soportaba mal aquella competitividad exagerada y aquel exacerbado individualismo.

Felices veranos

Cadaqués fue para mí el lugar de mis vacaciones idílicas, sobre todo por los amigos y por ser un pueblo lleno de arte cuando empecé a ir en los años setenta. Primero con Ana Díaz-Plaja, durante la carrera, cuando una noche, después de haber ido al sur de Francia a ver películas, recalamos en Cadaqués y dormimos —es un decir— en una de las barraquitas frente a la casa de Dalí, entonces vacía. A la mañana siguiente nos encontramos por el pueblo a su padre, don Guillermo, académico imponente, que nos espetó, viendo nuestras ojeras: «¡Vosotras no habéis dormido, vosotras no habéis dormido!».

Cadaqués había acogido a Pablo Picasso, Marcel Duchamp, John Cage, Richard Hamilton, Dieter Roth y tantos más. Y obviamente a Dalí, que tenía su casa en Port Lligat. Entonces no se podía visitar, aunque alguna vez veíamos a Gala en el pueblo, pero solo para asistir a los conciertos de verano del llamado Festival de Cadaqués, y que tenían lugar en la iglesia. Gala no hablaba con nadie, se sentaba en la primera fila del templo y solía llevar un lazo de terciopelo negro en el pelo.

Otra vez alquilamos por Pascua un apartamento justamente al lado del que había sido de Duchamp, sin saberlo, claro está. Íbamos Miguel y yo, Juan Míguez y Helena Valentí y su marido de entonces, un inglés. Fue Helena quien, al vivir en Cadaqués, me contaba cosas de la población en invierno, como una sesión de teatro infantil donde ella colaboró haciendo unas gaviotas de papel maché o las copas en el bar El Hostal. En invierno en aquellas épocas solamente había extranjeros hippies, algún pintor y los lugareños. Estos, como comentaba Antoni Pitxot, nunca se sorprendían de nada, y contaba que James Mason, que vino a rodar la película *Les pianos mécaniques,* encontró muy extraño que nadie le pidiera autógrafos, hasta el punto de despedir a su promotor porque consideró que él era responsable de la poca atención que el pueblo le manifestaba. Yo creo que en el pueblo no se sabía quién era James Mason, pero si se hubiera sabido, tampoco le hubieran hecho ningún caso.

En los setenta empecé a estar invitada con Miguel en casa Ràfols-Casamada. Debí de conocer al matrimonio Albert Ràfols-Maria Girona hacia 1972, y desde entonces hasta su muerte fui una amiga constante y feliz de serlo. Era una de las parejas más queridas del mundo intelectual catalán. Se habían conocido en la Academia Tàrrega de Barcelona y con otros artistas formaron el grupo Els Vuit, que expuso en la galería Pictòria en 1946, una galería frecuentada por Joan Prats, J.V. Foix y el coleccionista Xavier Vidal de Llobatera. Las cartas de aquellos años de Albert a Maria ya demuestran su complicidad. Les unía su trabajo pictórico, una vocación que Maria había heredado de su tío, el pintor y crítico Rafael Benet. El grupo montó en la galería Pictòria el *Retablillo de Don Cristóbal,* de García Lorca, con marionetas y decorados pintados por ellos. En 1950 y con una beca del Cercle Maillol obtenida por ambos, se fueron a París. Vivían en el Colegio de España de la Ciudad Universitaria y luego se trasladaron al Boulevard Saint-Germain junto a la Rue du Bac, a dos pasos de donde yo viviría durante once años en los años noventa. Esta estancia parisina fue definitiva para descubrir la modernidad, especialmente Picasso y el cubismo, Matisse, Nicolas de Staël y la entonces reciente abstracción informalista. Inmediatamente me quedé, como todo el mundo, prendada de los Ràfols, por su cultura, su espíritu abierto, su sentido estético. Todo lo nuevo les interesaba, y lo excelente de la tradición también. Ambos se habían educado en un entorno *noucentista,* y ello era palpable en su gusto por la armonía, por la racionalidad y el *seny*, por el Mediterráneo, por la obra de Cézanne, Torres-García y Sunyer, de cuyo hijo Jaume eran muy amigos. Eran curiosos y dinámicos, una virtud que parecía imposible en alguien tan callado y tranquilo como Albert. «Nunca aprendí tanto de alguien que hablara tan poco», dijo un día nuestro común amigo el diseñador Miguel Milá. Sin embargo, Albert conmigo sí que hablaba mucho, siempre de pintura, de libros o de cine. Cuando otros se iban a la playa en Cadaqués o hacían la siesta en Calaceite, él seguía, infatigable, cuaderno en mano, dibujando o escribiendo poemas. Tan cariñoso y dulce era Albert como enérgica y con carácter era Maria. A veces lo reñía y se quejaba, lo que hacía que fuera considerada un poco gruñona, pero yo la quería muchísimo por su gran inteligencia y cultura. Ambos eran muy coquetos en el vestir, y les gustaba disfrutar de la vida. Con ellos iba cada verano a Cadaqués, en Pascua a Calaceite y más tarde, en los ochenta, a Mallorca, que yo les «descubrí».

Los Ràfols iban siempre con la sobrina de Maria, Margarita Fuchs. Proveniente de una familia muy desestructurada, Maria y Albert la acogieron en su casa como a una hija. Margarita tenía en su juventud un gran encanto y Albert estaba prendado de ella. En los años noventa llegó a nombrarla «su secretaria», y allá iba Margarita con una pequeña libreta tomando notas de todo. También pintaba y los amigos hacíamos broma diciendo que cuando se murieran los Ràfols no sabrían de quién eran según qué cuadros, pues Margarita pintaba en un estilo que era una mezcla de ambos.

En nuestros veraneos y viajes éramos un grupo: estaba Àngel Vilalta, director de estudios de la Phillips Academy en Barcelona, personaje cultísimo, muy simpático, genial imitador de los cantantes norteamericanos, y auténtico *«chevalier servant»* de Maria Girona, y Anna Maio, italiana afincada en Barcelona. Àngel había estado en Estados Unidos en los años cincuenta y nos contaba que entonces había bares en los que podía verse un letrero que rezaba: NEGRO NOT ALLOWED. Yo conocía a muy poca gente que hubiera visto estos signos de brutal racismo de primera mano y aquel comentario me impresionó. Àngel era un gran amante de la literatura y del teatro, y con él descubrí el genio de John Gielgud, de Sir Ralph Richardson o de Eduardo De Filippo. Tenía siempre cosas que cantar, canciones americanas o de cabaret que hacía con gestos maravillosos y ampulosos si se terciaba. Le gustaba «El Pichi», de *Las Leandras,* y otra que decía «¡Quiero, quiero casarme con quien quiero...!».

Anna Maio había sido *public relations* en Bocaccio y luego pasó a ser gerente de la Fundación EINA, escuela a la que dedicó buena parte de su vida. Igualmente simpática, elegante y ordenada, nos reíamos mucho con ella. A este grupo de íntimos se unían los Milá —Miguel y Cuqui— y los Farré —Santiago y Mercedes—. Muchas Nochebuenas las pasábamos en casa Farré, donde Joan Brossa nos deleitaba disfrazándose de guardia civil o de sacerdote, mientras Mercedes Farré nos hacía partir de risa con sus chistes e imitaciones. Nos encantaba disfrazarnos y una vez Maria Girona y yo nos disfrazamos de monjas; en otra ocasión Paco Todó se vistió de san José, su hijo Oriol (que era muy guapo y tenía ricitos rubios) lo hizo de Niño Jesús e Isabel Todó de Virgen María, mientras Àngel Vilalta, Anna Maio y Enric Majó iban de ángeles.

En Cadaqués, la casa Ràfols era una vivienda estupenda, con una fachada de piedra vista y una gran puerta de madera pintada de color granate y cuyo interior ya estaba un poco descuidado. Nunca se pintaban las paredes, el somier de nuestra cama hacía un ruido infernal y mejor no tocar el interruptor del lavabo porque podías morir electrocutado. A Maria le encantaba la playa, nadaba mucho y con gran estilo, y en cambio Albert a veces no venía o se sentaba en una de las escasas sombras.

Recuerdo a Franco Bombelli, italosuizo, que era todo un personaje. Yo tenía lo que los franceses llaman un *«faible»* por él. Elegantísimo, discreto al máximo, muy serio y meticuloso, parecía a primera vista muy distante y casi antipático, pero no lo era. También parecía estar por encima de todo y ser un flemático, pero los homenajes que el Reina Sofía y el Museu d'Art Contemporani de Barcelona (MACBA) le hicieron en 2004 revelaron su frenética actividad, que solo los íntimos conocíamos.

Era reservado y creo que muy pocas veces lo vi reír, aunque sí sonreír ligeramente con una fina ironía. Estudió arquitectura en Milán, fue apresado por los alemanes en la Segunda Guerra Mundial, logró huir y entró en Suiza como refugiado militar. Allí continuó estudios de Arquitectura en Zúrich y más tarde, con Max Bill, trabajó en el plan Marshall organizando exposiciones por toda Europa. Así conoció al arquitecto Peter Harnden, con quien pasó a colaborar en su estudio, y en 1962 se trasladaron ambos a Barcelona y empezaron a frecuentar Cadaqués, que les fue recomendado por Coderch. Con la muerte de Harnden en 1971, Bombelli abrió su galería, sin dejar de ser arquitecto. Las mejores casas de Cadaqués, por su racionalidad, adecuación al entorno y elegancia son las de ambos, además de las de Coderch.

En 1979 hizo una exposición de Duchamp —de la que no vendió nada— y para quien fabricó los *Bouche-éviers,* unos tapones de bañera inventados por el artista como «medalla artística», encargada por la Sociedad Internacional de Coleccionistas de Nueva York. Bombelli quería difundir el arte concreto en España, pero amplió sus exposiciones a muchos otros estilos. Y lo amplió con grandes nombres: recuerdo las de Richard Hamilton, gran amigo suyo, que llegó a comprarse una ruina junto a la iglesia del pueblo. El iniciador del *pop art* hizo una exposición con Dieter Roth en la que editaron un disco con los ladridos de un perro local, y recuerdo otra que no gustó absolutamente a nadie, y que nos dejó a Maria Girona y a mí boquiabiertas, porque Hamilton pintaba puestas de sol muy cursis con un gran excremento en primer plano, o bien un ramo de flores muy *kitsch* con un rollo de papel higiénico delante. Era algo así como «y ahora verán el no-va-más», y Franco Bombelli, tan impávido como siempre, colgó todas aquellas pinturas en su galería. Organizó la caótica y muy divertida *Flauta i trampolí,* una acción de Miralda (1981) donde había erizos y vino moscatel y donde Jean-Pierre Rampal tocaba la flauta desde el balcón del Ayuntamiento para que le siguieran los espectadores, cual flautista de Hamelín. Porque también colaboró con su amigo Jordi Roch en el Festival de Música de Cadaqués, al que vino el mismísimo John Cage en 1982.

Todos los veranos Bombelli acudía a casa Ràfols a escoger obra tanto de Albert como de Maria para la siguiente exposición en su sala. Tuvo el gran acierto de exponer también, junto a Duchamp, Hamilton, Max Bill, Bruno Munari o François Morellet a artistas españoles como Antoni Tàpies, Carlos Pazos, Sílvia Gubern, Eduardo Arroyo, Fina Miralles y tantos otros. Al acabar la inauguración íbamos a cenar al Barroco o a otro restaurante, y en una ocasión me tocó estar sentada junto a Max Bill. ¡Max Bill, que había estado en la Bauhaus junto a Klee y Kandinski! Lo recuerdo serio pero afable y cuando vuelvo a ver sus obras reconozco el extraordinario pintor y diseñador que fue.

A Bombelli lo seguí viendo hasta su muerte y un buen día me contó, en 2007, que había prestado la famosa *Boîte en valise* de Duchamp a la Fundació Miró para una exposición y que se la devolvieron con la mitad de las cosas perdidas (o robadas, claro). Como habían tardado demasiado en reclamar le dijeron que ya no podía protestar. Acabó vendiéndola a la Tate Gallery por poco dinero, para completar la que poseía la Tate y que estaba un poco estropeada.

En Cadaqués también veíamos mucho a los Todó, Paco y su segunda mujer, Isabel Garriga, ambos pintores. Paco se paseaba con su sombrero de paja, su cesto al hombro, sus chalecos y su total bonhomía. Era muy simpático y seductor. Tras una etapa en que se hizo muy famoso por la representación de máquinas y entornos industriales, en los años cincuenta, pasó a pintar unos bodegones sutilísimos, con tonos pastel y formas estilizadas y ligeramente geometrizadas que revelaban un gran orden compositivo.

1. Mis abuelos. Montserrat Trias de Bes y Santiago Dexeus Font, hacia 1920. (Archivo personal de la autora.)

2. Maria Baguer Pujals, mi tatarabuela materna (Tossa de Mar, 1843-Barcelona, 1869). (Archivo personal de la autora.)

3. Lali Dexeus, Montserrat Dexeus y Rosa Dexeus. Tía Lali fue atropellada en San Sebastián durante la Guerra Civil, una tragedia familiar. (Archivo personal de la autora.)

4. Mis padres, el día de su boda, en 1946. Se casaron en la iglesia de Sant Just i Pastor. (Archivo personal de la autora.)

5. Mi abuelo Santiago Dexeus Font, excelente ginecólogo, francófilo y *bon vivant,* en 1941. (Archivo personal de la autora.)

6. Joan Sardà Dexeus, primo de mi madre, destacado economista e impulsor del Plan Nacional de Estabilización Económica de 1959. (Archivo personal de la autora.)

7. Joan Sardà Dexeus, Maria Carreras y Jep Carreras, el aviador que se alistó en la RAF y trasladó a Winston Churchill a la reunión de Yalta. (Archivo personal de la autora.)

8. Todos los Dexeus y sus cónyuges más el doctor Fontoira, que estaba de visita. Arriba, de izquierda a derecha: Josep Maria Dexeus, Emilio Carles-Tolrà, Pepa Sampere, Joan de Deu Dexeus, Charo García-Verde, Emilio Combalía, Maria Rosa Dexeus, doctor Fontoira, Santiago Dexeus. Abajo, de izquierda a derecha: Ana Maria Madí, Montserrat Trias de Bes, Santiago Dexeus Font, Montserrat Dexeus. (Archivo personal de la autora.)

9. En 1955, peinando con mucha afición a mi muñeca. (Archivo personal de la autora.)

10. En Tossa de Mar, a mis cinco años. Amante de la playa desde siempre. El traje de baño era precioso, pero picaba. (Archivo personal de la autora.)

11. Las tres hermanas, Lali, Victoria y Elena Combalía a la entrada del llamado «ping pong» en Tossa de Mar, hacia 1958. (Archivo personal de la autora.)

12. La Casa Dexeus en la calle Flechas Azules, hoy calle pintora Lola Bech, en Tossa de Mar, años cincuenta. (Archivo personal de la autora.)

13. Con Tere Font haciendo el Servicio Social, en 1968, en el Palacio de Avellaneda, en Peñaranda de Duero. Nos obligaban a hacer marchas con unos ridículos bombachos, y nos prevenían contra los peligros «del demonio meridiano». (Archivo personal de la autora.)

14. Con Maria del Mar Bonet, Guillermo (Mito) Díaz-Plaja y Pedro Garrido, en septiembre de 1971. Era una excursión a la Rioja en uno de nuestros viajes a Madrid. (Archivo personal de la autora.)

15. Pau Maragall en la Casa Fullà, en Barcelona, calle Génova, 23-27. Año 1972. En el edificio también resideron Víctor Jou, Xavier Sust, Pau Maragall, Ana Briongos, Francesc Bellmunt, Josep Maria Rovira, Àngel Jové, Carmina Roig y Mercè Coll, entre otros. (Archivo personal de la autora.)

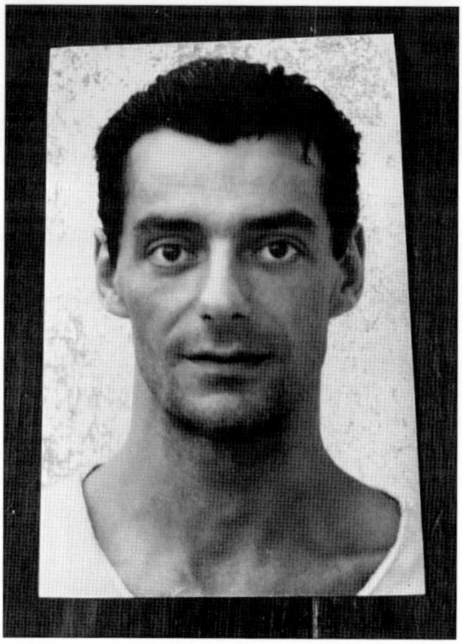

16. Ángel Bofarull, gran amigo. (Archivo personal de la autora.)

17. En Londres en 1972, con poco dinero, pero con ganas de descubrir la cultura europea. (Archivo personal de la autora.)

18. En Cadaqués, años setenta, un lugar al que vuelvo todos los años. (Archivo personal de la autora.)

19. Con Helena Valentí, su marido y Miguel Briongos en Cadaqués, Navidad de 1972. (Archivo personal de la autora.)

20. Con Miguel Briongos en Nueva York, 1979. Llegamos separados, pero seguimos siendo amigos. (Archivo personal de la autora.)

21. Con Maria Girona en Londres, julio de 1983. Fuimos con Albert Ràfols y Àngel Vilalta, y nos encontramos con Tomàs Llorens. (Archivo personal de la autora.)

22. Junto a Pau Maragall en un lago de Afganistán. En 1974 aún era posible bañarse en bikini en aquel país sin miedo a los talibanes. (Archivo personal de la autora.)

23. En Nueva York, 1981. El pintor Xano Armenter heredó la «magnífica» televisión que se ve detrás. En aquella ciudad empecé mi tesis sobre Courbet y la Modernidad. (Archivo personal de la autora.)

24. Paseando por Barcelona con la pintora Dorothea Tanning, viuda de Max Ernst, en septiembre de 1985. (Archivo personal de la autora.)

Escribir, enseñar, participar

La crítica de arte

Cuando me di cuenta de que nunca sería una buena artista, trasladé mi interés a la historia del arte. Pero el contacto con Maria Lluïsa Borràs influyó en mi decisión de escribir crítica de arte. Entonces era una profesión mejor pagada que ahora y bien considerada. Los críticos de arte de la época, a principios de los años setenta, solían utilizar un lenguaje abarrocado, excesivamente literario o lleno de anécdotas, tanto personales como del artista que comentaban. Obviamente había críticos correctísimos en Cataluña, como Sebastià Gasch o Joan Teixidor —que escribían en la revista *Destino*—, Pepe Corredor Matheos o Cesáreo Rodríguez-Aguilera, mientras en el resto de España las figuras históricas de la historia y crítica de arte eran Juan Antonio Gaya Nuño, Enrique Lafuente Ferrari y Josep Gudiol. Un poco más joven era Santiago Amón, que escribió en la primera época de *El País* y que podía ser ácido, como cuando dijo de unos pintores del Supports/Surface francés que mostraban «una sencillez ejemplar, rayana en lección de párvulos» (en 1977). Los críticos que yo recuerdo conservadores en sus juicios y en su lenguaje eran Fernando Gutiérrez, que escribía en *La Vanguardia,* y Ángel Marsá. Gutiérrez decía sobre Miró: «Tal como lo haría un niño...», y hablaba de «intrínsecas esencias» en sus críticas. En cuanto a Ángel Marsá, parece que de joven fue lerrouxista; ejerció de periodista y crítico de arte en *El Correo Catalán* y murió en 1988. Joan Uriach me recuerda la figura de Alberto del Castillo, que escribía en el *Diario de Barcelona* y que «tenía infinidad de enemigos». Lo rememoro como temido por todos y nada afable.

Pero un poco después aparecieron Valeriano Bozal, que en 1966 había publicado *El realismo, entre el desarrollo y el subdesarrollo,* Vicente Aguilera Cerni, que apoyaba el grupo Estampa Popular, un arte reproducible y de denuncia social, y Tomàs Llorens, que, además de apoyar la Estampa Popular de Valencia, era el teórico del grupo Equipo Crónica de Manolo Valdés y Rafael Solbes, así como Rafael Santos Torroella, que defendía a Arranz Bravo y Bartolozzi. Bozal, Llorens y Aguilera Cerni (y Moreno Galván en las páginas de *Triunfo)* practicaban una crítica de arte que pretendía superar el formalismo de la crítica anglosajona y situar a la obra de arte en su contexto político-social, con una metodología muy influida por el marxismo. Porque era el momento en que se leía a Giulio Carlo Argan, Mario de Micheli y la *Estética* de Adolfo Sánchez Vázquez. Alexandre Cirici más tarde se deslumbró con el estructuralismo, prologó el libro de Gillo Dorfles *Símbolo, comunicación y consumo* y sus artículos en *Serra d'Or* siempre seguían lo más novedoso del arte del momento. Yo tenía un concepto ambivalente sobre la metodología de Cirici: por una parte apreciaba su estar al día y su apoyo decidido a los artistas más jóvenes —el grupo llamado «del Jardín del Maduixer» (Antoni Llena, Sílvia Gubern, Jordi Galí y Àngel Jové)—, el grupo de catalanes en París (Miralda, Rabascall, Benet Rossell, Xifra) o los conceptuales catalanes. Pero yo también comentaba que en ocasiones emitía juicios estrambóticos, como cuando decía que una obra con una materia rugosa y ocre de Tàpies le sugería «el sexo de una mujer vieja».

Aproximadamente a principios de los años setenta aparecieron Juan Antonio Ramírez, Jaime Brihuega, Ángel González García, Quico (Francisco) Rivas, Trinidad Simó en arquitectura, mis compañeras Alícia Suàrez y Mercè Vidal, Joaquim Dolç, Rosa Queralt, Juan Manuel Bonet, Francisco Calvo Serraller y Fernando Huici, Daniel Giralt-Miracle, Francesc Miralles y yo misma, que pretendía hacer una crítica más inteligible, menos barroca y más didáctica que la de nuestros antecesores.

Vidal, Suàrez, Canyellas y Borrajo formaron el grupo G-4, que publicó en *Serra d'Or* unos textos muy críticos. Eran alumnos de último curso de carrera de Historia del Arte. En los años setenta había más espacio para la crítica de arte. Por un lado existían bastantes revistas culturales: *Triunfo,* donde escribía Moreno Galván; las ya citadas *Destino* y *Serra d'Or, Cuadernos para el Diálogo, Cambio 16...* Y por otro, apareció un aluvión de revistas especializadas en arte: ya había existido, en los sesenta, la muy moderna *Suma y Sigue del Arte Contemporáneo,* dirigida por Vicente Aguilera Cerni (1962), y más tarde aparecieron *Gazeta del Arte* (Madrid, 1973), *Batik,* dirigida por Daniel Giralt-Miracle (Barcelona, 1975), *Artes Plásticas* (Barcelona, 1975), *Estudios Pro Arte,* dirigida por Francesc Miralles (Barcelona, 1975), *Guadalimar,* dirigida por Miguel Fernández Braso (Madrid, 1975), *Artil·lugi* (codirigida por Alícia Suàrez, Mercè Vidal y yo misma, 1977) y *Cimal,* dirigida por Vicente Aguilera Cerni (Valencia, 1979). De repente un joven crítico podía escribir en cinco o seis sitios. No se pagaba mal y el crítico tenía muchas más oportunidades de manifestar su opinión. Porque también empezaron a hacerse catálogos con textos remunerados. La función del comisario de exposiciones o *curator* no surgió, propiamente dicho, hasta los años ochenta. Hubo artistas que organizaron muestras (Ràfols-Casamada organizó la exposición titulada *Adlan* en el Colegio de Arquitectos, Jordi Pablo organizó *Objecte* en la Fundació Miró de Barcelona), pero fueron casos muy concretos.

Los dos críticos que ejercían en Madrid y de los cuales se puede decir que fui amiga, no solo colega profesional, fueron Quico Rivas y Ángel González. Quico Rivas inició su andadura crítica en Sevilla, con tan solo dieciséis años, y organizó, junto a Juan Manuel Bonet, el Equipo Múltiple y el Centro de Arte Contemporáneo M 11. Aunque yo no lo supe nunca, era conde de la Salceda, pero él jugaba a ser, o realmente era, un rebelde, con una vida que él mismo llamaba «de mala fama», supongo que a causa de sus múltiples adicciones, de sus huidas y de su vida bohemia, que por otro lado no dejaba de ser bastante de dandi. A veces lo abandonaba todo para irse largas temporadas a Grazalema, a La Palma en las Islas Canarias, a Formentor en Mallorca, y últimamente a L'Escala (Girona), al final de su vida, cuando lo volví a ver. Escribió en *El País* y en *Abc.* Y sobre todo textos y prólogos sobre los artistas de su predilección, básicamente los de la nueva figuración madrileña, con un lenguaje literario, a veces muy poético y a veces con mucho sentido del humor. Pongamos por caso una línea que he cogido al vuelo sobre una pintura de Julio Juste titulada *Las Vegas:* «Charo Baeza y Zulema, los ríos de neón y los ríos de Granada, cármenes y ruletas, la voz y el agua haciendo juego, verde contra verde, golpe a golpe, copa a copa, electricidad mineralizada». Yo estaba en las antípodas de esta manera de escribir, pero no por ello dejaba de admirarlo y le tenía cariño, a pesar de que a veces podía ser un poco agresivo o cortante, aunque no conmigo. Tenía unos ojos un poco estrábicos, creo que se tatuó una rosa y tengo un precioso dibujo hecho por Luis Frangella donde se nos ve a los dos cenando en el restaurante Amaya de las Ramblas barcelonesas. Montó dos bares de gran predicamento en Madrid: Las Cuatro Rosas y La Mala Fama. Antes de morir estaba interesado en organizar una exposición sobre el sistema penitenciario y me vino a ver para que lo ayudara en este proyecto. Murió con tan solo cincuenta y cinco años de edad.

Ángel González era más cariñoso, me llamaba Vickilina y nos vimos más, especialmente en los años ochenta. Tuvo una hija con la crítica de arte María Escribano, pero yo ya lo conocí con María Vela, guapa y muy sofisticada. Era, se dice, un excelente profesor en la Universidad Complutense de Madrid, aunque algunos amigos me hablaban de sus largos silencios y de que nunca se ceñía al tema que tocaba, pero su saber era muy amplio, así que seguro que sus alumnos algo aprendieron con él de arte y de artistas. Aunque tenía fama de ágrafo, escribió en *El País* y *Cambio 16,* y sobre todo sobre los pintores amigos de la figuración madrileña y también sobre Carlos Pazos, con quien le unía una buena amistad.

En los setenta inicié amistades que han durado toda la vida: además de los del grupo «de París», están Amat, Pazos, Francesc Torres y Carmen Calvo. Fue en noviembre de 1971 cuando Frederic Amat presentó sus *Capses per obrir, capses per tancar,* en la galería Aquitania de Barcelona, situada en el vestíbulo del cine del mismo nombre. Allí nos reencontramos, yo tomando notas, tal vez para alguna clase, y él como artista montando su exposición. Habíamos ido al mismo colegio, Betania/Patmos, él a Patmos, claro está, pues esta era la sección de chicos, a los que por cierto solo veíamos en las visitas culturales. «¿Qué haces tú aquí?», me preguntó: «Pues yo empiezo a hacer crítica de arte», le dije y entonces nació una amistad y complicidad que dura hasta hoy. Allí expuso unas cajas con objetos dentro (unas gafas, una cremallera, un puñado de arena, maíz...), y además fue él quien promovió una serie de actividades tituladas *Formes al carrer,* con intervenciones del humorista Perich, de Àngel Jové, de Sílvia Gubern, quien puso al bedel de Bellas Artes pintado de purpurina y encerrado en un cubo de cristal con el título de *Memoria del burócrata desconocido,* de Jordi Benito, que colocó trozos de carbón sobre los pasos cebra para desorientar al transeúnte, y de Garcia Sevilla, quien escribió en el suelo «*Art és just un mot*» («Arte es solo una palabra»). También participaron Antoni Muntadas, Miquel Cunyat, María Teresa Codina, Alicia Fingerhut y Viladecans, entre otros artistas. Tenía mucho mérito, porque en aquellos años conseguir permisos para hacer actividades en la calle no era tan fácil. A la queja de algunos vecinos se contraponía el entusiasmo del público joven, en el que yo me encontraba. Manolo Vázquez Montalbán hizo una crónica en *Triunfo,* bastante elogiosa y sugiriendo que el arte del futuro ya no pasaría por galerías ni por compras: su vaticinio tan solo se ha cumplido en parte, pues el mercado de arte bajo el supercapitalismo está en pleno auge especulativo.

Antes, en 1970, Frederic ya había expuesto en la librería Trilce, que estaba en el pasaje José Llovera 5, entre Muntaner y Aribau, presentado por mi antiguo profesor y crítico literario Salvador Clotas. Allí el espectador, tras abrirse paso a través de una gran cantidad de globos negros, contemplaba unos dibujos del artista.

Después, en 1972, Frederic expuso en la Petite Galerie de Lleida ocho camisetas enormes y en la galería Redor de Madrid otras cajas, un gran plato con ceniza, pollos en una alambrada y unas telas. Luego siguió exponiendo con muchísimo éxito, siendo calificado incluso como joven Tàpies. Y de hecho sus primeros textos están impregnados de ideas muy tapianas: «La camiseta como símbolo de la intimidad (...) el trabajo, el sudor, la suciedad. La sensualidad, el amor. La tierra, el hombre. Rojo con olor de sufrimiento, de sangre, de lucha diaria, de esperanza, de guerra».

Su vertiente experimental le hizo colaborar, como ya he mencionado, con el bailarín Cesc Gelabert, y en 1973 hizo la *Acció zero,* con música de Andrés Lewin-Richter, que se repitió en 1976 en la sala Vinçon y en el Grand Palais de París, y así nacería una colaboración entre ambos que duró muchos años. En el número 1 de la revista *Ajoblanco* (de octubre de 1974), donde escribían Quim Monzó, María José Ragué o Claudi Montañá, le dediqué un larguísimo artículo, que en la revista apareció firmado como Viqui Combalía (¡!).

En aquellos años realizaba sus *Draps* (Trapos), telas teñidas con pigmentos naturales y atravesadas por palos y su éxito era espectacular, por lo novedoso de los materiales y formas. Los *Draps* evocaban personajes esquemáticos, grotescos, en ocasiones con elementos simbólicos, reales o dibujados, como una serpiente, una piedra, un pez. Durante el servicio militar en Ceuta convivió con el arte popular africano, y más tarde, al vivir en Oaxaca, el arte mexicano le influyó profunda y positivamente. La vida, la muerte, el sexo y el ritual eran y son los grandes temas de su obra.

También en aquella época conocí a Carmen Calvo: sería a principios de los setenta porque sé que cuando Fernando Vijande me pidió que le presentara a artistas jóvenes, viajamos a Valencia a ver a Carmen y a Miquel Navarro. Carmen es como una chica Almodóvar y es listísima y con una capacidad de trabajo fuera de lo común. Es apasionada, muy extravertida y tiene sentido del humor. Verla y charlar con ella es como asistir a una obra de teatro (de hecho, me contó que fue actriz cuando era muy joven), solo que ahora nada es fingido, en especial cuando se siente desbordada por ser una mujer sola luchando contra viento y marea, que es lo que es. Seguimos viéndonos con frecuencia y la escogí para el Pabellón español de la Bienal de Venecia, que comisarié, en 1997. Un día comimos juntas en Barcelona y le faltaba mucho tiempo para ir a la estación de tren y le dije al acompañarla: «Pero ¿qué harás tanto rato esperando?». «Mirar a la gente», me respondió, y aquello me encantó. Carmen, tras su etapa de trabajo con el barro cortado en pequeños segmentos, ha realizado muchos objetos, pero también ha manipulado fotografías, especialmente de los años cuarenta, cincuenta y sesenta en España. Los arquetipos de hombres y mujeres de la España de la posguerra son escrutados y manipulados por Carmen con una mirada muy crítica, no exenta de humor negro hacia la represión de la época y sus patrones de comportamiento.

Los Encuentros de Pamplona

En el verano de 1972 tuvieron lugar los Encuentros de Pamplona, un festival multicultural que incluyó vídeos, acciones, conciertos, películas, arte público e incluso danzas tradicionales como las de Kerala en la India y las del País Vasco. Estaban organizados por el grupo Alea (Luis de Pablo y José Luis Alexanco) y financiadas por la familia Huarte. Allí fui con Miguel y Ana Díaz-Plaja y allá nos encontramos con Ferran Garcia Sevilla, y con los Pérez-Mínguez de Madrid. Participaron creadores nacionales, como el grupo ZAJ, Jordi Pablo, Francesc Torres, e internacionales tan notables como John Cage, Steve Reich, Martial Raysse y Dennis Oppenheim. También hubo cine de las vanguardias históricas y experimental, programado con la colaboración de Henri Langlois, desde Dziga Vértov hasta John Latham, Philippe Garrel y Martial Raysse. La cúpula del arquitecto José María Prada Poole, una estructura neumática muy innovadora para la época, se desinfló. Se paró el ventilador que la hacía funcionar y se derrumbó sobre unos cables que la rompieron. Pero mis recuerdos más vívidos, apuntados en mi agenda, fueron que pude ver por primera vez las películas de Man Ray, un film de On Kawara, un film de Godard, otro de cine soviético, otro de Dennis Oppenheim, y un coloquio que me pareció, a decir verdad, caótico. También me impresionó el grupo Generación Automática de Formas Plásticas y Sonoras, y la obra del Equipo Crónica en la que se veía a unos hombres de papel maché como espectadores anónimos, señores de gris con bigotito, una ironía sobre el hombre común bastante parecido al típico funcionario franquista. El catálogo, con sus páginas desplegables, era tan radical y novedoso como las propias actividades programadas. ETA era contraria a este evento no solo por estar patrocinado por la familia Huarte, sino también por considerar que no se tenía que invitar a artistas internacionales, sino vascos. Había rumores de un posible atentado, y Pepe Corredor Matheos cuenta en sus memorias que horas antes de la inauguración se produjo la explosión de una bomba junto al monumento del general Sanjurjo y que el mismo día explotó otro artefacto cerca del Gobierno Civil. Algunos actos se prohibieron por miedo a desórdenes y todo eran rumores sobre lo que estaba autorizado o no debido a la difícil situación política del momento. Al regresar, escribí una pequeña reseña.

Cuando se organizó una exposición conmemorativa del evento, en el Centro de Arte Reina Sofía, en 2010, sus responsables escribieron que los Encuentros se organizaron «justo en el momento en que los movimientos de vanguardia más radicalizados comenzaban a perder su credibilidad». Esto no es cierto. Empezaba el arte conceptual en Cataluña y, tímidamente, en el resto de España y cuya vigencia, llamémosle, radical, duró aproximadamente hasta 1976.

La Documenta de 1972

También en 1972 acudí a la Documenta de Kassel, el acontecimiento artístico más importante junto a la Bienal de Venecia. En aquella época, y hasta hace poco, lo que se mostraba en Kassel marcaba tendencia y la elección de su director, por tanto, era importantísima. En la de 1972 el director fue el prestigioso Harald Szeemann, quien editó para la ocasión un voluminoso catálogo de cuatro kilos de peso e idéntico peso teórico. La Documenta dio una gran relevancia a dos corrientes opuestas: el hiperrealismo y el arte conceptual. Pero también —algo muy propio del gusto de Szeemann— indagó sobre el concepto de realidad y las imágenes con las que convivimos diariamente, sean estas la publicidad, los cómics, el *kitsch,* las portadas de revistas, la pornografía, la imaginería religiosa y los signos convencionales (banderas, señales, sellos, billetes). Otras secciones estaban llenas de interés, como las dedicadas al arte producido por los enfermos mentales, los *outsiders* y los niños. Y otra, titulada *Mitologías individuales,* mostraba el arte menos clasificable de creadores tan destacados como Joseph Beuys, Lucas Samaras, Panamarenko o Claes Oldenburg, quien se inventó el llamado *Museo ratón,* con la forma de Mickey. Allí fue la sola y única vez en que vi de cerca a Joseph Beuys, con su famoso chaleco y su famoso sombrero y tan carismático como en las fotografías. En aquellos momentos era considerado el dios del arte de acciones y conceptual.

Al volver escribí una serie de cuatro artículos para *La Vanguardia* que ocupaban toda una página del entonces enorme periódico y que iban acompañados de numerosas ilustraciones. En realidad, estos artículos fueron el pistoletazo de salida de mi carrera de crítica de arte, a los que siguieron otros en el mismo periódico y en revistas especializadas. También en 1972, en el n.º 4 de la revista *Comunicación*, publiqué, como ya he mencionado, con Ana Díaz-Plaja un largo artículo titulado «El *kitsch* y la moral del español», un concepto acuñado por Hermann Broch y estudiado, entre otros, por Abraham Moles y del cual nos había hablado nuestro admirado profesor Xavier Rubert de Ventós. Nosotros lo aplicamos a la moral, a actitudes y gestos de la vida cotidiana, distinguiendo entre la cultura de masas y la de élite, y encontrando fenómenos *kitsch* en todas ellas.

En 1974 empecé a colaborar en la revista *Batik*, dirigida por Daniel Giralt-Miracle, que era una publicación pequeñísima, modesta y totalmente ecléctica, pero era de lo poco que se publicaba sobre arte en Cataluña. Igual se reseñaba a un pintor de bodegones, desnudos y floreros que mis textos sobre arte conceptual, y en sus páginas muchos críticos de arte dieron sus primeros pasos. Incluso Tomàs Llorens, el mejor teórico de la época, publicó en *Batik*. Sobre todo envié muchas crónicas desde París, donde viví, como he dicho, en 1975-1976, y donde pude ver exposiciones de Mayakovski, Sol LeWitt, Beuys, Andy Warhol o Frank Stella, entre otros. Incluso escribí un artículo titulado «Dónde se puede ver arte conceptual en París» (citaba las galerías Yvon Lambert, Sonnabend, Eric Fabre, Bama y Daniel Templon). Siempre me gustó la idea de difundir el arte español en el extranjero y también acercar el arte internacional a nuestro país. Claro que mis medios eran poquísimos comparados con los directores de museo o con el panorama global de nuestros días, pero en los años setenta nuestro país estaba muy encerrado en sí mismo y yo pretendía, al menos, hablar de corrientes artísticas foráneas poco conocidas aquí. En realidad, lo que siempre pretendí con la crítica de arte fue acercar e interpretar el arte para un público amplio con un lenguaje claro y preciso, liberándolo del barroquismo de la crítica española tradicional. Tampoco, aunque leyera a sus autores, seguía la escuela francesa de los años setenta, tan influida por el estructuralismo y el psicoanálisis. Mis influencias habían sido inglesas y norteamericanas y a vuela pluma se me ocurren nombres tan clásicos como Ernst Gombrich, Herbert Read, Kenneth Clark, Meyer Schapiro en la historia del arte, o Peter Schjeldahl y Robert Hugues en la crítica.

Enseñar: Bellas Artes

Cuando acabé la carrera, en 1974, empecé a dar clases, básicamente para ganarme la vida, pues en 1972 había huido del domicilio familiar. El primer invierno comencé en la escuela Massana, de donde no tengo apenas recuerdos más que de algunos amables profesores. La Massana hasta entonces solía imponer o influir en los alumnos en un estilo que ya llamábamos «massanero», que era de una modernidad muy tibia. Pero ya Gerard Sala dio unas clases en las que se aceptaba todo tipo de materiales, además de la pintura, y otros profesores abrieron una vía más plural y contemporánea. Y en 1974 también empecé a enseñar en Bellas Artes, donde pasaría toda mi vida laboral (treinta y nueve años) como docente. Entré a dar clases en Bellas Artes, a los veintidós años, invitada por José Milicua, para compartir el curso con un sacerdote, que se llamaba Camprubí, que resultó ser el hermano del famoso humorista Joan Capri y que venía poco a dar sus lecciones. Recuerdo al cura como alguien muy vital y expresivo, sobre todo un día en que nos trajo una escultura africana que representaba a una mujer con los senos puntiagudos y unas nalgas protuberantes y cómo él exclamaba frases de gran admiración, cogiéndola y casi acariciándola: «¡Qué belleza, qué volúmenes, que extraordinaria plasticidad!», decía. El cura impartía una asignatura titulada Historia del Arte Antiguo y Ropaje, y los alumnos debieron de quedarse bastante sorprendidos con mi presencia, porque yo entré explicando el arte conceptual, del cual muy pocos habrían oído hablar en 1974, ya que la facultad era entonces bastante académica.

Algunos alumnos me han contado que corrió la voz de que había llegado una profesora «muy moderna»: así que los que no estaban apuntados a mi asignatura entreabrían la puerta del aula para escuchar lo que yo contaba y se iban turnando en aquel pequeño espacio de escucha. Parece que pasaron de tener que copiar un bodegón con dos manzanas y una botella, o bien un florero y otras cuatro frutas, a ver —en diapositivas—obras de *arte povera*, en una de las cuales, por ejemplo, solo aparecían unos caballos vivos dentro del espacio de una galería de arte, una obra que Jannis Kounellis había hecho en la galería L'Attico de Roma en 1969. Alucinaban. Las clases de los profesores teóricos eran magistrales, aunque cuando tuve que impartir, muchos años después, diversos másters de crítica de arte, con grupos de tan solo entre diez y veinte alumnos, íbamos a ver exposiciones, y como trabajo requerido les hacía «inventar» una exposición ideal: ideal en cuanto a presupuesto, temas, lugares y préstamos obtenidos (lo más difícil de obtener en las grandes muestras). Esto ya sucedió cuando la escuela se convirtió en facultad y nuestro departamento de Historia del Arte se integró al de la Universidad de Barcelona (UB), donde los de Bellas Artes siempre fuimos considerados como el «pariente pobre».

Bellas Artes no ofrecía ningún tipo de prestigio, era la escuela de Bellas Artes —no tenía aún rango universitario—, pero era una forma de ganarse la vida, y yo necesitaba aquel sueldo fijo. Nunca me lo tomé como un trampolín profesional ni quise hacer «carrera universitaria» porque Bellas Artes tenía muchos aspectos positivos, pero carecía de medios y era un tanto caótica. El aspecto fundamental para mí era la presencia casi cotidiana de José Milicua, que se convirtió así en amigo, compañero y colega, y de cuyos saberes aprendí con enorme entusiasmo e interés hasta el final de su vida.

El lado negativo de la facultad, y de toda nuestra universidad, al menos en aquellos años, era que, de hecho, no querían a gente que operara en el mundo real: se constituía como un coto cerrado donde los escalafones se conseguían a base de hacer pasillos y confabularse para el reparto de poderes. No importaba que se publicara ni que se consiguieran grandes méritos en otras instituciones; no se deseaba tampoco gente con mentalidad abierta y emprendedora, que conectara con la sociedad civil, sino al revés, se solían boicotear aquellos intentos. Al avanzar el nuevo siglo la burocracia se hizo abrumadora; tanto es así que muchos de nosotros decidimos adelantar la jubilación (tras treinta y nueve años de docencia pensé que ya merecía un descanso). En los últimos años se pedían publicaciones, pero valía más puntos un texto publicado en una revista local pero indexada que un ensayo en una revista norteamericana de difusión no estrictamente académica.

El edificio de Bellas Artes era feo y banal, y se alzaba en la zona universitaria, en la calle Pau Gargallo. Nuestro departamento de Historia del Arte era un despacho de menos de treinta metros cuadrados, donde durante muchos años convivíamos apretujados unos catorce profesores. Si a alguien le daba por pasar dos veces la mano por el respaldo tapizado de su asiento, cubierto por una mugre acumulada durante veinte años, se arriesgaba a ir al hospital por intoxicación fulminante. No había más que un ordenador para todos, y esto hasta 2006 o 2007. En aquellos tiempos, mirando aquel despacho, pensaba que en Rusia debían de estar en condiciones similares y que los artistas modernísimos y contemporáneos fotografiaban aquellos entornos sórdidos o desconchados de colegios, iglesias, casas compartidas... presentando con gran éxito sus fotografías en las ferias de arte de todo el mundo. ¿Por qué no fotografiar, pues, esta Escuela de Arte de Barcelona, la ciudad de los Juegos Olímpicos y del Fórum de las Culturas? De hecho, antes de jubilarme fotografié los lavabos y sobre todo el parking, un lodazal cuando llovía con intensidad. Cuando nos trasladaron a unos nuevos despachos —ya con un ordenador para cada dos profesores—, teníamos otra curiosidad: ver a las prostitutas, en su mayoría transexuales, que hacían la calle muchos días a la semana, muy maquilladas y con sus shorts y grandes tacones, arriba y abajo y dirigiéndose a los coches con gran gracejo: «¡Hola, cariño!, ¿me subo?».

Recuerdo dar clases en invierno con el abrigo puesto y, luego, desde mediados de mayo hasta los exámenes de junio, medio desmayada a causa del calor, periodo durante el que decidí repartir botellines de agua porque aquellos pobres chicos y chicas escribiendo su tema en un aula-horno me daban bastante pena. Supongo que hoy en día, con los métodos pedagógicos modernos y la puntuación por trabajos, estas escenas ya no se repiten tanto, al menos en mi facultad. Pero Bellas Artes tenía su gracia: la principal para mí era que sus alumnos, al principio de mi docencia allí, querían ser artistas y la escuela poseía por tanto un ambiente similar al de ciertas escuelas de arte extranjeras, con su material humano cálido y motivado, así como cierta improvisación y laxitud en las normas. En la nuestra, de hecho, en los años setenta, podía incluso hablarse de un poco de descontrol, ya que había profesores de prácticas que acudían muy de vez en cuando a dar clase y nadie les decía nada. Yo prefería mil veces aquel ambiente un poco bohemio al universitario estricto, y de hecho he tenido alumnos que después han sido muy buenos artistas: Eulàlia Valldosera, Begoña Egurbide, Ignasi Aballí, Ramiro Fernández Saus, Blanca Casas Brullet, Ester Partegàs y tantos otros con buenas trayectorias. Algunos, con los años, se han convertido en directores de museo o de instituciones culturales, como Carles Guerra o Ferran Barenblit. De algún otro, posterior, he sido amiga, como Erik Harley o Dessislava Pirinchieva. La naturaleza de los alumnos, con el paso del tiempo, fue cambiando, y ya solo eran un diez por ciento los que querían ser artistas: lo fui comprobando mediante una encuesta que realizaba metódicamente cada inicio de curso preguntándoles qué querían ser en el futuro. Así comprobé cómo la palabra «artista» iba perdiendo, paulatinamente, lustre y sobre todo, confianza. Preguntados oralmente, respondían que tal vez se convertirían en diseñadores, *performers,* ilustradores..., como si la palabra «artista» les provocara ora miedo, ora desdén.

De esta primera época recuerdo a Alberto Cardín, profesor de Antropología, lamentablemente muerto a causa del sida.

En una asamblea me dijo, apoyados los dos en la pared y en la última fila, junto a la puerta de entrada de la enorme sala de actos: «Vicky, no sé qué tengo; estoy cansado, tengo escalofríos», y aunque entonces pensé que tan solo se trataba del inicio de una gripe, en realidad aquello fue el inicio de su enfermedad. Cardín era inteligentísimo, buen escritor y una persona dotada de una ironía feroz, aunque conmigo siempre fue muy amable e incluso dulce. Las asambleas eran caóticas y masivas, todo el mundo asistía y la gente se enfrentaba por diferencias ideológicas con grandes parrafadas. También se hacían muy largas y pesadas, de ahí que Cardín y yo siempre estuviéramos de pie y al final, para poder escapar al blablablá tantas veces inútil o de pura fanfarronería. Creo recordar que la gente fumaba, tanto los alumnos como los profesores, al menos en los primeros años de mi docencia. Francisco Caja, que después protagonizaría muchas polémicas sufriendo por la pervivencia del castellano en Cataluña, un buen día se pegó con otro profesor, Ricard Sala, sin saber que este era cinturón negro. No sé el motivo de la pelea, pero Caja acabó con la manga de la camisa arrancada, me cuentan.

La escuela cambió con el nombramiento de José Milicua como decano, cargo que ocupó de 1973 a 1976. Inició grandes reformas e invitó a grandes artistas —entonces bastante jóvenes— a impartir clases en la escuela. Así entraron Chancho, Xavier Grau, Ferran Garcia Sevilla, Susana Solano (que había sido alumna de la casa) y Hernández Pijuan, que acabó siendo decano, y un buen decano, también reformador de la escuela. Al convertirse en facultad, una ley obligaba a todos los profesores a ser doctores, lo cual era una injusticia para con los artistas, de quienes parece lógico que lo importante sea su obra y sus capacidades pedagógicas y no su competencia en escribir un texto de trescientas páginas. Entonces, unos cuantos lograron permanecer en la casa con tesis que giraban en torno a su producción plástica, realizadas muchas veces con ayuda de otros profesionales, y un buen número decidió marcharse, como sucedió con los artistas «famosos», de los cuales solo quedaron Chancho y Hernández Pijuan. Recuerdo anécdotas de las enseñanzas de Ferran Garcia Sevilla, de quien se decía que hacía llorar a algunos alumnos, y sin embargo la mitad de la clase lo adoraba, porque cambió drásticamente la visión que muchos tenían de su oficio y de su práctica.

Con la llegada de José Milicua como decano no había departamentos, como en la época en que ya se convirtió en universidad, pero él ideó las «opciones», que eran una alternativa para contratar a profesores externos y proponer asignaturas o actividades muy diferentes a las tradicionales. Así, dieron clases, además de los citados, Pep Roca-Sastre de pintura o Joan Fontcuberta de fotografía, mientras personalidades como Guinovart, Subirachs y Pérez Sánchez impartieron seminarios. Los intentos reformadores de José Milicua toparon con las fuerzas más retrógradas de la escuela, que le hicieron la vida imposible hasta que él lo dejó estar, cansado de tanto esfuerzo.

Tras una pausa de casi tres años, porque obtuve el puesto de Asesora de Artes Plásticas de la Comunidad de Madrid, volví a mis clases en Bellas Artes en 2007. Los alumnos estaban muy contentos con ellas, pero seguían sin leer un libro. Estaban muy atentos, pero eran poco participativos. Había cuarenta chicas y tan solo tres chicos. En un grupo de cuatrocientos setenta y seis todos querían ser restauradores, lo que es una tontería. ¿Cómo iba a haber trabajo para casi quinientos restauradores? También fue significativo que cuando ofrecí trabajo en una feria de arte (la futura Swab) solo se mostraron interesadas una estudiante búlgara y una norteamericana.

Pero de Bellas Artes me queda el recuerdo de buenos colegas: Alícia Suàrez y Mercè Vidal, Martí Peran y María José González en el departamento de Historia del Arte, Rosa Vives en el de Grabado, la simpatiquísima Rosa Agenjo en Pintura y Lino Cabezas en Dibujo.

EINA

En 1976 entré a dar clases en la escuela EINA, cuyas actividades seguía desde que conocí a Albert Ràfols-Casamada y Maria Girona, en 1972. Su fundación había sido un tanto rocambolesca, porque se debió a la dimisión, en 1966, de veintiséis profesores que impartían clases en la escuela Elisava. Esta había sido creada en 1961 por el crítico de arte Alexandre Cirici, el arquitecto Federico Correa y los artistas Albert Ràfols-Casamada, Maria Girona y Josep Maria Subirachs, a quienes se añadieron varios arquitectos, entre ellos Xavier Sust y Pep Alemany, así como los diseñadores Miguel Milá e Yves Zimmermann.

Pero surgieron discrepancias políticas con la entidad que los acogía, el CICF (Centro de Influencia Católica Femenina), que destituyó a Ràfols de su puesto de director por su participación en la Capuchinada, y que decidió expulsar a Román Gubern por haber recomendado la visión del film *Suspense,* de Jack Clayton. Entonces los profesores se solidarizaron y decidieron crear una nueva escuela: escogieron como sede una preciosa torre del final del modernismo construida por Rubió i Bellver en la falda de Vallvidrera. El nombre lo ideó Alexandre Cirici y el logotipo fue una creación de Juan Carlos Pérez Sánchez (luego llamado América Sánchez). Su ideario estaba muy influido por la pedagogía de la Bauhaus, es decir, que pretendía formar profesionales que resolvieran los problemas que presenta la conjunción del arte y la industria, pero con una sólida base humanística y crítica.

Por ello, además de las asignaturas de diseño industrial, el diseño gráfico y el de interiores, se impartían también materias de sociología, arte del siglo XX, urbanismo, literatura o cine. Entre el equipo profesoral de los primeros años figuraban Josep Maria Castellet, Manuel de Solà-Morales, Manuel Sacristán o Xavier Miserachs. No había muchas profesoras, pero para la época la participación era significativa: entre otras, Anna Bricall, Maria Girona, Pilar Mangrané y Maria Antònia Pelauzy. Cuando uno daba clases allí, enseguida se percataba de que la escuela invitaba a todos aquellos que tenían algo nuevo que decir en el terreno del pensamiento o de la creación, y así invitaron, por ejemplo, al Gruppo 63 italiano, con el poeta Nanni Balestrini, Furio Colombo, Umberto Eco y Gillo Dorfles. También se informó de las actividades del Mayo del 68 francés, lo que provocó, durante un tiempo, la asistencia a los seminarios de un inspector de policía, que, según me contó Maria Girona, tomaba notas y se aburría mortalmente.

La escuela era como una antena que predecía lo que se llevaría más tarde. Un año Albert Ràfols propuso «leer semióticamente» la calle Travesera de Gracia, y otro año realizó un *supercollage* que ocupaba todas las aulas y que visto hoy se asemeja a la obra *Merzbau* de Kurt Schwitters. Hubo quien se lo quiso comprar, a lo que él siempre se negó. En otra ocasión la escuela organizó una exposición memorable sobre el grupo ADLAN en el Colegio de Arquitectos, con un montaje de Xavier Olivé y Toni Miserachs. Olivé impulsó —con Miquel Espinet y Llorenç Torrado— las clases de cocina y cultura gastronómica. Otra exposición se dedicó a «Objetos pasados de moda no recuperados». Se hizo también un cómic en vivo con Mariscal, Montesol y otros ilustradores madrileños.

Tampoco el arte conceptual catalán hubiera sido igual sin las acciones y lo que hoy llamaríamos «instalaciones» llevadas a cabo en EINA. Maria Girona, por ejemplo, hizo un «Proyecto de transformación del jardín a escala 1/1», colocando balaustradas y fuentes extraídas de decorados teatrales que situó en medio de los elementos reales. En 1974 Jordi Pablo,

Fina Miralles, Joan Brossa y otros artistas llevaron a cabo una acción titulada «En torno al tronco», en la que, entre otras cosas, Miralles interactuaba con un árbol como si este fuera un ser humano. También se recreó —con las bellísimas hermanas Núñez e ideado por Carlos Pazos y Xavier Olivé— el cuadro de Dante Gabriel Rossetti titulado *El sueño de Dante.* En 1975 Pazos y Olivé convirtieron a varios estudiantes (recuerdo a Ramón Olives, de perfil apolíneo, sobre su pedestal) en esculturas vivientes. Cuando llegaba a aquella preciosa torre, de cuya secretaría se ocupaba Mercè Valeri, yo me hacía con mi proyector de diapositivas, que pesaba una enormidad, y daba las clases en un aula preciosa pero muy incómoda. Lo que sucedía es que el ambiente era estupendo, con jóvenes de un buen nivel y unas fiestas anuales en el jardín de las que recuerdo la Fiesta del Mar, pues había que ir disfrazado de algo marino. En EINA se formaron artistas como Carlos Pazos, Jordi Colomer, Xano Armenter, o Ramon Herreros y diseñadores como Carles Riart, Ramon Isern, Pepe Cortés, Claret Serrahima, Josep Lluscà o Pati y Alicia Núñez. Era realmente lo más innovador de la época en cuestiones estéticas y pedagógicas.

El arte conceptual

El arte conceptual me tuvo ocupada muchos años, tanto es así que los amigos pensaban que me había vuelto monotemática. Sin embargo, cuando descubrí a estos artistas en 1971, me parecieron lo más radical de nuestro país. Yo tenía más o menos su edad, así que abracé aquella causa como quien abraza una doctrina y me dediqué a ir a donde ellos iban dando charlas, explicando sus ideas y propuestas. He de decir que en aquellos años éramos cuatro gatos, las actividades artísticas eran escasísimas y nuestras apariciones siempre tenían lugar en sitios marginales y pequeños, nunca en museos.

Yo ya estaba informada, por revistas extranjeras, seguramente *L'Art Vivant* o *Flash Art,* del movimiento conceptual en Estados Unidos y en Europa. Me pareció muy novedoso que una obra de arte cuestionara la naturaleza del arte, o bien que consistiera en seguir a una persona por la calle hasta que llegara a un espacio privado, o registrar en fotografía cómo se disuelven las nubes en el cielo. Entre otros aspectos, se trataba de registrar momentos perceptivos, el transcurrir del tiempo y sus metamorfosis, servirse del propio cuerpo del artista como el pintor se servía del lienzo, hacer propuestas irracionales de forma totalmente racional. El libro *Six Years: The Dematerialization of the Art Object from 1966 to 1972,* de Lucy R. Lippard, se convirtió en una biblia para mí, con sus ilustraciones en blanco y negro pero repleto de información.

El arte conceptual en Cataluña surgió con la Mostra d'Art Jove en Granollers, de 1971, a la cual siguió otra en 1972. Allí se vieron varias manifestaciones muy similares al *arte povera* italiano y allí estaban Garcia Sevilla, Carlos Pazos, Àngel Jové, Jordi Benito, Francesc Abad, entre otros artistas. Aquí nos llegaba, como todo lo cultural, con cierto retraso, pues en el mundo occidental se suele cifrar su existencia entre 1965 y 1975. Los que lo seguimos atentamente tuvimos la sensación de que hacia 1975 o 1976 las propuestas conceptuales se habían agotado. Entonces surgió lo que llamábamos pintura-pintura, y en 1979 el crítico italiano Achille Bonito Oliva lanzó el movimiento llamado Transvanguardia y con ella se dio paso a los neoexpresionismos, que llenaron buena parte de los años ochenta.

Antes de los conceptuales ya habían existido en Cataluña varios grupos de artistas cuya obra constituía una ruptura frente a la pintura: uno de ellos era el grupo de Miralda, Xifra, Rabascall y Benet Rossell, que yo ya conocía de mis épocas parisinas (y Francesc Torres, que pasó primero por París y más tarde se instaló en Nueva York). Miralda y la francesa Dorothée Selz eran ya muy conocidos como los creadores de las comidas de colores y de las fiestas rituales.

Otro grupo que había sentado las bases de la desmaterialización del arte fue el integrado por Jordi Galí, Antoni Llena, Sílvia Gubern, Àngel Jové y Alberto Porta (Zush), llamado «del Jardín del Maduixer», que ya he mencionado antes. Antoni Llena realizó, a partir de 1964, unos objetos y unas acciones que se inscribían, dentro del espíritu del *arte povera*, aunque, según él, desconocía este movimiento italiano. Una de las obras de Llena, de 1966, consistía en pegar a su cuerpo un papel muy sutil, mediante el sudor de su propio cuerpo. Otro precedente fue el Grupo ZAJ (creado en 1964), con Juan Hidalgo, Walter Marchetti y Esther Ferrer, cuyas acciones eran muy similares a las del grupo neodadá llamado Fluxus.

El arte conceptual me interesó enseguida, no solo porque se trataba de los artistas de mi generación, sino porque fue un movimiento que se organizó exactamente igual que las vanguardias clásicas, con sus declaraciones públicas, sus manifiestos, sus discrepancias teóricas entre los miembros del grupo y por su actitud en contra de las instituciones artísticas. En nuestro país, además, por el hecho de ser un arte clandestino o casi clandestino, debido al franquismo imperante, no solo fue minoritario, sino realmente para una audiencia de quince, veinte o treinta personas, no más. Su posición antimercantilista, su búsqueda de espacios alternativos —las exposiciones tenían lugar en centros culturales, institutos extranjeros, librerías como Trilce, el Colegio de Arquitectos de Barcelona, el FAD, el Ateneu, la sala Tres de Sabadell— y los nuevos medios empleados los convertían en algo completamente radical y antisistema.

El primer evento de arte conceptual al que yo asistí fue la ya citada Mostra d'Art Jove en Granollers, en 1971. Allí nos dieron una especie de panfleto —seguramente escrito por Ferran Garcia Sevilla— dirigido «A los artistas revolucionarios». Era sobre todo un ataque a la mercantilización del arte y se proponía un arte hecho en la calle, participativo, destructible o de invenciones puramente conceptuales. La obra presentada por Garcia Sevilla era una especie de trapo atado a un alambre y que parecía abandonado sobre la acera. En realidad la idea de la exposición era la de un concurso en el que por primera vez se admitían obras que no fueran pictóricas y de ahí que se presentaran obras de Carlos Pazos, Sílvia Gubern, Jordi Benito, Miquel Cunyat o Josep Ponsatí (que ya hizo uno de sus inflables), entre otros. Alexandre Cirici era miembro del jurado y desde las páginas de la revista *Serra d'Or* apoyó decididamente a esta nueva generación.

Lluís Pau, Jordi Pablo y Carles Camps hicieron, en 1972, una exposición en la sala Gaspar. Yo había conocido a algunos miembros de este grupo en la revista *Iracaba,* pero con Ana Díaz-Plaja los fuimos a visitar a su estudio de Mayor de Gracia: creo que nos encontraban bastante excéntricas, entre modernas y pijas, pues a veces íbamos tocadas con pamelas de fieltro negro. Ellos hicieron una colección de libros conceptuales maravillosos, en la que participaron también Francesc Torres o Joan Brossa, nuestro gran ídolo.

En 1972 se iniciaron las exposiciones en la sala de la asociación del personal de la Caja de Pensiones, de la que era responsable Lluís Utrilla, y a la que se accedía por una pequeña escalera en un edificio cercano al Palau de la Música. En esta sala, en 1972, expuso Carlos Pazos una obra en la que participé. Él había sido el primer artista conceptual al cual yo entrevistaba, y cuál no fue mi frustración cuando vi que no había quedado nada grabado. A Pazos me lo había presentado Manuel Trallero; ellos se habían conocido en EINA. Por suerte, a pesar del desastre de la no grabación, empezó una sólida amistad que dura hasta hoy. Me pidió si podía imitar la voz de los anuncios baratos que en aquellos tiempos se pasaban en el cine antes de la proyección del film, del tipo Tintorerías Canals, o Cafetería Don Pepe, y cosas así. Lo hice encantada y recientemente me dijo que había encontrado la cinta, que digitalizaría y se volvería a escuchar.

Carlos Pazos siempre se quería suicidar, aquejado de grandes depresiones. Una anécdota explica muy bien sus estados de ánimo. Hacia 1986 era yo la que estaba deprimida y un médico me dijo que me distrajera y viajara. Estaba invitada a hacer algo en Nueva York, ciudad con la que mantenía aún estrechos lazos de amistad y profesionales, y ante mi pregunta de si podía ir, el médico me insistió: «Ve, ve». Supongo que telefoneé a Carlos, que vivía en aquella ciudad, para contar con su apoyo si viajaba hasta allí, y me animó mucho a cruzar el charco. Cuando llegué, fui enseguida a hacerle una visita. Vivía en el Lower East Side, en un edificio en el que también residía Luis Frangella, un pintor que murió de sida. «Está echado», me dijo Montse Cuchillo, su esposa, al entrar en el apartamento. Mi sorpresa fue enorme al verlo en la cama, totalmente abatido, diciendo que se quería morir. «No me han puesto en la exposición X de Ámsterdam», se lamentó, como motivo de su enorme depresión. ¡Y era él el que me tenía que animar...!

En la llamada Llotja del Tint de Banyoles, en 1973, recuerdo la acción de Jordi Benito, que nos dejó a todos atónitos. Tumbado en el suelo, Carles Santos y Ferran Garcia Sevilla le cubrieron la cara con barro y así aguantó un rato, que se hizo interminable porque era evidente que no podía respirar. Estábamos sin aliento hasta que le echaron un cubo de agua que derritió el barro. Benito, pequeño, delgado, con el pelo negro ensortijado y una especie de mezcla de inocencia y valentía, llevaba sus acciones al límite. Entonces me parecían demasiado similares y mucho más tibias que las de los accionistas vieneses, pero hoy en día apreciamos su iconografía tan personal (el mito del toro, la música de Wagner, la sangre, su propio cuerpo) y su ímpetu como de adolescente. Montse Ester le dejó una casa a punto de ser derribada en el número 3 de la calle Brusi de Barcelona. Benito convirtió aquella torre en una atmósfera de película de miedo y de decadencia. La había llenado de materiales pobres: aquí una bañera llena de agua negra, allí un colchón medio desvencijado, más allá unas sábanas cubriendo muebles y hasta había coles y tierra esparcida.

El arte conceptual catalán se dividió en tres grandes subgrupos que manifestaron sus diferencias en la Informació d'Art Concepte en Banyoles en 1973. El primero, que firmaban con todos sus nombres por orden alfabético, de Francesc Abad a Dorothée Selz, estaba integrado por Francesc Abad, Jordi Benito, Àngels Ribé, Carles Santos, Muntadas, y el cineasta Pere Portabella, entre otros. Este grupo estaba coordinado por Antoni Mercader, que siempre actuó de secretario (por no decir escribiente) y de mano derecha de Pere Portabella. Yo escuchaba a Portabella con prevención, con cierta manía (nunca explicitada; yo era una joven de veinte años y él un hombre mucho mayor) porque él actuaba a modo de comisario político del PSUC y las reuniones «artísticas» no dejaban de ser un medio más para captar simpatizantes del partido. Siempre llegaba el último a las reuniones, siempre con una nueva novia, y se imponía por su edad y por su brillante oratoria.

Aunque yo me convertí en una compañera de ruta de los conceptuales, nunca quise formar parte del grupo Abad-Selz porque me pareció que, siendo una crítica de arte, no podía perder mi capacidad crítica y pasar a ser una «artista». Pero sí me constituí en teórica-divulgadora de aquel arte joven que me apasionaba. Recuerdo muy bien aquellos eventos: la mayoría de las veces se colgaban unas cuantas fotocopias, se mostraban publicaciones extranjeras... y se esperaba que no llegara la policía, ya que las reuniones sin permiso eran ilegales. Era todo muy a pequeña escala, muy familiar y muy voluntarista.

Entre otras cosas, el grupo Abad-Selz (o Abad-Torres, pues con ambos nombres se le conocía) preconizaba una desmitificación del objeto artístico, ponía en cuestión los roles del artista y del arte, denunciaba el mercantilismo del arte y proponía la inserción del artista en una praxis social más amplia (en aquellos momentos, casi no sabíamos lo que esto quería decir; era un latiguillo del lenguaje marxista, común a casi todos nosotros). Este grupo protagonizó una actividad febril, pues tan solo en 1973 se produjo el encuentro en Banyoles, la polémica con Tàpies por su artículo titulado «Arte conceptual aquí» en *La Vanguardia* (el 14 de marzo de 1973); la muestra *Tierra, Aire, Agua, Fuego* (que aglutinó a artistas de Madrid y Barcelona: Abad, Benito, Corazón, Criado, Gómez, Muntadas y Francesc Torres), la 5.ª Universidad Catalana de Verano y la Informació d'Art de Terrassa en diciembre de 1973.

En 1974 tuvo lugar la Mostra d'Art Múltiple, con sede en el FAD y con obras procedentes de catorce países. Lo había organizado Renta Catalana (entonces aún no habían timado a mi padre) y yo era la organizadora-secretaria, así que enviamos la propuesta a todos los artistas jóvenes. Participaron los del Grup de Treball (supongo que avisados por mí), con un texto «contra» la idea de la muestra, y también Garcia Sevilla. El jurado, compuesto por Daniel Giralt-Miracle, José Milicua, José Corredor, Josep Palau i Fabre y Ángel Marsá, se dividió, y mientras unos consideraban que podía ser exhibida, los otros afirmaban que aquello no era una obra de arte. Al final fue mostrada como testimonio de una postura crítica, pero sin estatuto artístico. Antoni Miralda recibió uno de los premios, un espejo rodeado de sus famosos soldaditos blancos.

Pero volviendo al local de la Caja de Pensiones, allí también se vio una obra llamada *Patrius, Patria, Patrium*, de Garcia Sevilla. Era una crítica al poder patriarcal y a la represión franquista y visto ahora —tengo delante de mí las fotos que me envió Ferran, porque durante el curso 1975-1976 yo viví en París, y creo que vi la exposición al volver, en junio— se me antoja todo un poco primitivo, formalmente hablando, pero como siempre sucede con Garcia Sevilla, era una muy buena idea. Había un retrato ochocentista de un padre tradicional, flanqueado por dos peanas muy fálicas. Unos gallos decapitados y con su sangre en un plato, que hoy serían impensables en un espacio público expositivo, estaban bajo el lema del «Víctor» (el emblema franquista utilizado en el desfile de la victoria). Había también pesetas que quemaban si se las tocaba, otra excelente idea.

Hoy me parece una proeza, tanto de una institución como de La Caixa pero sobre todo de su responsable, Lluís Utrilla, el que se expusieran aquellas obras en aquellos años de hierro. El personal, claro está, no debía de entender nada, y así fue como un buen día tiraron a la basura el trabajo de dos años de Jordi Pablo, que encuentra la poesía y la reflexión en unos «objetos imposibles» extraídos de la vida cotidiana o de desechos, pues los confundieron con basura... Por suerte la muestra se pospuso un mes y le sufragaron los gastos de la nueva producción.

Una de las piezas más importantes del Grup de Treball, fue la titulada *113*. En ella se desglosaban las ocupaciones de las ciento trece personas arrestadas por la policía durante una reunión antifranquista preparatoria de la Assemblea de Catalunya en la iglesia de Santa María Medianera de Barcelona. La obra copiaba el esquema de una pieza del artista norteamericano Dan Graham, que enunciaba los componentes de un texto (un adjetivo, tres adverbios, trescientas sesenta y tres letras de alfabeto), solo que, en la obra catalana, se llenaba de contenido político.

Otro episodio curioso y que nos llevó de cabeza fue el de Jordi Benito, que en 1978, en el marco de la exposición colectiva *Seny i Rauxa,* envió un ataúd al Centro Pompidou. Corrían rumores de que en su interior había un cadáver. Solo Carlos Pazos sabía lo que contenía. El museo, alertado, llamó a Francesc Vicens, que era el comisario de la muestra. ¿Cómo devolver aquella obra? Se exponían a que la caja fuera abierta en la aduana con el consecuente escándalo y tal vez el arresto o una gran multa. A Vicens, siempre hábil e inteligente, se le ocurrió devolver la obra en un camión cuyo destino fuera la Fundació Miró de Barcelona y a su nombre como director de la institución. «A nadie se le ocurriría abrir el contenido», explicó después Vicens en una publicación sobre su vida, a cargo de Juan Manuel García Ferrer y Martí Rom. Parece que el contenido era un cadáver ya momificado, que Benito probablemente robó en un cementerio y que Vicens le hizo devolver (¡!).

Un episodio sobre el cual nadie habla es el del enfrentamiento de este Grup de Treball con los integrantes del Grupo Trama, formado por José Manuel Broto, Xavier Grau, Javier Rubio y Gonzalo Tena, con Federico Jiménez Losantos y Alberto Cardín, que actuaban, de alguna forma, de ideólogos. Los miembros de Trama se conocieron hacia 1972 y se instalaron en la calle Hospital esquina con Robadors, con una inhóspita y pequeña entrada que aún recuerdo. Broto y su compañera Rosa vivían cerca, en el número 98 de las Ramblas. Javier Rubio, que entonces estaba haciendo el servicio militar en Zaragoza, venía ocasionalmente a Barcelona. Era pintor y teórico del arte. Ellos leían a Marx, Engels, Lenin y Mao. Pero sobre todo la referencia obligada de Trama era la revista francesa *Tel Quel,* en la que escribían Philippe Sollers y Marcelin Pleynet. Nosotros a los miembros de Trama los llamábamos «los cosmos» porque, al ser aragoneses, alguien dijo que eran «cosmonautas», y se les quedó su abreviación en «cosmos». Según Federico Jiménez Losantos el término lo puso Francesc Abad cuando dijo: «Pero ¿de dónde han salido estos cosmonautas?». Federico era entonces el responsable de los intelectuales de Bandera Roja.

Dos de los componentes del grupo han perdurado como pintores de fama: son Broto y el tristemente fallecido Xavier Grau; Tena reemprendió lentamente la pintura tras unos años de silencio y Rubio se pasó enseguida a la crítica. Todos admirábamos su pluma y su inteligente criterio, aunque abandonó la profesión a mediados de los años ochenta por, según él, «la agresividad del medio».

El Grupo Trama salió a la luz pública con una exposición en la galería Maeght, en 1976. Venía apadrinado por Antoni Tàpies, quien les escribió un prólogo en defensa de la práctica de la pintura, como crítica al movimiento de arte conceptual catalán con el cual, en 1973, había mantenido su gran polémica en *La Vanguardia.* Tàpies veía en el grupo conceptual catalán un movimiento en contra de la pintura —y ciertamente lo era— y lo tomó, como a veces solía hacer, como un ataque personal. De ahí que apadrinara a los cuatro jóvenes pintores que proponían, según él, un discurso nuevo sobre esta antigua disciplina. Este pequeño complejo de persecución que de vez en cuando manifestaba le llevó, en aquel caso, a manifestaciones desproporcionadas: «Aquella segunda oleada», escribió en su artículo refiriéndose al arte conceptual, «con su verborrea sobre la agonía de la pintura, de la escultura y de su "inmundo mercado", enseguida se vio claro, naturalmente, que podía tratarse de una operación publicitaria para el lanzamiento de "nuevos medios" y de nuevos productos».

Aunque la historia le dio la razón, porque el arte minimalista, el *povera* y el conceptual fueron asimilados por el mercado, lo cierto es que tildar a estos movimientos de «operación publicitaria» era una exageración, especialmente para el caso español-catalán, donde ni remotamente —en aquella época— podía pensarse en una inserción de estas obras en el mercado artístico. En los años setenta no existían plataformas alternativas como las que ellos hubieran deseado encontrar para ganarse la vida con el arte —a excepción de Francesc

Torres, que trabajó con las universidades y museos norteamericanos para quienes la esponsorización de instalaciones artísticas era un hecho aceptado—. E incluso cuando llegó cierta «normalización», con la apertura de la galería G de Barcelona en 1975, no se hizo sin cierto «chirrido»: Garcia Sevilla, un artista radicalmente conceptual hasta entonces, expuso en ella, en 1977, una obra titulada *Lectura por semejanza y contacto de letras, piedras y colores,* en la que se veía un montón de monedas y en cuyo proyecto preparatorio se leía: «Me horroriza mi estado de cuentas». Por eso Garcia Sevilla, allá por 1980, se puso a pintar unas telas neoexpresionistas, con influencias del arte primitivo y de Miró, con las que cosechó un buen éxito comercial. Y hoy, si bien algunos conceptuales han seguido una carrera de éxito —especialmente Antoni Muntadas—, otros no han conseguido reconocimiento hasta el siglo XXI, cuando ya tenían sesenta años o más. Y otros, como Jordi Pablo, han mantenido sus distancias con el mercado.

La revista *Trama* era la continuación del catálogo de la exposición de la galería Maeght y su número 0 apareció en abril de 1976. Allí se incluían textos de aquellos a quienes los jóvenes pintores consideraban sus «padrinos» teóricos: Marcelin Pleynet, Louis Cane, Marc Devade, todos ellos integrantes del grupo francés Supports/Surfaces. *Trama* se hacía eco también de la revista *Peinture/Cahiers Théoriques,* la revista de Marcelin Pleynet, Julia Kristeva, Philippe Sollers, Jean-Louis Schefer, Marc Devade y Louis Cane. Con los de Trama tuvimos grandes discusiones teóricas: recuerdo una en el Ateneu, en una pequeña sala en la que como público solo había dos jubilados y un estudiante, y en la que Carles Hernández Mor y yo defendíamos el marxismo, el arte en su contexto político, etcétera, y ellos la llamada pintura-pintura. Luego nos fuimos a tomar todos juntos unos vinos, a pesar de la tensión e incluso de la agresividad verbal anterior. Así eran nuestras relaciones entre grupos.

Yo me hice muy amiga de Carles Hac Mor. ¡Qué gran personaje era! Con su abundante cabellera y su sentido del humor socarrón, era también un formidable organizador. Un día me hizo actuar, atravesando un escenario sin hacer nada, y yo lo hice por él, aunque pasé muchos nervios. En sus poemas o textos quería que «no hubiera nada que se entendiera», a la manera dadá y de la poesía fonética. Utilizaba arcaísmos, coloquialismos y paronomasias en su redacción. Teníamos un gran *flirt* entre ambos (solo eso) y me regaló un tapón de corcho pintado de rojo en el que se leía, con su letra nerviosa e inocente inconfundible: *«Roig de la passió»*. O un poema cuya dedicatoria rezaba: *«Per a la Vicki, triomfadora i patumeta»*. Porque no llegaba a *«patum»* dada mi juventud, y de paso se reía un poco de mis éxitos.

El segundo grupo dentro del movimiento conceptual estaba integrado por Ferran Garcia Sevilla y Ramon Herreros: fascinados por la semiótica y la lingüística, disciplinas entonces en boga y de nuevo cuño en las universidades, se afiliaron al conceptualismo internacional más estricto, como el del Grupo Art Language, o el de los artistas Lawrence Weiner o Robert Barry. El tono de la época, sin embargo, era políticamente implicado. La obra de Garcia Sevilla *Carrero Blanco* (expuesta en la sala Tres de Sabadell en 1974), aunque se titulara, de hecho, *Lectura por semblanza y contacto de letras, piedras y colores,* era directamente política: la foto del almirante Carrero Blanco y de su atentado a manos de ETA.

Y luego estaba el tercer grupo, poco o nada politizado, que huía también de la excesiva «teorización» del Grup de Treball y que estaba integrado por Carlos Pazos, Olga Pijuan, Luis Utrilla, Miquel Cunyat, Fina Miralles y Jordi Pablo. En general, estos eran más individualistas, más críticos y no querían dejarse manipular. Los dos últimos realizaron unos trabajos asociados al *Costumari català,* de Joan Amades, muy interesantes. Por ejemplo, pusieron en una invitación la imagen de Fina Miralles cubierta de paja al lado de la de un «demonio» de la Patum de Berga, igualmente cubierto de paja. Fina me envió extractos del libro de Joan Amades en los que los árboles actuaban como los seres humanos y ella, como he dicho, hizo unas obras basándose en esta idea. Fina Miralles se cubría de piedras, llevaba un trozo de hierba al mar, se encerraba en una jaula junto a otras más pequeñas con animales domésticos a fin de denunciar las funciones de un zoológico... Fina no tenía el propósito entonces de que su obra fuera feminista (como tampoco lo tenía Eulàlia Grau), pero sí de denuncia de la represión, y de los patrones convencionales asignados a las mujeres. Y por ello estas obras son leídas hoy como muy feministas. Tengo un maravilloso cuaderno de Fina en el que me explicaba sus obras con fotografías (obviamente en blanco y negro) y en una de sus acciones, *Relacions* (1975), se cubría con tierra, rodeada de velas encendidas y con la cabeza encerrada en un cubo de plástico para relacionar su cuerpo con tierra, aire y fuego.

Por su parte Jordi Pablo cogía flaneras, peines, cepillos, y los manipulaba de tal forma que se convertían en cepillos de hierba, asteroides hechos con un cubo de cartón y tacones de zapatos y también materializaciones de sonidos como La-Trarali-Li, Aaaaah! o Jo, Jo, Jo, a las que llamó *Esculturas fonéticas*. Carlos Pazos, digno alumno de la escuela EINA, ahondaba en su figura de dandi y en lo camp, lo *kitsch* y la melancolía.

Sin llegar a ningún enfrentamiento, la posición del segundo y del tercer grupo se distanció, voluntariamente, del primero. Las diferencias surgieron a partir de las reuniones mantenidas en el Instituto Alemán de Barcelona, que nos ocuparon el invierno 1973-1974. El instituto, dirigido por el doctor Hebel, nos brindó el espacio, pues antes de la muerte de Franco no podía haber reuniones sin permiso oficial. Para muchos, aquellas intervenciones fueron manipuladas por el Grup de Treball, quienes lanzaban sus consignas en cada reunión. Incluso en el propio grupo hubo problemas, ya que, por ejemplo, Francesc Torres, que se había trasladado a Estados Unidos a vivir con su pareja, Àngels Ribé, se quejaba de que no lo convocaban. Y tampoco a Muntadas. No los avisaban de las reuniones pero sobre todo, lo más grave, no los avisaron de la participación del Grup de Treball en la Bienal de París: los habían expulsado. Las reuniones conceptuales eran tantas y las del Instituto Alemán tan masivas (de público siempre joven) que Carles Hernández Mor escribió un texto en 1991 recordando que: «ya que la Revolución no llegaría pronto, instauramos la Reunión Permanente». Y con mucha gracia explicaba que había comisiones, subcomisiones, comités, capillitas, fracciones, pléyades, clanes, macroclanes, rebotados de otras esferas, grupos de acción directa, etcétera, etcétera. Allí aparecían también personajes curiosos, que imponían: por su silencio, por su apariencia o por la pose de intelectuales superiores. Cuenta Jiménez Losantos en sus memorias sobre Alberto Cardín: «(Cardín) apareció en las sesiones del Instituto Alemán en 73-74. Hacía una tesis sobre la homosexualidad de los indios de las praderas, pero era ágrafo. Era primo de Jesús Garay. Cardín llevaba un pendiente, un abrigo de *mouton* corto e iba maquillado». Recuerdo que yo encontraba muy guapo y misterioso a Jesús Garay, que era muy amigo de Gustavo Hernández Mor, hermano de Carlos Hernández Mor. Garay era también amigo de Ramon Herreros, entonces director de la Filmoteca en Catalunya.

La respuesta a las diferencias entre los tres grupos fue la muestra *Què fer?* en la sala Vinçon de Barcelona, en mayo de 1974. En ella participaron Garcia Sevilla, Olga Pijuan, Carles Pazos, Lluís Utrilla, Fina Miralles y Jordi Pablo. El texto de los participantes en esta muestra criticaba el «idealismo» de los conceptuales, y rechazaba la fotografía como fin en sí misma. Por un tiempo incluso los llamamos el Grup Què fer?, para distinguirlos del Grup de Treball.

Las actividades conceptuales en el Instituto Alemán seguían adelante. Por regla general, cada uno presentaba una ponencia y luego había un debate. Yo presenté con Mercè Coll la titulada *Arte e ideología.* En 1974 el crítico Simón Marchán organizó un ciclo titulado *Nuevos comportamientos artísticos.* Invitó a los artistas Timm Ulrichs, Wolf Vostell y Stuart Brisley. A Ulrichs le preguntamos qué opinaba sobre la incidencia política del arte y contestó que en Alemania el arte político estaba tan integrado como cualquier otro. «Un arte que subvierta la conciencia de la sociedad puede ser más efectivo que una litografía del Che Guevara», agregó. Vostell, también alemán, empezó haciendo los llamados *«décollages»* arrancando carteles callejeros y después fue el introductor del *happening* en Europa, lo que le interesaba era la integración de la vida en el arte. Yo lo describí entonces en un artículo en *Batik* como «rubio, un poco gordo, vestido con un chaleco rojo, hablando un español muy correcto (su mujer, Mercedes, era española) y dando la impresión de ser un tipo excelente». «Siempre ha existido el *happening»*, explicó, «pero es cuando existe una actitud reflexiva y una información derivada —y comunicada— cuando ello adquiere categoría de un hecho artístico.» Luego me unió una buena amistad con Vostell, y me invitó a la inauguración de su magnífica fundación en Malpartida en Cáceres.

Stuart Brisley era inglés y proyectó dos de sus películas. La primera consistía en él mismo vomitando durante tres minutos. La segunda se rodó durante una de sus acciones, en la cual se sumergía en una bañera llena de agua sucia y de detritus de carne. Pero yo escribí que, a diferencia de otras acciones de la época, que huían de todo esteticismo, él trabajaba problemas de percepción, por ejemplo colocando un cristal sobre su rostro, que no connotaba asfixia, sino transparencia y limpieza, frente al color verdoso de las aguas. Hoy pienso que con veinte años y una gran curiosidad por lo nuevo se aguantan muchas más acciones que pasado medio siglo, y que este tipo de arte, como el de los accionistas vieneses de los años sesenta con profusión de sangre, vísceras y animales muertos, respondía a una reacción de rechazo visceral contra una sociedad burguesa muy acomodaticia, pasiva y entregada al imperio del consumo.

A partir de 1975, algunos componentes del Grup de Treball volvieron a sus actividades anteriores, como Carles Santos a la música experimental y Pere Portabella al cine. Otros abandonan la experiencia conceptual y siguieron su andadura artística, cada uno hallando su propio estilo.

Cuando llegó el cambio político con la muerte de Franco, todos los anhelos de encontrar vías alternativas a las galerías se fueron al garete. En un artículo mío escrito en la revista *Guadalimar,* en diciembre de 1977, titulado «Manifestaciones experimentales y marginales», señalaba cómo estos artistas no aprovecharon ni por un momento la liberación que supuso la democracia. Nada alternativo surgió inmediatamente. La creación de la galería G, en 1975, les dio la posibilidad de poseer una galería comercial, especializada en arte conceptual y la fiebre por exponer se manifestó en todos los artistas sin excepción. Aunque se autodenominaron Colectivo G no hubo en realidad ningún espíritu colectivo. Los unía un mismo marchante, el señor Agustí Coll, que promovió (con la dirección artística de José María Martí Font), eso sí, exposiciones tan excelentes como una colectiva de arte norteamericano, otra de Wolf Vostell, junto a las de Garcia Sevilla, Benito, Fina Miralles o Carlos Pazos, entre otros. En Madrid, la galería Buades, abierta en 1973, expuso, por su parte, a Nacho Criado, Alberto Corazón y Navarro Baldeweg, así como a Schlosser y Eva Lootz. La galería Vandrés exponía a Muntadas. En Barcelona, fue la galería Ciento, después de la G, la que expuso a artistas que entonces llamábamos «alternativos».

De 1977 a 1979 se produjo el epílogo del arte conceptual catalán y algunas actividades continuaron más tarde en un espacio de la Universidad Autónoma de Barcelona, organizado por Teresa Camps, pero ya muchos estábamos inmersos en otros temas y aquel proyecto nos pareció algo epigonal. En 1980 se le consagró la muestra *Fuera de formato* en Madrid. Y luego fue el barcelonés MACBA el que se dedicó a recuperar el arte conceptual, pero, exceptuando la muestra del Grup de Treball, el resto se ha hecho siempre por individualidades, sin explicar las polémicas y las diferencias ideológicas de la época, lo que le dio al grupo su originalidad y su viveza dentro del arte español. Y pocas veces se han dado momentos con tantos buenos artistas a la vez.

La Fundació Miró

La Fundació Miró se inauguró en 1975, pero el proyecto se había gestado mucho antes, en 1968, en la exposición conmemorativa del 75 aniversario del pintor en la Fundación Maeght de Saint-Paul-de-Vence con motivo de la cual se encontraron el artista, el mecenas Joan Prats y el arquitecto Josep Lluís Sert. Voy a explicar aquí dos historias poco conocidas. Miró pidió a Maria Lluïsa Borràs que se ocupara de sus contactos y de su relación con Barcelona, ya que él vivía en Mallorca. De este modo se convirtió en una especie de secretaria o persona de confianza de Miró. Maria Lluïsa intervino en muchos asuntos durante la propia construcción de la Fundació y también hizo de negociadora en la donación de Joan Prats de treinta y cinco pinturas y de la magnífica *Serie Barcelona* de litografías, fechadas en 1944, importantísimas en la carrera del pintor.

Un episodio político, en 1970, cambió para siempre los altos cargos de la Fundació. En diciembre tuvo lugar el llamado encierro de Montserrat: cerca de trescientos intelectuales se encerraron en el monasterio como respuesta al Proceso de Burgos contra nueve integrantes de ETA, en contra de la pena de muerte y a favor de un Estado democrático. Pere Portabella pidió a Borràs que informara a Miró y que viera si podía asistir. Joan Miró efectivamente asistió, acompañado de Tàpies, aunque les aconsejaron que se marcharan pronto por cuestiones de seguridad. A la mañana siguiente apareció una nota en un periódico mallorquín en la que Miró declaraba haber ido a Montserrat víctima de un engaño. Francesc Vicens se desplazó a Mallorca, convenció a Miró de que lo rectificara, comprobando que era doña Pilar, la esposa de Miró, la que había hecho aquella afirmación. Pero la consecuencia de este episodio fue la gran desconfianza, por no decir animadversión, que doña Pilar mantuvo siempre con Maria Lluïsa Borràs. Y por este episodio, Borràs pagó un precio muy alto, que tiene que ver con la dirección de la Fundació. En 1971 se constituyó un patronato designado por el propio artista con Joaquim Gomis como presidente y Maria Lluïsa como directora, aunque ambos habían firmado un papel diciendo que al inaugurarse pondrían sus cargos a disposición de la Fundació. Enviaron a Maria Lluïsa Borràs a la Tate Gallery de Londres para un periodo de prácticas de cara a su inmediato puesto y cuando volvió a Cataluña su estupor fue mayúsculo cuando descubrió que Francesc Vicens había sido nombrado director por tiempo indefinido. Para colmo, en aquel momento, Vicens era su compañero sentimental, algo que sabía todo el mundo artístico. Vicens escribió que ante las sugerencias de nombrar a un francés (Georges Raillard), él presentó su candidatura. Y relegaron a Borràs a ser miembro del patronato, en el que entraron Joan Teixidor, Alexandre Cirici y Ramon Viladàs. Cierto es que más tarde le dieron a Borràs la secretaría general durante cuatro años, pero la injusticia me parece grande. Es verdad que Maria Lluïsa era *«arrauxada»* (apasionada) y que desde el episodio de Montserrat ya no tenía el apoyo de doña Pilar, pero por otro lado era inteligentísima y conocía perfectamente la obra de Miró. Y yo siempre he creído que cada vez que yo quería hacer algo en la Fundació Miró había «manos negras» que ponían el veto, y estoy segura de que no solo era por ser demasiado crítica, sino también por mi amistad con Maria Lluïsa.

En 1972 se firmó un convenio por el cual Miró donaba cuarenta y siete pinturas, mientras el Ayuntamiento cedía por cincuenta años los terrenos de Montjuïc donde se asentaba el edificio. La Fundació se financiaba con la venta de un tercio de la obra gráfica de Miró y todos los marchantes cumplían con el pago menos Maeght, lo que causó un problema económico que el periodista Huertas Clavería reflejó en un artículo titulado «La Fundación Miró, a medio gas» *(Tele/eXprés,* 16 de julio de 1976). En el catálogo explicativo de la Fundació se podía leer: «Una atención particular se concederá a la búsqueda y experimentación en el campo del arte, para lo cual se organizarán y presentarán este tipo de trabajos. De este modo la Fundación cumple una de sus finalidades: poner en contacto al artista con su público y ser un centro de encuentro y de debate». El artista había puesto un gran énfasis en que no fuera un museo, sino un centro de estudios de arte contemporáneo, de ahí que en su entrada principal luciera y luzca en letras de colores el logo CEAC. Al cabo de pocos años, Joan Brossa se reía de este logo y hacía juegos de palabras con estas siglas. Pero la potenciación del arte joven, si bien la Fundació siempre ha reservado un espacio a los artistas jóvenes para no contradecir sus estatutos, tras unos primeros años en los que se creó el Espai 10, pronto consistió en un espacio lóbrego y pequeño, situado en el sótano. En cuanto a ser un centro de debate del arte contemporáneo, lo fue en sus primeros dos o tres años. Hay que recordar que al principio hubo muy buenas exposiciones: *América, América, Francis Bacon, Vostell* o la dedicada a la Bauhaus. Se hicieron actividades en relación con temas política y artísticamente progresistas, como un coloquio sobre Vídeo y Comunicación o las jornadas de psicoanálisis. La actividad más radical fue la *performance* de Jordi Benito, *Toro Performance,* que hoy en día estaría totalmente prohibida. Se hizo entrar al animal en la sala mientras el artista colgaba del techo y bajo él una pareja completamente desnuda hacía el amor. Unos colaboradores degollaron al animal y Benito, ya descolgado, se bañó en la sangre que cubría el suelo de la sala. Yo no la vi, se me hubieran revuelto las tripas y no lo hubiera resistido. En cambio, recuerdo muy bien otra exposición, la titulada *Suggerències olfactives,* organizada por Jordi Pablo en colaboración con el perfumista Ernesto Ventós.

En 1975, los jóvenes, tras unas famosas reuniones que se llevaron a cabo en 1974 en el Instituto Alemán y ansiosos por participar en la Miró, formamos el llamado Àmbit de Recerca (Ámbito de Investigación), integrado por más de setenta personas relacionadas con el arte de vanguardia, entre ellas Jordi Pablo, Frederic Amat, Garcia Sevilla, los «cosmos», Sílvia Gubern, Jordi Galí, Xavier Olivé, Carlos Pazos, las críticas de arte Alícia Suàrez y Mercè Vidal y yo misma, entre otros. El Àmbit organizó tres exposiciones fundamentales en 1976: *Art amb nous mitjans. 1966-1975; Objecte. Antologia catalana de l'art i l objecte* (esta organizada por Jordi Pablo) y *Pintura 1,* con obras de los «cosmos», Jordi Teixidor, Xavier Franquesa y Chancho, entre otros artistas. Pero en las reuniones del Àmbit muchos nos quejábamos del curso que iba tomando la Fundació, pues mientras *Pintura 1,* por ejemplo, no tenía catálogo, unos metros más allá la muestra Tàpies se había montado a todo lujo. Era, nos parecía, una actitud de discriminación hacia el arte joven. Dirigimos largas cartas-manifiesto —ya en 1976— a la dirección pidiendo que se aclarase qué estatuto teníamos dentro de la institución. Se formó una comisión representativa del Àmbit (con Garcia Sevilla, Xavier Olivé, Sílvia Gubern, Lluís Utrilla, Fina Miralles, Javier Rubio, yo misma y alguna persona más) y redactamos una memoria que solo obtuvo evasivas. Nosotros queríamos «perfeccionar la institución», organizar actividades, publicar textos, en definitiva, ser una sección (incluso pretendíamos fundar una Fundació Àmbit de Recerca) dentro de la Miró. En enero de 1977, escribí en la revista *El Viejo Topo* que no se habían cumplido casi ninguno de los objetivos iniciales de la institución y que las exposiciones las organizaban unos jóvenes sin ninguna remuneración por su trabajo. Con las quejas, esto se resolvió con un ofrecimiento de la comisión delegada del Patronato en el que se nos brindaba al Àmbit de Recerca el reconocimiento de una total autonomía, y una dotación de doscientas mil pesetas para el curso 1976-1977. La comisión delegada —situada por debajo del Patronato— estaba integrada entonces por Antoni Tàpies, Joan Teixidor, Alexandre Cirici, Ramon Viladàs y Manuel de Muga. Posteriormente, redactamos otra queja. Como en el patronato había gente tan prestigiosa internacionalmente hablando como Roland Penrose, James Johnson Sweeney o Pierre Matisse, se nos ocurrió escribir una carta con nuestras reivindicaciones. La redactamos con mi máquina de escribir y yo misma la traduje al francés. Nuestra carta explicaba la diferencia de criterios entre la primitiva idea de Joan Miró de promover un arte vivo y de impulsar un centro de estudios sobre el arte contemporáneo y la evidente política de prestigio que de hecho llevaba la Fundació. En el texto afirmábamos que la mayoría de los que habíamos trabajado tanto por el Àmbit de Recerca estábamos agotados por las horas dedicadas desinteresadamente a la organización de actividades. Además, la pretendida autonomía era relativa, porque todo papel que surgiera del Àmbit tenía que pasar por la supervisión del director de la Fundació, que era Francesc Vicens. También añadíamos que en el proyecto ideado por Miró para la Fundació se estipulaba que «había de conceder becas, premios y recompensas a fin de despertar vocaciones, de colaborar en la formación de jóvenes artistas e investigadores, ayudarlos en su trabajo y a dar a conocer su obra». Jordi Pablo dimitió y Francesc Vicens, muy hábil, lo nombró responsable de la comisión de actividades en la cual, realmente, se pudieron hacer algunas exposiciones de interés. El Àmbit de Recerca se disolvió y unos cuantos integrantes del mismo acabaron siendo miembros del Patronato. ¡Cómo eran aquellos años de recién estrenada democracia en la que los jóvenes reivindicábamos nuestros derechos en una gran institución como la Fundació Miró! Nadie aceptaría hoy en un gran museo una asamblea de setenta jóvenes, por más vanguardistas que fueran o precisamente por ser tan vanguardistas... Las polémicas se dirimían en los periódicos progresistas y en cartas-manifiesto que firmábamos todos con total adhesión y apasionamiento. El propio Joan Brossa escribió una carta a la comisión delegada preguntando quién demonios escogía las exposiciones temporales, ya que se hacía una de fotografías de Leopoldo Pomés (entonces en la cresta de la ola) en la sala dedicada al Àmbit de Recerca, es decir, al arte joven o más innovador o a lo que estuviera organizado por el Àmbit. Y su queja finalizaba con «sugiero que la Fundació, en vez de subtitularse CEAC se subtitule CRAC (Centre Recreatiu d'Art Contemporani)». Joan Miró, entrevistado por Joaquim Ibarz el 18 de enero de 1977 en *Tele/eXprés,* nos daba la razón: «La programación la hace el Patronato pero yo siempre les digo que pongan a gente joven. Creo que hay que renovar esto y hacer más caso a lo que dicen estos *"nois"*».

En la Bienal de Venecia de 1976 se presentó *España. Vanguardia artística y realidad social, 1936-1976.* Hubo un manifiesto en contra, que guardo, de un tal Col·lectiu Català d'Agitació Cultural, que criticaba aquella organización «no democrática» (organizada, decían, «por el tinglado de las *patums*», producto del franquismo). Hablaban de la «opresión de las diferentes naciones». Y la calificaban de «españolista de izquierdas». Yo acudí a esta Bienal, que luego vino a la Fundació Miró y allá conocí a Tomàs Llorens, con quien me ha unido una amistad que ha durado hasta su fallecimiento. Su versión en la Fundació Miró también causó polémica en los diarios. Llorens afirmó que era tan solo una «versión informativa» a la espera de la publicación definitiva, que editó Gustavo Gili.

A pesar de estos episodios problemáticos, la Fundació Miró nos brindó, en los años setenta, exposiciones magníficas: recuerdo la del arte abstracto norteamericano, la de Bacon, la de Wolf Vostell y la de Klee, esta ya en 1981.

Revistas, galerías, polémicas

¿Qué pasó en las artes plásticas tras la muerte de Franco? Hubo acciones reivindicativas. Por poner un ejemplo, en Valencia, los artistas Carmen Calvo, Equipo Crónica y Jordi Teixidor, entre otros, hicieron una exposición para la campaña electoral del Partido Comunista valenciano. En una carta, el pintor Jordi Teixidor me explicaba que también se había formado una asamblea de artistas; en alguna galería, como la Temps, los artistas jóvenes coorganizaban actos culturales con la dirección de la sala (esto sucedía en mayo de 1977). Por otro lado, saliendo de una dictadura, lo que hoy nos parece normal entonces se daba como novedoso y alternativo. En un artículo firmado con Alícia Suàrez y Mercè Vidal, titulado «El arte en una situación de cambio», analizábamos lo poco sucedido tras la muerte de Franco y hasta 1977. En Barcelona se creó el Grup Sense Nom, que realizaba pinturas murales en la calle con un estilo cercano al *underground* americano. Se habían iniciado con un *happening* en la Autónoma de Bellaterra en 1973 y luego pintaron en barrios obreros como La Trinidad, Ciudad Meridiana o La Sagrera, a veces invitados por las asociaciones de vecinos a raíz de alguna de sus reivindicaciones. Proliferaron las colectivas como *Homenaje a Alberti; Amnistía, Drets Humans i Art,* etcétera. Con el típico idealismo de la juventud, afirmábamos que no se habían puesto en cuestión ni el estatuto del artista ni los mecanismos de difusión y de venta de la obra de arte. Incluíamos, sin embargo, el hecho de las fiestas populares, entonces una verdadera reivindicación democrática, como los carnavales o la Diada de Sant Jordi (¡!). Y acabábamos con una obligada cita de Marx: «En un futuro solo habrá individuos que, además, pintan». La ADAG (Asamblea Democràtica d'Artistes de Girona) recogió la idea del *environnement* en alguna de sus exposiciones, que eran autogestionadas; ellos se incorporaron a la Assemblea de Catalunya. Quisieron llevar la ADAG a Cadaqués con la única condición de que Dalí no participara.

En 1977 fui en compañía de Alícia Suàrez y Mercè Vidal a la sexta edición de Documenta de 1977. Allí Walter De Maria construyó un agujero de un kilómetro de longitud y cinco centímetros de ancho. Las Brigadas Ramona Parra chilenas pintaron un mural, y se mostraba tanto videoarte que acabamos agotadas por la visión de tanta pequeña pantalla durante cuatro intensos días. Sin embargo, pudimos ver las obras de Nam June Paik, y se mostraba *Los últimos diez minutos* de Muntadas, que filmaba los últimos diez minutos de las televisiones de Moscú, Kassel y Washington. El trabajo de Anne y Patrick Poirier me sorprendió, y Antoni Miralda participaba con un ceremonial y comida de colores. Así como la quinta edición de Documenta había propuesto y consagrado el hiperrealismo y el arte conceptual, esta no proponía ningún nuevo movimiento, y en cambio incorporaba diseño y alguna acción políticamente comprometida.

Tras mi estancia en París, donde conecté con tantos colegas críticos de arte, Georges Boudaille me nombró comisaria para España de la X Biennale des Jeunes, que tuvo lugar en septiembre de 1977. Escogí a Ferran Garcia Sevilla, con su análisis de la portada del periódico del día del asesinato del almirante Carrero Blanco, a Fina Miralles, que presentaba un tríptico con fotografías y dibujos sobre tres esquemas de muerte artificial (asesinato, accidente, muerte psicológica cotidiana), y a Jordi Pablo, con sus objetos manipulados y sus esculturas sonoras.

En diciembre de ese mismo año creamos, con Alícia Suàrez, Mercè Vidal, Carles Hernández Mor y yo misma la revista *Artilugi*. Muy sencilla y en blanco y negro, con una maqueta pensada por nuestro amigo y coleccionista Rafael Tous, y a partir del tercer número, con la ayuda financiera de La Caixa, que conseguí a través de Juan Tapia, la revista editó catorce números, que llegaron hasta 1981. Antonio Saura nos dijo un día que se trataba de la revista de arte más importante de la Transición y nos sentimos muy halagadas. Pero era, una vez más, un acto voluntarista porque lo hacíamos todo nosotras (Carles Hac Mor se desvinculó más tarde de la organización). Hicimos números especiales dedicados a la fotografía, a la arquitectura, al patrimonio cultural, a las mujeres artistas, a los museos, al constructivismo ruso y a la Documenta de Kassel y colaboraron en la revista Josep Maria Muntaner, Joan Fontcuberta, Albert Ràfols-Casamada, José Corredor Matheos, Linda Nochlin, Jean-François Lyotard, Georg Jappe, y sobre todo publicamos el hoy famoso artículo de Eva Cockcroft «El Expresionismo Abstracto, arma de la Guerra Fría», que había aparecido en *Artforum* en 1974 y donde se explica cómo la CIA —a través del MoMA— utilizó el arte radical pero abstracto de Pollock, De Kooning, Rothko, Motherwell, etcétera, para afianzar su imagen de libertad frente al realismo socialista promovido por la Unión Soviética. *Artilugi* se vendía por suscripción y en espacios progresistas como la galería Ciento o la escuela EINA.

En el marco de la exposición sobre América Latina 76 organizada por el CAYC (Centro de Arte y Comunicación de Buenos Aires) se llevaron a cabo unas acciones y unas mesas redondas. En Francia el Collectif d'Art Sociologique organizó unas acciones. Fred Forest quería convencer a su público de que adquiriéramos uno de sus «metros cuadrados artísticos» a dos pasos de la frontera suiza. Fischer se constituyó en burócrata de una llamada «oficina utópica» donde hacía preguntas a las personas asistentes y luego preguntó sobre un nombre ya más general, no personal, como «Catalunya». Francesc Vicens dijo de la palabra «Catalunya» que era «femenina» y otra persona escribió que su profesión era «la de ser libre». El tono de las preguntas era más el de unos animadores que el de la inteligencia de las encuestas de Hans Haacke, que hurgaba realmente en temas sociales conflictivos. Yo había tenido una gran polémica con este grupo en la revista *Batik*, o sea, que no paraba de polemizar. De ahí quizás mi fama de persona no acomodaticia, ya fuera con las instituciones, el poder establecido o diversos protagonistas artísticos.

Carles Hernández Mor, Biel Mesquida, Alícia Suàrez, Mercè Vidal y yo misma presentamos «La práctica artística en un momento de cambio», donde se leían frases como esta: «Cabe decir que los puntos que aquí lanzaremos, casi como piedras, no han sido en absoluto trabajados de verdad por nosotros. Cogedlos, como simples propuestas de discusión sobre cuestiones muy complejas». Carles Hernández Mor no podía evitar ser rebelde y poético, como lo fue siempre. Criticábamos la falta de política cultural de personas e instituciones que en este momento de cambio continuaban la lucha contra el franquismo. Decíamos que el cambio era mínimo, relativo, que arrastraba la inercia de la política testimonial (esto era completamente cierto), como podía verse en el homenaje a Xirinacs, el homenaje a Alberti y la exposición sobre la amnistía. Destacábamos la Asamblea Democrática de Artistas de Gerona, que era una experiencia que tener en cuenta. Decíamos que lo testimonial era el resultado de una política de propaganda, de algún partido concreto y, por tanto, simples colectivas bajo un título progresista (¡cierto!). Decíamos que éramos los intelectuales, y no los partidos, los que teníamos que trabajar a nivel práctico y político para hacer cambios. Y finalizábamos hablando de la «derechización» del Congrés de Cultura Catalana, que había nacido en momentos de represión y cuyos objetivos ahora se habían vuelto estereotipados y tradicionales. Como alternativas proponíamos crear plataformas democráticas y poner en cuestión el estatuto del crítico y del artista, y trabajar el concepto de interdisciplinariedad. En cierto modo, éramos visionarios, porque si bien el mercado sigue igual, las plataformas de artistas han surgido con la democracia, aunque el rol del artista y del crítico ha seguido incólume. Éramos, en fin, activistas y marxistas y luchábamos con gran idealismo contra el *establishment* artístico.

También quisimos hacer una revista satírica que se llamaría *La Nutria Artística (La Llúdria Artística,* ya que se publicaría en catalán), con Francesc Miralles, pero no pasó de un proyecto. La Nutria era dibujada por un tal Huarte y proponía explicar chismes del mundillo artístico tanto catalán como del resto de España, incluyendo crítica, museos y hasta la denuncia de extrañas operaciones inmobiliarias. La suscripción tenía que ser de trescientas pesetas anuales, pero todo quedó en agua de borrajas.

En los años setenta había tan solo unas treinta galerías de arte contemporáneo en toda España. Barcelona, sin embargo, constituía entonces lo más avanzado en arte contemporáneo. Íbamos a la galería Maeght de la calle Montcada, magnífico espacio de dos plantas, en el que se podían ver exposiciones de Palazuelo, Arroyo, Equipo Crónica, y también de Tàpies, Miró, Giacometti o Valerio Adami. El director era Paco Farreras, a cuyo despacho se accedía subiendo unas escaleritas hasta un piso superior. No era altivo, pero sí un poco distante, educadísimo y siempre cordial conmigo. Era muy respetado por todo el mundo del arte. Paco pertenecía al grupo de los desencantados de la Falange, fundador con Ramón Viladás y Joan Rosanas de la revista *Laye,* en la que colaboraron Manuel Sacristán, Gil de Biedma, Gabriel Ferrater y Carlos Barral. Perseguido por su posición antifranquista, tuvo que exiliarse en París, donde vivió de 1958 a 1967. Fue director de la Maeght de 1972 hasta su jubilación en 1992.

Pero las totalmente contemporáneas eran la G, la Mec Mec y la Ciento. La G se inauguró en 1975 y ya he contado que yo vivía en París de mis textos para los preciosos desplegables diseñados por América Sánchez a modo de catálogo para la G. La galería Mec Mec apareció con un nombre que era una pequeña burla contra la Maeght, que la progresía consideraba institucionalizada y distante. Estaba en la calle Assaonadors 37 y no sé por qué la recuerdo pequeña, pero tal vez es porque en las inauguraciones siempre estaba llenísima hasta los topes de progres, contraculturales, alternativos, periodistas... Sus promotores eran Xavier Corberó, Antonio de Senillosa, Joan Manuel Serrat y algún miembro más de la *gauche divine*. Expuso a Robert Llimós, a Ocaña, que presentó sus recuerdos andaluces, y los mallorquines de la revista extremadamente alternativa *Neon de Suro*. Pero sobre todo Mariscal organizó su *Gran Hotel*, donde había dibujos, cómics, fotografía, vídeo, y donde Marta Sentís, vestida de camarera, pasaba el aspirador. Mariscal era un gran divo, con su melena rizada y su timidez e ingenuidad no sé si verdadera o inteligentemente pensada. Y allí celebraron su boda mi entonces cuñada Ana Briongos con Toni Alsina. Ocaña entraba y salía, Nazario también. Los de la Orquesta Platería amenizaban la fiesta. La verdad es que nos lo pasábamos en grande. Era 1977 y el dictador había muerto hacía dos años, no todo era aún democrático ni mucho menos, pero los aires de libertad se apoderaban de los ánimos de todo el mundo.

La otra galería era la Ciento, dirigida por Marisa Díez de la Fuente, de la que me hice gran amiga. Remodelada por el arquitecto Pepe Pratmarsó, estaba en Consejo de Ciento entre Paseo de Gracia y Rambla de Cataluña y no era grande. Sus inauguraciones eran fantásticas, auténticas fiestas en las que se codeaba todo el mundo artístico. Era un momento en que las inauguraciones implicaban diversión y, sobre todo, el encuentro con amigos, así como fraguar proyectos.

Marisa era burgalesa y estaba casada con Antonio Ortínez, hermano de Manuel Ortínez, artífice del regreso de Tarradellas a Cataluña. Era, sobre todo, muy elegante, y tenía un gusto excelente al escoger un tejido, un mueble, un diseño gráfico para un catálogo. Sabía escuchar a los artistas, iba a sus talleres, elegía la obra, y se hizo amiga de muchos de ellos. Especialmente de Carlos Pazos, Luis Frangella, Patricio Vélez y Ramon Herreros. También de Ángel Bofarull, a quien me referiré al hablar de los años ochenta. En una Barcelona que aún no estaba encerrada en sí misma, Marisa era muy abierta de miras y le interesaba todo. Fue cofundadora de la Primavera Fotográfica en 1982 e impulsó la creación de la asociación de galerías Art Barcelona. Las exposiciones de los años setenta en su galería aún fueron un tanto convencionales: Mompó, Tàpies, Christo, Hernández Pijuan, arte popular de la India, pero también incorporó a artistas entonces jóvenes como Muntadas, Patricio Vélez, Eugènia Balcells, Perejaume o José Manuel Broto. Hizo intercambios con galerías de Madrid, algo poco frecuente entonces.

También había unos pocos espacios alternativos como la sala Tres de Sabadell y Vinçon, la famosa tienda de diseño en cuya parte superior se hicieron magníficas exposiciones. A la sala Tres de Sabadell fui a dar una charla en 1974 sobre arte conceptual, como siempre. Carles Hernández Mor me había hablado de la sala como «un lugar anticuado y un poco cutre», y efectivamente lo era, pero entre 1972 y 1979 un grupo de jóvenes, entre los cuales estaban Benet Ferrer y Alfons Borrell, se encargaron de la gestión del espacio y dieron cabida a los conceptuales y a otros artistas interesantes del momento como Chancho o Robert Llimós. De todos ellos al que más recuerdo es a Benet Ferrer, con su rostro redondo, su cráneo calvo —pero por entonces con una melena muy larga— y su sentido del humor tan catalán. Benet era un ceramista que había puesto en cuestión su oficio. Presentaba unos magníficos *Dessembussadors* (Desatascadores), realizados con arcilla, engobe y pintura, y sobre todo *Capacidad de una rajola*, un ladrillo vaciado de su contenido de barro. Otros miembros del grupo eran Carme Ballester, Josep Melo y Tatum Fernández. Parece mentira pero allá pasaron grandes cosas, algo típico del momento: aprovechábamos cualquier espacio que nos fuera ofrecido o en el que tuviéramos amigos «infiltrados» para llevar a cabo exposiciones y charlas. Allá expuso Fina Miralles su muestra *Translacions* (1974) y se fotografió con todo el grupo de la sala Tres al pie de una cama con un limonero haciendo de durmiente; el suelo de la sala estaba cubierto de paja, lo que le supuso problemas con el seguro de la sala ante un posible incendio... También expuso *Matances,* en donde yuxtaponía fotografías de víctimas de la tortura con una fotografía de su primera comunión siendo apuntada por los soldados de *El 2 de mayo* de Goya. Àngels Ribé mostró *Can't go home,* que había sido expuesta en Nueva York. Y expuso su *Orden público* y *Discriminació de la dona.*

Pero había otra galería con la que tuve mucha relación, y estaba en Madrid. Fue la Vandrés de Fernando Vijande, de quien ya he hablado, galerista catalán tristemente fallecido en 1986. Fernando era alto, guapo, elegante, educado e inteligente. También hablaba idiomas, algo raro en los años setenta en España. Él contribuyó de manera fundamental a la modernización del galerismo en España y al apoyo de los entonces jóvenes talentos de nuestro país, así como a su difusión internacional. Vijande, con su socia, la norteamericana Gloria Kirby, había abierto una tienda de antigüedades, pero el escultor chileno Raúl Valdivieso lo convenció para abrir una galería de arte. Valdivieso trajo a Claudio Bravo y al pintor Juan Giralt, quien a su vez trajo a Gordillo, Darío Villalba y Alexanco. Ellos empezaron a sugerir más nombres de artistas, mientras otros, entre ellos yo misma, lo conectamos con figuras entonces emergentes dentro del arte español. Fue a mediados de los setenta cuando Fernando me preguntó qué artistas jóvenes me interesaban y si le podía acompañar a verlos. Le presenté a Sergi Aguilar y viajamos a Valencia a ver a Carmen Calvo, Miquel Navarro y Jordi Teixidor. Fernando era rapidísimo en decidir si el artista le interesaba o no. Y todo era fácil con él: la educación, la discreción y la diplomacia eran sus grandes virtudes profesionales. Hasta 1981 la galería se llamó Vandrés y estaba en Don Ramón de la Cruz 26, más tarde se llamó Vijande y estuvo en un garaje de Núñez de Balboa 65. Expuso desde el conceptual Muntadas hasta la figuración de Guillermo Pérez Villalta o Chema Cobo, desde el minimalismo de Jordi Teixidor, de Bechtold o de Sergi Aguilar hasta el simbolismo de Teresa Gancedo; desde la relectura de la pintura y escultura de Carmen Calvo y Miquel

Navarro hasta el hiperrealismo de Claudio Bravo o el *neokitsch* de los Costus y el arte casi psicodélico de Zush, pero también a los más clásicos Ràfols-Casamada, Hernández Pijuan o Guinovart, pasando por la fiesta ritual de Miralda, llamada *Situació-Color,* esta vez en la residencia barcelonesa de Josep Suñol. Y a los internacionales Kounellis, Nino Longobardi, Charlotte Moorman o Allan Kaprow, a Mapplethorpe y sobre todo a Andy Warhol. Su galería no hubiera sido la misma sin la ayuda de tres mujeres: Marisa Torrente, primera codirectora de la galería, Daniela Tilkin y la supermoderna Blanca Sánchez, durante muchos años «alma» de la galería y muy amiga de Almodóvar. Con Blanca hicimos buenas migas y muchísimos años después, en 2006, montamos en la Comunidad de Madrid la exposición *La Movida.* La muestra se demostró tan grande y tan complicada de hacer que acrecentó su enfermedad y ella murió en 2007. Alguna vez me había quedado a dormir en casa de Vijande, donde por la mañana la asistenta le traía el desayuno: en un platito había un ajo entero que él tragaba con el té. Decía que era buenísimo para conservar la salud. Pero fue uno de los primeros en morir víctima del sida, pobre Fernando.

Como he dicho, era un momento de polémicas artísticas, mucho más intensas y de mayor calado que en el presente. Y yo resulté ser una polemista nata, con o sin compañeros o compañeras de oficio y en contra de los que no compartían nuestras ideas. Ya había tenido una primera polémica con Joan de Sagarra en *Tele/eXprés* porque criticaba el elitismo de sus artículos titulados «Las rumbas de Joan de Sagarra», aunque me confesaba introducida en su «cotarro», que implicaba reuniones en la librería Anthropos, Cinc d'Oros y demás espacios progresistas. Yo argumentaba que la gente normal no se enteraba de nada y que aquellos ejemplos de periodismo, de la mano de gente tan excelente escribiendo como Sagarra, era una literatura de izquierdas, pero de lujo. Sagarra me contestó con un artículo que hizo época y que comenzaba con «La Sra. o

Srta. Victoria Combalía, a quien no tengo el gusto de conocer...». Y Joan Fuster salió en su defensa con otro artículo. Cabe decir que en el *Tele/eXprés* se dirimían grandes polémicas durante los años setenta. Carles Hac Mor, con el seudónimo de Ignasi Ubac, escribía crónicas sobre libros y cultura.

En 1979 se produjo mi polémica con Juan Manuel Bonet. Yo había escrito en *Batik* (junio-julio de 1979) un artículo sobre el estado de la crítica de arte, francesa, norteamericana y española. Al llegar al caso español, comentaba la joven crítica madrileña citando un fragmento de Patricio Bulnes sobre Alcolea en el que se leía:

> La topologización del pintor, ese naufragio en la superficie, pasa entonces por la fabricación de un arco bizco, dar en la diana es el fraude de la pintura, pintar en cambio Matisse de día, Matisse de noche es el arquero frustrado, el arquero dando con el pie en el suelo.

La base de la crítica madrileña, argumentaba yo, «radica en un intento por escapar al formalismo reinante mediante un tono poético muy personal y muchas veces tan alambicado como las propias pinturas que "comentan"». Bonet me rebatió en «La crítica desde la crítica, sobre un artículo de Victoria Combalía» *(El País,* 26 de julio de 1979), en el que afirmaba que la «antigua apóstol del conceptualismo acaba de demostrar que está dispuesta a no olvidar unas cuantas verdades teológicas». Yo defendía a marxistas (Simón Marchán, Valeriano Bozal), a *catalanes rigurosos* (Joaquim Dols, Maria Teresa Blanch, Artilugi) y daba palos a la literatura *barata madrileña* ejemplificada en este artículo de Patricio Bulnes sobre el pintor Alcolea. Bonet me rebatía que en Madrid se lo pasaban mucho mejor leyendo «la estupenda prosa de Bulnes» que la revista *Artilugi*. Y acababa diciendo: «En Madrid es que somos así de cursis». Pero sigo afirmando que, en muchas de sus críticas, eran barrocos y alambicados, a la vez que yo era una marxista un tanto cuadriculada.

Las Semanas Catalanas de Berlín

Las Semanas Catalanas de Berlín (que tuvieron lugar del 25 de junio al 13 de julio de 1978) surgieron de una propuesta del profesor alemán de la Freie Universität Til Stegmann a una serie de amigos catalanes, fundamentalmente al empresario Rafael Tous. Estábamos en plena transición de la dictadura a la democracia y la situación española, y en particular la catalana, suscitaba interés en Europa. Era un momento en que el Congrés de Cultura Catalana terminaba y quería difundir su labor fuera del país. Enseguida se conectó con intelectuales que habían participado en el Congrés y con el Institut d'Estudis Catalans para que colaboraran en nuestro proyecto. El coste total de las *Setmanes* era de veinte millones de pesetas, de las cuales una parte la pagaba Alemania y otra parte Cataluña: el Ayuntamiento de Barcelona (entonces con el alcalde Josep Maria Socias Humbert) puso casi diez millones, Rafael Tous un millón (una cantidad muy considerable para la época) y hubo asimismo pequeñas contribuciones de otros particulares. Sin embargo, en *La Vanguardia* del 5 de julio de 1978, Tomás Alcoverro afirmaba que la cantidad total nunca se llegó a reunir y seguramente fue cierto, porque varios actos tuvieron que cancelarse por falta de presupuesto. Por parte alemana nuestro interlocutor oficial fue Dieter Ruckhaberle, que se mostró inflexible, poco atento a nuestra concepción de la muestra y con quien tuvimos tal conflicto que, en pleno montaje, Gabriel Mora, el arquitecto montador, se encerró una noche en la exposición como protesta. De hecho, nosotros veíamos que nuestra exposición, concebida como un dispositivo de debate teórico, no les interesaba, solo querían tener público con obras de Picasso, Miró o Julio González. En un momento dado recuerdo que los alemanes nos pedían incluso, entre las actividades, «Flamenco y toros», o sea, que poca cosa habían comprendido. El catálogo, que no salió hasta casi un año después, a pesar de su gran interés teórico e histórico, se publicó plagado de errores de imprenta e incluso de maquetación, puesto que fotografías de referencia aparecían a toda página mientras obras importantes de Julio González o Miró se presentaban más pequeñas o sencillamente no se incluyeron. De hecho, el catálogo nos pareció tan defectuoso que escribimos una carta colectiva al señor Ruckhaberle diciendo que, como autores, renegábamos de la publicación y no autorizábamos su difusión pública. No obtuvimos respuesta, el catálogo se difundió en Alemania pero no en Cataluña y esto fue una de las causas de que la exposición cayera en el olvido.

Las dificultades de la empresa fueron innumerables: baste decir que obligaron al alcalde Socias Humbert a hablar en castellano, porque no encontraron a ningún traductor del alemán al catalán. Aquello, en pleno 1978, fue un acto heroico, voluntarista, en el que hoy nadie se embarcaría con aquellas dosis de idealismo y falta de sentido práctico.

El proyecto quiso ser global, reuniendo pintura, escultura, arquitectura, fotografía y documentos, y se basaba en una concepción marxista de la historia, siendo tal vez excesivamente mecanicista en la relación entre hechos sociales y artes plásticas. Pero fue un intento, creo que pocas veces superado, por realizar un gran esfuerzo teórico aplicado al arte catalán, fruto de una cultura minoritaria pero muy rica y con características propias. Entonces creíamos en la noción de Països Catalans, englobando a Valencia y a la Catalunya Nord, un concepto que derivaba sobre todo de la lucha antifranquista, hoy en día difícil de sostener. Según Tomàs Llorens, tan solo la llamada «Bienal Roja de Venecia» en 1976 y las Semanas

Catalanas de Berlín fueron intentos de explicación «no oficial» del arte español o catalán, ya que después, afirmó, hubo una voluntad de olvido para no crear situaciones conflictivas. Lo que nuestro estudio propuso fue asociar los cambios artísticos a las condiciones económicas, sociales y políticas de cada momento y en el caso concreto del Modernismo y del *Noucentisme*, quisimos cuestionar los clichés establecidos. Nuestra periodización era la tradicional, pero nuestros capítulos, no: estos se titulaban *El proyecto metropolitano; Marginalidad y marginación; Un nuevo espiritualismo; La Modernidad Moderada* (que equivalía al *Noucentisme); La vanguardia como disidencia; La Guerra Civil; El exilio; La recuperación (La represa) de la vanguardia como disidencia; El compromiso; Arqueologías de la razón práctica; Normativismo; Por una arquitectura realista; Imágenes de la realidad; El trabajo sobre el significado* y *La autorreflexión.* Ignasi Solà-Morales planteó que el Modernismo y en él el proyecto metropolitano de una gran Barcelona (con el derribo de las murallas y el Plan Cerdà) se correspondían con un cambio social, al ascenso de la burguesía, no solo a la ideología nacionalista. Tomàs Llorens acuñó el término «Modernidad moderada» para explicar lo que llamamos *Noucentisme*. Se trataba de una modernidad ciertamente moderada (la de Sunyer, Manolo Hugué o Gargallo, que de hecho aúnan el clasicismo de los temas con algún rasgo cézanniano o cubistizante) que se correspondía también con una política distinta:

> Después de haber tenido el gran momento de sueño expansivo de 1900, una vez transcurrida la Primera Guerra Mundial y sobre todo, la Semana Trágica de 1909, y pasadas las huelgas de 1917, y en la relativa crisis económica de 1929, la burguesía disciplina su efervescencia cultural y la cultura se hace mucho más funcional, políticamente hablando.

El término «autorreflexión», también acuñado por Tomás, en realidad explicaba una parte de lo que hoy llamamos Posmodernidad, y me tocó a mí redactar aquel capítulo.

Poníamos en cuestión el cliché de una modernidad o vanguardia como un perpetuo «salto hacia delante» y la ilusión de un eje «centro-periferia», que imagina la ruptura vanguardista como un fenómeno cosmopolita, siempre internacional. Nosotros intentábamos cambiar la sucesión de movimientos por conceptos temáticos, definidos en función de su significación histórica y su contenido ideológico en una sociedad concreta, la de los así llamados entonces Països Catalans.

En el catálogo escribieron, además de los comisarios, Francesc Roca, Ernest Lluch, Francesc Fontbona, Alexandre Cirici y Oriol Bohigas, entre otros, y se reproducían numerosos textos fundamentales del arte catalán del siglo XX.

La organización se hizo mediante larguísimas reuniones en la sede de la empresa de moda de Rafael Tous, llamada Mr. Cat, en la calle Berlinés n.º 15. Los comisarios de la muestra de arte fueron Tomàs Llorens, Ignasi Solà-Morales, Mercè Vidal, Alícia Suàrez y yo misma. Rosa Cals asumió el secretariado del día a día, e Isabel de Pedro (entonces esposa de Rafael Tous) nos ayudó asimismo con mucho entusiasmo. La muestra se hizo en la Kunsthalle de Berlín. Nos costó mucho obtener los préstamos. El periódico *Tele/eXprés* (del 6 de julio), en un artículo firmado por Joaquim Ibarz, recogía nuestras quejas: que Madrid boicoteó la exposición al negarnos los préstamos de todo lo que pedíamos, argumentando «dificultades técnicas». Que Dalí también se negó a prestar obras de sus fondos (por suerte la prima del artista, Montserrat Dalí, nos prestó una obra). Por parte del Ayuntamiento, algunos concejales se negaban a colaborar y tuvo que intervenir el alcalde Socias. Afortunadamente el señor Trías Fargas, el doctor Raventós y otros coleccionistas privados prestaron obras.

Las Semanas Catalanas tuvieron un gran eco. Se presentaron más de cien actos paralelos a la muestra y generaron trescientos cincuenta artículos en la prensa y alrededor de setenta emisiones de radio, más algunas de televisión. Alexandre Cirici Pellicer, en su crítica de *Serra d'Or,* afirmó: «Por su selección y el montaje es probablemente la mejor exposición global de arte catalán jamás montada». Hasta salió la noticia en el periódico *Excelsior* de México: «En su discurso inaugural», decía el redactor, «el ministro de Asuntos Culturales de Berlín Occidental, Dieter Sauberzweig, subrayó que la opresión de la cultura catalana durante la dictadura de Franco fue el motivo que impulsó a comenzar en Berlín con las Semanas Catalanas la presentación de minorías culturales en Europa» (martes, 27 de julio de 1978).

Sin embargo, la idea de repetir las Semanas Catalanas al año siguiente en Leningrado no prosperó, dada la complejidad de la iniciativa en Alemania. Entre los actos programados podríamos mencionar las sesiones gastronómicas, con menús que incluían paella, pato con peras, pan con tomate y otros platos típicos: aún no existían profesionalmente ni Ferran Adrià ni Carme Ruscalleda... También se mezcló perfectamente la cultura experimental con la popular y la tradicional. Porque allí convivieron la famosísima *Suite Bufa* de Joan Brossa y la música de Mestres Quadreny (con Jane Manning, Sílvia Munt, Carles Santos y Joan Brossa) como la sardana y los castellers; Els Comediants y el Grup Instrumental Català de música experimental (con obras de Joan Guinjoan, Robert Gerhard y Anna Bofill, entre otros). Estuvo presente la Escolanía de Montserrat junto a documentales sociológicos sobre fenómenos sociales como «La emigración» (se proyectó *El fet migratori,* de Josep Maria Forn), «Las prisiones» o «El catalán en la escuela», extraídos del NO-DO. También la Nova Cançó, el teatro y la literatura.

El espíritu contestatario, socialmente comprometido y antifranquista impregnaba aquellas Semanas Catalanas, pues tan solo hacía tres años que había muerto el dictador y las primeras elecciones democráticas habían tenido lugar un año antes, en 1977. Entonces se veía con prístina claridad quién era interesante y quién no lo era; nada era «oficial» porque todo había sido «extraoficial» durante treinta y cinco años. Lo que sorprende hoy en día es que no nos equivocamos en la selección: tan solo en el arte conceptual, que nosotros no pusimos como movimiento, fuimos parciales (seguramente por el poco aprecio que le tenían Tomàs Llorens e Ignasi Solà-Morales). Lo englobamos en un capítulo llamado *El trabajo sobre el significado,* donde aparecía el Tàpies objetual, Brossa, Jordi Pablo, Sergi Aguilar, Miquel Navarro, un Guinovart, Eulàlia y Àngel Jové. En mis notas aparece el famoso trabajo *113* del Grup de Treball (como hemos mencionado antes, un colectivo de arte conceptual extremadamente politizado), pero al final no consta en el catálogo. Es decir, que consideramos a ciertos artistas conceptuales como artistas que utilizaban medios tradicionalmente considerados como «no artísticos» («objetos cotidianos, ambientes, documentación» como consta en mis notas) y que ponían en cuestión la naturaleza del arte. Pero en nuestras listas no aparecían ni Muntadas —tan mitificado después— ni Francesc Torres —aún muy poco conocido en Cataluña—, ni tampoco artistas que ya eran interesantes pero muy individuales como Carlos Pazos o Frederic Amat. Tampoco acabó apareciendo en el catálogo una breve introducción sociopolítica a aquel presente redactada por mí, sino simplemente el texto «Arte conceptual aquí», publicado por Tàpies el 14 de marzo de 1973 en *La Vanguardia,* y muy crítico para con el arte conceptual (¿olvido de los editores del catálogo, plagado de incorrecciones?). Hay que tener en cuenta también que, al incluir Valencia, teníamos todo un apartado para *Imágenes de la realidad* que englobaba al Equipo Crónica, Genovés, el grupo integrado por Boix, Heras y Armengol (todos ellos de la comunidad valenciana), más un Guinovart.

La vida artística de los años ochenta

Como a todos los que volvíamos de Estados Unidos con una beca, me entró la depresión post-USA. En sus memorias, tituladas *Oda inacabada*, Pasqual Maragall dice lo mismo de su retorno de aquel país, mientras paseaba por el Ampurdán: *«Recordo la depressió de la tornada dels Estats Units, en una sensació estranya de ser-hi i no ser-hi, caminant maquinalment...»*. Los que volvíamos de Nueva York nos encontrábamos con una España, aunque ya democrática (era 1981), todavía atrasada respecto a Europa y Norteamérica. Me parecía que todo era lento, que se trabajaba mal, que no había movilidad en los trabajos, que había muchísima burocracia. Un día paseando por la Rambla Catalunya con Bibí Escalas, a mitad de los ochenta, se puso a mirar a los paseantes y me dijo: «¿Verdad que parece Valladolid?». Exageraba, pero era un poco cierto. Otra vez, recién llegada de Nueva York, fui a una fiesta muy *progre* en el Boliche, en la avenida Diagonal, un local de copas que se había puesto de moda otra vez en los años ochenta y que fue redecorado por Jordi Galí. Lo recuerdo como aún muy años cincuenta, su estilo de origen, con una pared ondulada y un banco corrido al estilo parque Güell. Aquellos progres, pensé, tenían todos una apariencia de *«bona gent»* sin remedio, nada que ver con la extrema sofisticación o con la pinta de mala vida de los antros modernos de Manhattan. Me reí mucho, pero así era Barcelona.

Al volver, Jordi Pujol presidía la Generalitat. Había ganado las elecciones de 1980 tras el breve Gobierno de Tarradellas, que había vuelto del exilio en 1977. Ramón de España dijo en un documental sobre la Contracultura en Barcelona: «Entre la muerte de Franco y el nombramiento de Pujol, los de mi generación tuvimos cinco años para hacer el ganso»: «hacer el ganso» significaba divertirnos. Pero en aquellos cinco años ocurrieron acontecimientos fundamentales en la esfera política: fue el periodo de la Transición hacia la democracia, que culminó con la elaboración de la Constitución Española en 1978. Un año antes habíamos podido ir a votar, las paredes se llenaron de propaganda electoral anunciando los mítines de los políticos. El PSOE inventó el logo del puño con una rosa y Felipe se presentaba bajo el lema «Por el cambio». Fue derrotado por la UCD de Adolfo Suárez, hasta que ganó las elecciones en 1982 y gobernó el país hasta 1996. A pesar de algunos errores, el Gobierno socialista constituyó un momento de euforia para nosotros, los jóvenes de ideas progresistas. Teníamos la sensación de que se podían cambiar las cosas, los cargos nombrados no eran franquistas, había grandes esperanzas. Hoy está de moda criticar la Transición, afirmar —lo que es cierto— que el poder judicial y la policía franquista permanecieron incólumes, pero entonces nos parecía que todo lo prohibido dejaba de estarlo y que se respiraba libertad por todas partes. Viniendo de una dictadura, aquella reacción era lógica. Los mayores, en cambio, creían que podía producirse otra guerra civil. Mi familia vendió la maravillosa casa de Tossa en 1977 porque, al ser nombrado en el pueblo un nuevo alcalde, afiliado al Partido Comunista, creyeron que les podían requisar la casa. De hecho, entre la muerte de Franco en 1975 y la llegada del socialismo en 1982, España vivió tiempos convulsos: huelgas generalizadas, protestas estudiantiles, secuestro de Oriol y Urquijo por el Grapo, secuestros a manos de ETA, continuas amenazas golpistas, asesinato de cinco personas en un despacho de abogados laboralistas, golpe de Estado del teniente coronel Tejero. Pero la democracia también trajo la amnistía para los presos políticos, la legalización del Partido Comunista, el regreso de la Pasionaria y de Alberti, las manifestaciones feministas y del colectivo gay, la ley del divorcio, el retorno del *Guernica.*

En los ochenta yo di muchas conferencias sobre arte conceptual y arte contemporáneo en general y me encontraba con jóvenes concejales de cultura del PSOE: les largaba enseguida mi entusiasmo por el nuevo gobierno y su propuesta de cambio, del que tanto se hablaba. Pronto me di cuenta de que si bien había dos o tres que se lo creían realmente, el resto eran arribistas como los que todos los partidos han tenido, tienen y tendrán. Pero tampoco me quitaban la ilusión del momento.

En 1982 Narcís Serra, que era alcalde de Barcelona, fue nombrado ministro de Defensa y la alcaldía la asumió Pasqual Maragall, puesto que le sería revalidado en cuatro elecciones consecutivas, de 1983 a 1995. Quince años en los que Barcelona se transformó completamente y en los que intervinieron, en líneas generales, los mejores profesionales de cada ramo. La campaña «*Barcelona, posa't guapa*» significó la limpieza de fachadas y la creación de muchísimas infraestructuras básicas para la ciudad. Maragall dignificó la periferia, diseñó la Barcelona olímpica, abrió la ciudad al mar. Y siempre pensó en Barcelona en términos internacionales, no solo de Cataluña. Fue a hablar con los vecinos e incluso fue a dormir a casa de algunos. Tuvo muchas campañas en contra, como la de Josep Maria Cullell hablando de un «Maragall borracho», que mucha gente creyó. Pero Pasqual hablaba un poco gangoso como algunos miembros de su familia.

Creo que poco tiempo después de ser nombrado alcalde de Barcelona fui a hacerle una visita ya que para mí era el hermano de mi excuñado Pau Maragall y lo conocía un poco de la juventud. Me recibió muy amablemente, pero recuerdo su frase: «No necesito ideas, necesito funcionarios». A lo largo de un mandato de doce años pude estar en desacuerdo en aspectos de política cultural, pero en cambio su contribución a la ciudad fue extraordinaria. Lo que sucedió durante los años ochenta, sin embargo, es que las políticas culturales del Ayuntamiento, progresistas y muy dinámicas, siempre eran distintas, si no contrarias, a las de la Generalitat, que siempre privilegió la normalización lingüística por encima de cualquier otra iniciativa.

Al volver a Barcelona empecé un psicoanálisis. Me sorprendió muchísimo ver que no había, por así decirlo, ni bien ni mal. Para mí, educada como cualquier persona de familia católica y conservadora, la culpa era un tema que estaba siempre presente. No es que no distinguiera entre la bondad y la maldad de nuestros actos, sino que comprendí que había toda una serie de factores familiares, educativos y culturales que son inseparables de nuestros comportamientos. Iba a hablar de mi separación de Miguel, que había sido amistosa, y la psicoanalista en un minuto vio la gran presión y represión que suponía el comportamiento de mi madre. Clic. Con el breve psicoanálisis y la terapia posterior me di cuenta de que lo que yo consideraba «normal» en el comportamiento de mis padres era, en realidad, muy autoritario. Las frases de mi madre «resérvate, resérvate» y de mi padre «no te señales en nada, no te signifiques» eran grandes cortapisas mentales y físicas. Quizás por ello como reacción me signifiqué tanto en la crítica de arte, expresando mis ideas sin ninguna autocensura, aunque en lo político, en cambio, me contuve bastante. Aunque tuve muchos amigos afiliados al PSUC, yo no era una persona de carnet, y mucho menos de células y de reuniones clandestinas. Me manifestaba y era feminista, estaba presente en actos o iniciativas culturales antifranquistas, pero nada más. Sin embargo, por mis posicionamientos artísticos creo haber pagado un precio muy alto, puesto que los criticados enseguida sintieron antipatía por mí y, si es cierto lo que me dijo Ferran Mascarell, fueron los artistas los que vetaron mi candidatura a directora del MACBA. Quizás me quité un auténtico fardo de encima, pero entonces me dolió. Yo me había formado profesionalmente en Estados Unidos y en París, lugares —y sistemas culturales— en los que un crítico siempre expresa su opinión personal. En España no estábamos acostumbrados a eso, salvo por algún ejemplo que ya he citado anteriormente. Si dejas mal a alguien, luego hará todo lo posible para fastidiarte, difundir rumores falsos que puedan afectarte, interferir en concursos o puestos de trabajo, etcétera. Como decía un amigo, en Cataluña lo mejor siempre es hacerse el gallego: que no sepan si subes o bajas, no destacar en nada, asentir en todo.

En los años ochenta tuve muchos cambios de humor, por un lado, desplegaba una gran energía y por otro también podía deprimirme. Conocí lo que se llaman «ataques de pánico», que tanta gente ha tenido y de los cuales no se hablaba entonces. Tienes un sudor frío, palpitaciones, y te parece que te vas a morir. La primera vez llamé a mi médico de cabecera y lo primero que me preguntó es si me dolía el brazo, para descartar un ataque al corazón. Pero en realidad era angustia, y sobrevenía de repente, a veces al ir a dormir. Pronto aprendí que se iban con un ligero tranquilizante, pero fue una época de grandes altibajos.

Separada de Miguel, tuve muchas relaciones, pero ninguna prosperó más de unos meses o un año. Quizás exigía demasiado, quizás no encontré a la persona apropiada. Con todos quedé amiga y seguíamos compartiendo vida social después. Pero A me llevaba a los toros (y yo cerraba los ojos cuando llegaba el picador) y me cambió enseguida por cualquier otra amante; G me reconoció que seguía enamorado de una antigua novia; O me paseaba como un trofeo y me venía a buscar con un coche nuevo, intentando deslumbrarme; P estaba casado y fue su mujer quien me sugirió que iniciara aquella relación. Con L fui a ver casas de Le Corbusier y los museos florentinos, pero no me tocaba ni un pelo porque pronto descubrí que era gay. Lo de B duró muy poco: no tenía ni un libro en su casa y aquello me pareció un mal presagio. R estaba cordialmente loco de remate.

Otros eran esporádicos, yo era una joven emancipada, bastante lanzada, y la verdad es que alguno se echó para atrás, ya me lo había advertido Helena Valentí... Tuve una historia rocambolesca con X, que era un paranoico, uno verdadero. Con él fui a Ibiza y estando en la playa decía, por ejemplo, «¿Ves aquel coche?, son los que me persiguen». Yo estaba entre el miedo a que me pasara algo y mi atracción por él. Y un día, en otra playa, se nos acercó un guardia civil y me preguntó: «¿Cuántos años tiene usted?», y yo dije: «Treinta». «Ah, porque se ha escapado de casa una menor que iba vestida como usted, con pantalones marrón oscuro y una blusa beige.» Me llevé un gran susto y pensé que aquella chica vestida igual que yo iba a ser devuelta a su familia, tal vez una horrenda familia, puesto que para escaparse hacía falta valor. Creo que entonces la mayoría de edad estaba en los veintiún años.

Anoté en mi diario bastantes reflexiones feministas, aunque también ponía en cuestión según qué declaraciones de mujeres con las cuales no compartía ideas. Pero un comentario, vuelto a leer hoy, me ha devuelto a una realidad que aún no ha cambiado:

> De repente ver que una cierta escalada intelectual pasa también, lamentablemente, por una escalada social. He comprobado cómo cuando voy con C. o B. los «poderosos» están más amables, serviles incluso. Terrible, tantos años trabajando para encontrarse con eso.

De hecho, es poco frecuente que en una reunión los hombres nos escuchen. Lo tengo muy comprobado: por su tono de voz y ambición de protagonismo, ellos siempre llevan la voz cantante. Así sigue siendo, aunque la presencia de la mujer en los medios de comunicación haya mejorado muchísimo.

Cuando los asuntos sentimentales terminaban mal, yo me comportaba como un hombrecito y pensaba con mucho orgullo de mujer liberada: «Lo superaré». Pero el cuerpo siempre daba respuestas a los problemas psicológicos y afectivos, y surgían las migrañas, los insomnios, las bajadas de tensión, incluso una pulmonía, que también debió de tener un origen psicosomático. En realidad, estaba en contra de la institución matrimonial, consecuencia de la experiencia nefasta de mis padres, pero como tantas otras mujeres debía de anhelar el amor perfecto, sin duda idealizado por nuestra educación.

Tenía en cambio buenísimos amigos con los cuales salía, viajaba e iba de vacaciones. Constituyen hoy en día mis mejores recuerdos de aquella época. Ana Díaz-Plaja, Narcís Comadira y Dolors Oller, Albert y Maria Ràfols, Àngel Vilalta, Marisa Díez de la Fuente, Gilda Osvaldo Cruz, los Solà-Morales, los Gili, Catherine Skira y la pareja argentina formada por Humberto Rivas y María Helguera. Humberto Rivas hacía unos retratos muy realistas y austeros. Todos nos veíamos peores de lo que éramos, pero con el tiempo nos dábamos cuenta de su genialidad. Desde los años setenta muchos argentinos se habían instalado en Barcelona huyendo de la dictadura —Cristina Peri Rossi, Nora Catelli, Juan Carlos Pérez Sánchez, Oscar Masotta— y frecuenté a algunos de ellos entonces. Con los Comadira veíamos a Joan Ferraté, el hermano de Gabriel.

Con mis amigos salíamos muy a menudo. Íbamos al Bijou, que estaba en la calle Luis Antúnez esquina Neptuno. Era muy pequeño, constaba de solo una magnífica barra con taburetes tapizados con piel de Indonesia. Gabriel Ordeig era el coctelero. Carlos Pazos intervino en la concepción del local, y era un poco su punto de encuentro.

Otro era el Gimlet en Santaló 46, diseñado por Marc Cuixart y Enric Granell: un estrecho pasillo con mesitas y sillones estilo *art déco,* suelo de granito voluntariamente agrietado. Luego estaba el Otto Zutz, un antro oscurísimo, donde se bailaba, diseñado por Alicia Núñez. Seguía existiendo Zeleste, donde se habían quitado las cortinas granates de terciopelo. Otros lugares eran el Metropol, Metro y el KGB, donde actuó en 1985 Christa Leem. Íbamos a cenar al Envalira de Gràcia, al Amaya en la parte baja de las Ramblas y al Set Portes, entonces no tan turístico y más asequible de precio que en nuestros días. A veces acabábamos en un antro llamado El Cangrejo, donde yo un día vi volar una botella lanzada a la cabeza de alguien que por suerte no era la mía, pero por poco.

Barcelona no miraba al mar y entonces se le encargó a Manuel Solà-Morales la remodelación del Moll de la Fusta. El gran problema era adecuar el tráfico rodado, pues antes de la reforma había una autovía de doce carriles. Se escondió el tráfico pesado en carriles subterráneos. La transformación de Barcelona era evidente y nosotros seguíamos con apasionadas discusiones los proyectos, argumentando si estábamos a favor o en contra. Se iban limpiando las fachadas de las casas y descubrías la bella arquitectura modernista. El Ayuntamiento construyó nuevos parques, tan necesarios en aquella ciudad tan densamente poblada, y los hizo con criterio y con buenos arquitectos.

En las familias tradicionales, en los años setenta nadie se iba de final de semana, y los domingos eran días de ir a misa, comprar en la mejor pastelería, ir a ver una película y dejarse embargar por una inevitable tristeza posterior. En los ochenta, en cambio, la gente se desplazaba ya en sábado, encargaba pizzas traídas por un motorista y veía vídeos en lugar de ir al cine. Yo escribí un artículo titulado «La neoyorquización de Barcelona», y decía que muchas jóvenes ya parecían americanas, altas y delgadas, rubias por sus mechas incorporadas al castaño natural, vestidas con vaqueros y una blusa. Ellos eran altos y fuertes, y parecía que jugaran a tenis todo el día. También la vida cultural se había dinamizado y los franceses que nos visitaban decían de Barcelona: *«Ils se passent beaucoup de choses en Espagne»*, mientras los norteamericanos exclamaban: *«It's so alive!»*.

En el mundo del teatro era el momento de Dagoll Dagom; seguían actuando Els Comediants y aparecieron los de la Fura dels Baus, que yo consideré poco rompedores porque en las *performances* de los años sesenta y setenta ya se habían hecho cosas muy similares.

Con Ana Díaz-Plaja, su marido Luis Carroggio, su gran amigo Eugenio Trías y su pareja, Clara Bardón, jugábamos a los cadáveres exquisitos orales, de los cuales uno de nosotros tomaba nota. Todo acababa en bromas sexuales o escatológicas, y para muestra un botón:

> Amanecía aquella mañana con azulejos radiantes. Jorobado por culpa del destino ambiguo, Pepórrez Gatúnez destilaba agua de sus orinales colmados bordeando herrumbre oxidada. Asunción tenía croquetas a veinte garrufas, cosa increíble, y falsificaba pasaportes para sordos entumecidos siempre hablando cheli. ¡Hola!, exclamó. ¡Manola!

Y así seguía, siempre en este tono, pues se trataba de ir diciendo palabras sin pensar y así surgía más o menos el inconsciente.

Una Barcelona dinámica

Entre 1980 y 1983 Oriol Bohigas fue nombrado delegado de Urbanismo. En 1981 encargó a Tàpies un Homenaje a Picasso, que iba a ser colocado junto al parque de la Ciudadela. Realizado con unos muebles viejos atravesados por unas vigas y una sábana blanca con frases del pintor malagueño, todo ello en un cubo de cristal por el que resbalaba agua, me impactó y encantó. Suscitó una enorme polémica. Subirachs, en *El País,* lo reconoció como pintor y lo descalificó como escultor. Recuerdo a Oriol Bohigas contándome que había sobrevolado Barcelona en helicóptero y que nuestra ciudad apenas tenía monumentos. Algo había que hacer, dijo.

También se le encargó a Miró su *Dona i Ocell,* que el artista no llegó a ver acabada, en el parque de l'Escorxador. Tenía que estar rodeada de esculturas de menor tamaño que no pudieron llevarse a cabo debido a la muerte del artista.

Por otro lado, y ya antes con Narcís Serra como alcalde, este tuvo la idea de embellecer Barcelona con esculturas públicas de artistas internacionales vivos. El origen estuvo en un viaje a Nueva York con el escultor Xavier Corberó, quien le presentó a Joseph Helman, su marchante de entonces, con quien llevó a Serra a ver una pieza del escultor Richard Serra en el sur de Manhattan. Al alcalde le gustó la pieza de su homónimo y Corberó le sugirió que en Barcelona se podía hacer algo similar y, además, con poco dinero. Corberó se comprometía a convencer a importantes escultores para que hicieran una obra con unos honorarios de tan solo veinte mil dólares, una cantidad muy pequeña para algunos de ellos, que lo aceptaron, se ha escrito, por su adhesión a la nueva etapa democrática que se abría en España. Quizás por mi amistad con Corberó, ya no lo recuerdo, yo intervine en el proyecto. Llevé, por ejemplo, a Richard Serra a visitar la plaza de la Palmera. Serra era muy rápido y tanto por su conversación como por su talante me pareció más un ejecutivo que un artista. Su obra consistía en dos muros de cemento que eran segmentos de círculos concéntricos y estaba planeada con una zona de tierra y otra con una zona verde y frondosa. También acompañé a Ellsworth Kelly a ver la plaza Valls Sistach, y me hizo un dibujo, que guardo como oro en paño, de cómo serían sus dos esculturas. Algunas esculturas resultaron magníficas, como la de Chillida en el parque de la Creueta del Coll. Otra, curiosa y espectacular, fue la de las cerillas gigantes realizada por Claes Oldenburg y colocada en el Valle de Hebrón. Y una de mis preferidas fue *Als nous catalans,* de Sergi Aguilar, en la Via Júlia. Pero la historia tuvo también sus anécdotas: Josep Antoni Acebillo, director de Proyectos Urbanos de Barcelona, le pidió al escultor valenciano Miquel Navarro un obelisco. «¿Y por qué un obelisco?», le dijo él. «Porque estará en el Camp de la Bota», le contestó. Miquel aceptó y les hizo un proyecto que según él era «un caracol con cuernos». «Ponle título», le dijeron. «Caracolillo.» «No nos gusta», le contestaron (lo encontraban poco reivindicativo). Y al final él dijo: «Bueno, pues "Homenaje a la fraternidad"». Oficialmente, lo he comprobado, se llama *Fraternitat (Homenatge als afusellats al Camp de la Bota).* En realidad, a pesar de ubicaciones extrañas y algún deficiente mantenimiento actual, el proyecto ha quedado como un ejemplo arriesgado y exitoso por integrar el arte contemporáneo en una gran urbe. También fue loable la voluntad de una alcaldía socialista por primar los barrios obreros en la ubicación de estas obras de vanguardia, una iniciativa insólita en la Europa de los años ochenta.

Para la remodelación del Palau de Montjuïc, y convertirlo en el MNAC, se encargó a Gae Aulenti la remodelación del edificio. El resultado, en mi opinión muy desafortunado, incluía la gran sala Oval, la más grande de Europa. Aulenti pidió a Tàpies un proyecto de escultura para este enorme espacio y el pintor presentó un calcetín agujereado. El mero proyecto ya desencadenó un fuerte debate mediático, social y político.

Pere Duran Farell, entonces presidente del Patronato, pidió el dictamen de las dos instituciones que conformaban el consorcio, la Generalitat (en manos del partido Convergència i Unió) y el Ayuntamiento de Barcelona (en manos del PSC, Partit Socialista de Catalunya). La primera se opuso y la segunda lo defendió.

Cuando Ramón Guardans —yerno de Cambó— sucedió a Duran Farell en la presidencia del Patronato, se opuso y el proyecto fue rechazado. Recuerdo a Tàpies, que en aquellos momentos me comentó: «¡Imagínate, Vicky, que han buscado a otros asesores y uno de ellos era un cura!». El *conseller* de Cultura, Joan Guitart, le comentó al propio Tàpies que habían hecho una encuesta popular...

El calcetín tenía que tener dieciocho metros y tenía cuatro cruces. Escribí dos artículos elogiándolo, no solo por ser el pie un motivo típico del arte tapiano, sino porque, en su pobreza, era como un exvoto ennoblecido por sus grandes dimensiones. No podía ser un calcetín incólume, nuevo: hubiera sido un ejemplo de *pop art;* además, el calcetín gastado enlazaba perfectamente con la poética de lo cotidiano, mientras que las cruces son un símbolo universal, que evocan tanto el martirio como la firma del iletrado. Como el calcetín, en el saber popular, es un símbolo de ahorro, hubo quien, en las numerosas polémicas suscitadas, sugería que de él deberían surgir varias monedas; Baltasar Porcel lo vio como un símbolo de la decadencia de la industria textil catalana (¡!). Félix de Azúa, estando a favor, sugirió que a cambio Tàpies regalara su colección particular de arte al museo (¡!).

Brossa dijo que sería perfecto: «Si lo colocan en la sala oval, tendremos el huevo para zurcir el calcetín», argumentó. Daniel Giralt-Miracle, entonces director del MACBA, apuntó que estarían muy contentos de tenerlo en el museo; Luis Racionero, por su parte, escribió en contra, en su columna en *El Periódico*. El propio Tàpies lo justificó perfectamente: frente a la ampulosidad y retórica de la sala Oval, él quería contrarrestarlo con un objeto sencillo y cotidiano.

El calcetín no se hizo, y muchos años después el artista lo realizó en dimensiones mucho más pequeñas y se colocó en la terraza de su Fundación en Barcelona.

El homenaje a Cravan y la peluca de Warhol

La revista *Arc Voltaic* invitaba a un homenaje al dadaísta Arthur Cravan, que tuvo lugar el 22 de junio de 1983 en la galería Ciento. Participaban también las revistas *Ampit, Èczema, Separata, Tectual* y varias editoriales, y con la colaboración del editor Albert Ferrer. Las acciones iban desde «leer un prospecto» hasta Joan Todó tocando la flauta y una elucubración de Jorge Wagensberg (escrito doctor Jordi Wagensberg) sobre el teorema fundamental de la topología algebraica. En el programa incluso aparece Yves Montand y artistas más reales y presentes como Benet Rossell, Àngels Ribé (que «lanzará un cohete»), Maria Girona y Joan Hernández Pijuan («aún no se sabe qué harán»). Yo tenía que «*beure a galet* [a chorro] *i sensualment, amb porró, un traguet de vi*». Un texto de Hernández Mor, supongo que leído allí, se inventaba un «*affaire* libidinoso» entre la Lidia de Cadaqués y Mina Loy, la que fuera esposa de Arthur Cravan. Todo el acto era idea de Carles Hac Mor y estas miniacciones explican muy bien su talante neodadá. Bajo su apariencia a veces tranquila y su cabellera bohemia, en realidad era un poeta gamberro, lleno de ideas magníficas. Recuerdo a la gente agolpada a la puerta de la galería en un ambiente festivo y de gran excitación. La *performance* más brutal y espectacular fue la de Sindria Segura (que en realidad se llama María José Segura), que se comió un corazón crudo y tiró varias vísceras al público que abarrotaba la acera de la calle Consejo de Ciento. Allí estaban la sensual y simpática Glacy Fatorelli, brasileña, y Annemieke van de Pas, holandesa, ambas afincadas en Barcelona en aquella época.

Y también Juan Bufill, Eugeni Bonet, Manel Huerga (escrito «Manuel» en el programa de mano), Peret, Rosa Rabassa, Alicia Fingerhut, Cristina Zelich, Josep Miquel Garcia y Valentí Gómez i Oliver, entre otros. En realidad, los progres de Barcelona éramos un pequeño grupo, tal vez más amplio que el de los años setenta, pero aun así pequeño y en el que se juntaban los integrantes del arte, la música, el cine y la literatura.

Después, Sindria Segura se fue a Nueva York. Allí tuvo una historia sentimental con el pintor Michel Basquiat, que era «un ángel, todo corazón», en palabras de la artista. Según Sindria, un grupo de gente, Warhol incluido, se aprovechaba de Basquiat, porque era «guapo, inocente, artista, negro».

Sindria tuvo la idea de arrancarle la peluca a Warhol y planeó la acción detenidamente. Según ella misma, se trataba sobre todo de una afirmación personal frente a Warhol, así como de un desquite a lo que ella interpretaba como una utilización de Basquiat. Sindria lo tenía todo pensado y milimetrado. Warhol tenía que ir a firmar ejemplares de su libro *América* en una librería del Soho. Entonces ella se presentó como si fuera a pedirle un autógrafo; iba con un libro en una mano y un ramo de rosas de plástico en la otra. Al verlo le dijo: «En mi país, en este día se da una rosa (en alusión al día de Sant Jordi, en el que en Cataluña se regala a un ser querido un libro y una rosa); usted se merece un ramo, pero de plástico». Él sostuvo el libro con una mano para firmarlo y cogió el ramo con la otra; en aquel momento ella le arrancó violentamente la peluca, y él se quedó con toda su calva llena de esparadrapos. Entonces él le dijo: *«You are a bitch»,* mientras se tapaba la calva con la capucha de su abrigo de piel.

Para poder hacer aquello, ella había planeado muchas otras cosas: una amiga, actriz, tenía que desmayarse en aquel preciso momento para despistar a los guardaespaldas del artista, y así lo hizo su amiga, pensando que era para un *happening* y sin tener conocimiento ninguno del asunto de la peluca. Era una chica muy bien vestida, muy *comme il faut,* y los guardaespaldas al ver que se desmayaba corrieron a socorrerla. También había otra persona en el piso inferior que le daba una señal de que podía llevar a cabo su acción (debía mostrar una flor escondida en el reverso de su solapa, y así lo hizo) y finalmente había un chico con patines que recogió la peluca (que Sindria había metido previamente en una bolsa de seda rosa) y se la llevó.

Pero la policía cogió a Sindria, la esposó y la tuvieron encerrada desde las seis hasta las diez de la noche. «Me soltaron porque me dijeron que el señor Andy Warhol no quería denunciarme y que había insistido en que me dejaran salir.»

A continuación tuvo toda una serie de percances y alguien la avisó de que se marchara del país. «Me fui con lo que llevaba puesto; dejé en Nueva York todos mis cuadros. Llegué a Barcelona hecha una piltrafa.»

«Luego abandoné el arte e hice cine: hice trabajos con Manel Huerga y con Guerin. Acabé casi yo sola la película *Inisfree*. Y luego volví a pintar. Y aquí estoy. No veo a nadie. Una exposición que hice en una galería me dejó completamente deprimida. (...) Recé mucho por Basquiat y por Warhol, cuando este murió», me contó la artista hace unos años. Sindria había llegado a exponer en la galería Ciento, en la Buades de Madrid y en Amics de les Arts de Terrassa; su carrera, con este rocambolesco episodio, se truncó completamente.

Cuando yo realicé en Madrid una muestra Warhol para Alcalá 31 (en 2004), Sindria quiso participar con una pieza realizada ex profeso para la exposición, que constaba de las tres fotografías de su acción y de tres ramos de flores.

En los ochenta volví varias veces a Manhattan, por trabajo o para ver exposiciones y amigos. Nueva York no se olvida, y si has vivido en ella un tiempo, ya es tu ciudad, aunque sea la segunda en tu vida. Vuelves y lo reconoces, y vas viendo los cambios, tan rápidos: aquí hay un nuevo rascacielos, allí un barrio desastrado que se ha puesto de moda. El Nueva York de los ochenta fue el de los *graffitis*, el de las galerías que aparecían como setas en el Lower East Side y el de los artistas Basquiat y Keith Haring. También el de la droga y el de las muertes por sida.

En 1982 volví a ver a Meyer Schapiro, el gran historiador de arte, y mis visitas solían ser a Xano Armenter, Francesc Torres y Frederic Amat. Con Frederic, Fernando Savater y Lourdes Ortiz estuvimos en un bar de gais y sadomasoquista, oscurísimo, con múltiples habitaciones y gente entrando y saliendo.

En uno de estos viajes, Frederic me había pedido que le trajera un buen montón de caracoles para una hacer una obra. Vacíos, claro. «Pero, cómo, ¿no hay caracoles en los restaurantes franceses de Nueva York?», le dije. «No, han de ser los nuestros.» Y me puse a comprar cáscaras de caracoles y a hacer un paquete, que olía bastante a caracol, a decir verdad. Durante el viaje transatlántico me tocó al lado un ejecutivo amable que no dejaba de darme conversación. «Y usted, ¿está casada o soltera?», susurraba con ojitos de cordero degollado. Le conté mi separación, mi estado de soltería y otras cosas de mi vida. El hombre había dejado su sombrero (era invierno) en el compartimento superior justo al lado de mi paquete. Al llegar al aeropuerto John F. Kennedy salí como una flecha pensando en cómo le iba a oler su sombrero durante toda su estancia en Manhattan. Amat estuvo contentísimo, era justo lo que quería y los caracoles siguen ahí, pegados a su obra.

En otro de esos viajes fui a visitar la Hispanic Society, y allí conocí a Manolo Borja, que trabajaba para la institución. Y también, en 1986, tuve un encuentro de película: entré en un ascensor y me enamoré de golpe del hombre que estaba a mi lado. Era Richard Bellamy, un conocido marchante que había apoyado el *pop art* y el minimalismo en los años sesenta y que había dirigido la prestigiosa y vanguardista Green Gallery. Bellamy bajó un piso antes que el mío y no volví a verlo nunca más hasta que, cuando regresé a Manhattan en 1998, lo tuve que entrevistar para un tema profesional. Entonces fue él el que me tiró los tejos, pero yo, lo que puede llegar a hacer el tiempo, la situación o las palabras, no le hice el menor caso.

La colección Thyssen

Pasqual Maragall conoció al barón Thyssen en 1984, ya por entonces pareja de Tita Cervera, con quien se casaría en 1985. Según las memorias de Pasqual, la intención del barón era donar su colección al Estado español e instalarla en Barcelona. «Había que ponerse de acuerdo inmediatamente con Madrid», escribe Maragall, y añade: «Todo parecía ir sobre ruedas hasta que, en una reunión en el palacete Albéniz, el ministro de Cultura, Javier Solana, nos dijo claramente que apoyarían el proyecto siempre que la sede se instalara en Madrid».

Supongo yo que, como último recurso, Maragall me encargó que llevara una carta en mano al barón, aprovechando una exposición en Villa Favorita (una de sus mansiones y sede de su colección de arte) sobre Goya en las colecciones privadas españolas. Tal vez él no iba personalmente por ser un alcalde socialista o por cualquier otra razón, pero allá fui yo con la misiva. La casa era espectacular y se llegaba a ella en un barquito en el que también se encontraban algunas de las coleccionistas españolas —o esposas de los coleccionistas— y alguna figura de la *society*, todas de Madrid o de Sevilla. No se aclaraban con el barquero hasta que una de ellas dijo: «¡La catalana, la catalana, que habla francés!». Todas íbamos con nuestras mejores galas y recuerdo que ellas miraban mucho mi broche *art déco*, que lo era, pero no de brillantes verdaderos.

Tita Cervera había sido paciente de mi abuelo en la época en que estaba casada con Lex Barker, mítico galán que había interpretado a Tarzán en los años cincuenta. En mi casa se explicaba que cuando ella venía a la consulta, acompañada del marido, las enfermeras decían: «¡Que viene Tarzán! ¡Que viene Tarzán!», con gran entusiasmo. El barón no apareció enseguida y yo me presenté a Tita —muy guapa y simpática, como la fama que le precedía— como nieta de mi abuelo y como «embajadora» de Pasqual Maragall. «Sí, sí, estupendo», me dijo, «pero primero le he de enseñar a Heini mi vestido.» El vestido era de color naranja lleno de volantes. Le di por fin la carta al barón y el evento finalizaba con una cena en la terraza. Me sentaron, lo que constituía un gran honor, entre Simon de Pury, hoy en día uno de los marchantes más reputados del mundo, y el hermano de Tita, amabilísimo. Le conté mi cometido y el deseo de la ciudad de Barcelona, y me extrañó que dijera: «Ah, pues podrías hacer tú misma la selección». Yo le dije que no me atrevía, si se diera el caso, pues yo era experta en arte del siglo XX, pero no en pintura antigua. Allí estaba el marido de doña Pilar y cuñado del rey Juan Carlos, Luis Gómez Acebo, duque de Badajoz, con un propósito igual que el mío. Claro está, se lo llevó Madrid, pero algo quedó para Barcelona, que yo pude «escoger» a través de José Milicua, en quien delegué la selección y que realizó con su exquisito y profundo conocimiento habitual. Al regresar a Barcelona lo comenté con Pep Subirós, coordinador del área de Cultura del Ayuntamiento. «Vicky, *és que ells poden oferir molt més»*, me dijo, dando a entender que quizás ya estaba pactado con el Ministerio de Cultura. Madrid puso el palacio de Villahermosa, en plena Castellana, y tras un primer acuerdo de arrendamiento y el pago de un alquiler, el Estado compró lo más importante de la colección, que es magnífica, por trescientos cincuenta millones de dólares, una cifra bastante baja para su valor real. En Barcelona, la selección —sesenta obras entre las que destacan los primitivos italianos— se colocó primero en el monasterio de Pedralbes y más tarde en el MNAC. Esta es la historia, o al menos lo que yo recuerdo de ella.

El contexto artístico: galerías, iniciativas

En los ochenta se produjo un gran desconcierto teórico y una tiranía del mercado. El gran marchante Leo Castelli llegó a afirmar: «En este sistema comercial de renovación permanente hay poco sitio para el juicio histórico». Pero el juicio histórico ya llegó; algunos artistas se salvaron y otros cayeron en el olvido, como siempre. Hubo un desenfreno de compras y ventas rápidas. Bonito Oliva promovió la Transvanguardia en 1979 y en Alemania surgieron los neoexpresionistas, también llamados «nuevos salvajes». Se volvía a la figuración pero integrando elementos muy heterogéneos, del arte barroco, del arte primitivo o del arte popular. El sexo, la muerte, la soledad y una visión apocalíptica del mundo eran temas recurrentes. Texturas empastadas, pinceladas sueltas, y un deliberado «mal hacer» que se veía en las obras de Baselitz, Penck, Schmalix o Middendorf. Se recuperó el Romanticismo y se citaba a Nietzsche, a Caspar David Friedrich o a Goethe. Norteamérica se sobresaltó: Europa parecía querer arrebatarle el liderazgo y enseguida propuso sus nuevos pintores, como Julian Schnabel o David Salle, que han seguido siendo famosos.

La década de los ochenta fue, pues, la del *boom* comercial en el mundo del arte y en España este venía acompañado por un decidido apoyo —por parte del Partido Socialista, entonces en el poder— al arte contemporáneo. Tanto el Gobierno de UCD como el Gobierno socialista —especialmente en el periodo en que Carmen Giménez fue directora general de Exposiciones, de 1983 a 1989— proclamaron como política artística prioritaria el que España había de insertarse en la red internacional de museos y espacios dedicados al arte joven. Se creó entonces el Centro de Arte Reina Sofía, se potenció Arco (creado en 1982), se convocaron becas y se crearon premios. La Caixa, en Barcelona, una institución semipública, proponía muestras espectaculares o de arte muy contemporáneo internacional (Lucio Fontana, Giorgio Morandi, Oteiza, Cy Twombly, Ed Ruscha, *El nuevo expresionismo alemán*, *El arte y su doble)*.

Hubo una buena parte de especulación, otra buena parte de operaciones políticas de prestigio rápido y una parte muy positiva. Si uno estaba cerca de los que tomaban decisiones públicas en el terreno del arte, era frecuente escuchar la frase: «O se hace ahora o no se hará nunca», expresando muy claramente el estado de ánimo de un país que aún vivía el trauma de la recién estrenada democracia y el miedo a una involución política. Recuerdo una conversación con Carmen Giménez en la que, hablando del Guggenheim de Bilbao, en cuya creación ella tuvo un papel importante, me decía: «Vicky, es que en Bilbao no tienen nada». Entonces (aunque esto ocurría unos años más tarde) pensé que era como ofrecer caramelos, pero ahora todos pensamos que este museo revitalizó completamente una ciudad industrial muy gris y con poca oferta cultural, salvo su excelente Museo de Bellas Artes.

En los ochenta, con la paulatina democratización de las instituciones y también de las costumbres, el arte español más joven se iba desarrollando en un contexto mucho más informado, pero también influido por el nacimiento de la llamada industria cultural, con sus carreras infladas temporalmente y después dejadas morir, y la pérdida de discurso en torno a las obras de arte.

Como acabo de mencionar, en los ochenta todo se compraba y vendía. Una amiga galerista me recuerda que alguien compraba una obra de arte en la galería Joan Prats de Barcelona un jueves y el viernes la revendía por una cantidad considerablemente mayor. La especulación estaba a la orden del día.

Las galerías en Barcelona proliferaron y muchas ofrecieron exposiciones espectaculares. Por mi posición de crítica de arte en *El País* yo tenía que ir a todas, pero en algunas yo era más asidua por su gran calidad o por la amistad que me unía a sus directores.

En la galería Ciento vimos muy buenas exposiciones. La temporada 1982-1983 mostró las primeras pinturas (abstractas) de Ramon Herreros, que antes había sido un artista conceptual. Aquí venía prologado por Eugenio Trías, que calificaba en su texto a la cultura en España de «Andrajo Nacional», brutal calificativo. También Susana Solano, que solo había expuesto una individual en la Fundació Miró, expuso sus casi primeras esculturas, que me impresionaron mucho: unos recipientes de bronce, muy brutalistas, para mí en aquel momento incomprensibles, en todo caso algo muy nuevo. Y también la sutileza de los papeles de Patricio Vélez y el fuerte expresionismo de Anzinger y Schmalix, dos vieneses.

Fue Marisa quien me presentó, en 1982, a Ángel Bofarull, a la salida de un cine en los Jardinets de Gràcia. Entonces, como ahora, era refinado, sensible, irónico, mordaz, y en aquellos años tenía un lado trágico cuyas causas comprendí más tarde.

Ángel había sido víctima de abusos sexuales por alguien de su entorno familiar y esto no lo descubrió hasta muchos años después. Lo que sí recordaba perfectamente eran las palizas que le daba su padre, que se lo llevaba a la fábrica para que empezara «desde abajo» con el fin de reformar así a aquel hijo tan sensible. Ángel pasó luego mucho tiempo en Estados Unidos, en casa de unos tíos. Allí visitó el MoMA y los grandes museos de Nueva York y Boston, aprendió inglés como un nativo y se interesó por la literatura del sur de aquel país. Más tarde estudió Historia del Arte en Barcelona y huyó de la familia. Vivió en Valencia, y luego en un lugar perdido y primitivo llamado Ribarroja d'Ebre, y posteriormente en el sur de Francia. Cuando yo lo conocí, escribía poemas y realizaba *collages,* actividad en la que sigue sobresaliendo dentro del arte español. Pero su carrera parece destinada tan solo a unos pocos e incondicionales admiradores tanto por su aislamiento como por su alejamiento de las modas. Es un apasionado lector de la literatura rusa y de Balzac. En sus obras, sus temas recurrentes son la infancia, la nostalgia de los tiempos pasados, especialmente del siglo XIX, así como los animales, especialmente pájaros y perros. Además de *collages,* realiza bellísimos objetos que son como exvotos poéticos, en los que reúne elementos encontrados en los mercadillos, en cementerios, iglesias y casas abandonadas.

Marisa de la Ciento, que así la llamábamos todos, nos invitaba a su casa de Mont-ras, en el Ampurdán, construida por el gran arquitecto y amigo de mis padres Pepe Pratmarsó. Pepe era un gran seductor, con su cabello blanco y sus ojos azules, y un día me contó que había tenido un romance con Romy Schneider y que no me podía imaginar lo bonito que era el alemán en el lenguaje amoroso. Así era Pepe. Estaba casado con Vicky Soldevila, tan guapa y ordenada como ordenado era mi padre, mientras Pepe y mi madre eran el colmo del despiste y la *joie de vivre.* Salían a cenar los cuatro, pero nunca hubo trasvases sentimentales entre ellos; mis padres eran lo más correcto y moral que se pueda uno imaginar. «No te creas que no he tenido proposiciones», me decía mi madre, «pero una tiene sus principios», añadía.

La galería Joan Prats se había inaugurado a bombo y platillo en 1976, con invitaciones incluidas a artistas internacionales. En 1977 su interior fue «envuelto» por el artista Christo, que había propuesto envolver la estatua de Colón. Pero el Ayuntamiento no le dio permiso, a pesar de las numerosas cartas y peticiones de críticos y artistas. Cuando Pasqual Maragall, nuevo alcalde, le dio luz verde, el artista ya había perdido interés en aquel proyecto. Una ocasión perdida para Barcelona.

Por la galería Joan Prats pasaron una gran mayoría de los mejores artistas catalanes, de Tàpies a Brossa, de Ràfols-Casamada a Hernández Pijuan, de Frederic Amat a Perejaume. No estuve presente en la inauguración, pero me cuentan que asistieron Joan Miró, Antoni Tàpies y artistas internacionales de la talla de Calder, que habían sido invitados por la galería. Mostró obra de artistas tan importantes como Henry Moore, Vieira da Silva, Robert Motherwell o Anthony Caro, quien vino a realizar unos talleres en Barcelona. Cuando Helena Tatay asumió la dirección artística, escogió nombres entonces o posteriormente tan significativos como Enzo Cucchi, Ed Ruscha, James Lee Byars, una colectiva de artistas mujeres en la que descubrimos a Cindy Sherman o a Louise Lawler, y atrajo a la galería a artistas como Zush (hoy llamado Evru), Gordillo o Palazuelo.

En 1985 Alejandro Sales inauguró la pequeña galería Arteunido, que luego, cambiando de localización, ya se llamó con su nombre. Sus inauguraciones también eran un acontecimiento social, y además de los españoles Jaume Plensa, Pedro Moreno Meyerhoff, Ángel Bofarull o Francesc Artigau, llegó a exponer obras de Anish Kapoor o Richard Long.

Y también estaban la René Metras, pequeña y con excelentes exposiciones, siempre refinadas, y la de Salvador Riera. Salvador procedía de Breda (Gerona) pero emigró a Brasil en 1952, donde hizo fortuna en la industria textil. Mostraba vanguardia catalana, preciosos jarrones Gallé, Torres García, Joan Ponç y organizó una importante muestra titulada *El surrealisme a Catalunya* (1975), la primera de la posguerra si no recuerdo mal. En los ochenta hizo un *aggiornamento* total y mostró los nuevos expresionismos con *Els anys 80 internacionals* y a Basquiat, Francesco Clemente o George Condo. Y, sobre todo, vimos a Barceló, sus obras de Portugal y las telas blancas, ambos periodos excelentes. También mostró a Xavier Grau, Charo Pradas y otros jóvenes artistas del momento. Salvador Riera, cuya esposa Fanny murió prematuramente, siempre te quería invitar a champán en su casa con la esperanza de tener suerte con sus armas de seducción, hasta que se casó con la muy guapa Carmen Buqueras.

Hubo muchas galerías interesantes en aquellos años y núcleos ciudadanos distintos a los de la calle Consejo de Ciento. En el Born estaban las galerías Camila Hamm, Toni Berini, o Carles Poy, mientras en la zona de Sant Gregori Taumaturg aparecieron, entre otras, las galerías Fernando Alcolea, Barbié y Tribal. Continuaba la sala Vinçon y se utilizaba para exposiciones el Saló del Tinell, el Palau de la Virreina —remodelado en 1980— y, dependiendo de la Generalitat, el Centre d'Art Santa Mònica, en las Ramblas.

Una iniciativa privada no comercial muy espectacular fue Metrònom, financiado por el mecenas Rafael Tous. Situado en la calle Fussina 9, había sido un antiguo almacén de jamones curados. Su interior era amplio, con una bella claraboya ochocentista y una regia escalera que llevaba al piso superior donde se guardaba la colección de libros de artista, consultables con petición previa. Allá vimos muchas *performances* y grandes muestras, en general de arte conceptual y fotografía. En 1986 juntamente con el Ayuntamiento de Barcelona, promovió la idea *Metrònom a les ciutats,* con muestras que incluían a artistas jóvenes catalanes y de otros países y con nombres tan significativos como Jordi Colomer, Jordi Benito, Bertrand Lavier o Gloria Friedman. Ahora no hay nada similar, ni se lo espera.

También en aquellos años hubo muchas iniciativas para mostrar el arte joven, como el Saló de la Tardor (1982-1986) patrocinado por el Ayuntamiento de Barcelona. Era una idea de Albert Ràfols-Casamada, que había organizado el Salón de Otoño de 1949 y participado en los posteriores salones. Lo curioso es que la organización corrió a cargo de alumnos de EINA, entre los cuales estaban Jordi Colomer y Manuel Huerga, y que lo hicieron, en el Saló del Tinell, con el asesoramiento de críticos de arte. Otra exposición de jóvenes fue la titulada *Bèstia!,* organizada por Glòria Picazo y Vicenç Altaió, de título ambiguo pero con buenas obras de Frederic Amat, el joven Plensa, Garcia Sevilla y Rosa Agenjo.

La fotografía tenía su Primavera Fotográfica anual, que mostraba obras nacionales y extranjeras de gran calidad. Todo ello, más muchas otras iniciativas que olvido, daban la sensación de un momento muy vivo para el arte joven contemporáneo catalán y español, pues en el resto del Estado surgía un arte joven gallego, un arte joven andaluz, etcétera.

Y la sensación resultó ser el gran éxito de la primera feria Arco, en Madrid, en 1982, que congregó a más de veinticinco mil visitantes, ministros, personalidades varias y un sinfín de catalanes que aquellos días se desplazaron a la capital, como lo siguieron haciendo durante todas las futuras ediciones. El clima era eufórico, y en aquel 1982 ganaba la pintura, en el estilo que llamábamos Transvanguardia propiciado por el crítico italiano Achille Bonito Oliva. Bonito Oliva era un auténtico mánager de sus artistas preferidos. Pero el momento estelar de la feria fue la brutal confrontación entre los ponentes de una mesa redonda, con Simon Marchán (antiguo defensor, como yo, del arte conceptual), Juan Manuel Bonet (defensor de la nueva generación madrileña, todos ellos pintores figurativos) y Gerardo Delgado comentando el aislacionismo del arte español, algo muy cierto en aquellas épocas. El éxito de Arco, una idea de Juana de Aizpuru, sorprendió a todos. El público se volcó, y aunque no supiera nada de arte contemporáneo ni tuviera ninguna posibilidad económica de comprar una pieza, «quedaba» con los amigos en Arco. Muchísimos jóvenes empezaron a enfrentarse a aquel arte, en principio radical y estrambótico para ellos, y siguieron siendo fieles a las citas anuales. Cuando cerraba la feria todo el mundo se encontraba en el Cock de la Gran Vía (aunque se entraba por la calle de atrás) a tomar copas y algo más. Era el momento del inicio de la movida y la vida nocturna madrileña estaba en pleno furor. En 1990 me propusieron organizar una suerte de Arco en Barcelona y lo desestimé. Lo tenían que potenciar la Generalitat, el Ayuntamiento y las galerías de arte. Pero no había el coleccionismo suficiente para dos grandes ferias en España en aquellas épocas, y tal vez ni siquiera ahora.

En aquellos años se proyectaron o construyeron diversos nuevos museos y centros de arte en España y la polémica sobre su uso y arquitectura fue frecuente. Yo defendía los entornos neutros, las paredes claras, la continuidad lineal del recorrido, e Ignasi Solà-Morales lo cuestionaba —no sin razón— argumentando que ello correspondía a la concepción romántica de la obra de arte autónoma y descontextualizada.

Uno de los nuevos museos más polémicos de Barcelona fue el actual Museu Nacional d'Art de Catalunya, cuya reforma fue obra de Gae Aulenti, autora del nuevo Musée d'Orsay y contra la cual yo escribí. Una de sus primeras ideas era la de colocar en la gran sala oval unas piezas significativas del museo en varios cubículos distribuidos sobre un estanque con agua. Por suerte una comisión de expertos tumbó tan peregrina idea. Obviamente, hubo muchos artículos en contra, desde uno muy moderado escrito por Francesc Fontbona y Joaquim Garriga hasta el del arquitecto Octavi Mestre. Yo había estado en el Musée d'Orsay, cuya reforma llevada a cabo por Aulenti me pareció barroca e inapropiada y recuerdo una mesa redonda en Barcelona en la que se le plantearon diversos problemas museológicos. «¿Cómo va a ver el público un cuadro impresionista con una columna que parte su visión por la mitad?», pregunté yo. «Oh, ya se acostumbrarán», respondió la arquitecta. Ahora, Courbet, Manet y los impresionistas ya están en Orsay pero al principio no estaban, y el visitante se quedaba pasmado admirando las calidades, tonos y grosores de la piedra empleada por doquier por la arquitecta, que distraían completamente de la contemplación de las obras de arte. Los trabajos del MNAC empezaron en 1991 y las reformas totales no terminaron hasta 2013.

También hubo polémica con la reconstrucción del Pabellón de la República, en cuyo interior los herederos de Sert querían arte de vanguardia y el Ayuntamiento quería una muestra de las realizaciones arquitectónicas de la Barcelona Olímpica.

Entonces se hablaba mucho del mecenazgo cultural, un tema que en Estados Unidos es habitual, pero no tanto en

Europa y mucho menos en la España de la época. Se explicaban las contraprestaciones a las empresas que patrocinaban y se alababa la ley de Jack Lang de 1987 que apoyaba decididamente el mecenazgo.

Lang vino a Barcelona y recuerdo que estaba en contra de la uniformización: todos los museos, dijo, tienen su Barceló, su Arman, su Klein, se convertían en un museo inventario y tenía razón. Estaba a favor de los museos «de opinión», lo que hoy denominamos «museos de tesis». En esta década yo constataba en mis artículos los grandes cambios en el mundo del arte, que eran muchos: los directores de museo norteamericanos ya no eran grandes académicos sino buenos mánagers; los museos comenzaban a adoptar tácticas propias de las galerías y contrataban a conservadores muy jóvenes. Y existía la llamada «tiranía blanda» de un pequeño grupo de galerías norteamericanas (Mary Boone, Leo Castelli y Paula Cooper). Hoy son otros los nombres pero el fenómeno de las galerías hegemónicas sigue vigente.

El polémico MACBA

El MACBA nació de la recuperación, largamente reivindicada, de un museo de arte contemporáneo para Barcelona. En 1985 lo defendían Joan Rigol y Pep Subirós, que en aquel año fue nombrado coordinador del área de Cultura del Ayuntamiento de Barcelona por el alcalde Pasqual Maragall. Se nombró director a Daniel Giralt-Miracle, pero ya al cabo de poco se pidió el asesoramiento museístico de Jean-Louis Froment, director del CAPC de Burdeos, entonces un centro de arte contemporáneo muy exitoso. Él propuso el esquema del CAPC y de las *kunsthalles:* arte contemporáneo y muy internacional. Personalmente me quejé de que no incluía arte español ni catalán más que de forma aislada y descontextualizada. En diez años de democracia, decía, el patrimonio de arte contemporáneo catalán era escasísimo y los esfuerzos por comprender mejor la historia del arte en Cataluña entre 1945 y 1980 habían sido pocos y fragmentarios.

La contrapartida del proyecto Froment podría tener el riesgo de una mirada provinciana. En su presentación, se afirmó que ya no se estaba a tiempo de comprar obras históricas. Lo cual no era cierto, porque tanto entonces como ahora el arte catalán y español son muy baratos comparados con el arte internacional.

Jean-Louis Froment era una *vedette* y se expresaba como una *vedette* del arte, y yo entonces pensé, una vez más, lo provincianos que éramos. «Nos vendían un museo por el lacito rojo del paquete», como dijo un artista, y con razón.

En 1987 se constituyó la Fundación Museo de Arte Contemporáneo de Barcelona, bajo la presidencia de Leopoldo Rodés. Al cabo de un año se creó un consorcio formado por Generalitat, Ayuntamiento y Fundación MACBA. Pero en estos años todo fueron ambigüedades, titubeos, intereses políticos enfrentados y mientras tanto, se decía, otras instituciones también renqueaban por falta de presupuesto. «Aducir que no hay dinero es simplemente una insensatez», escribía yo en *El País* en 1989. Y añadía: «¿Saben ustedes que con los 350 millones (de pesetas) que parece que ha costado la exposición Planeta-Sport se cubrirían las deficiencias de todo un año del programa de exposiciones para la Fundación Miró?».

El proyecto arquitectónico se le encargó a Richard Meier en 1987 y este lo realizó sin saber qué colección albergaría y hasta se olvidó de hacer un anfiteatro apropiado para una institución de tal envergadura. A pesar de sus deficiencias, puede decirse que el resultado fue bello y sus carencias, subsanables. Daniel Giralt-Miracle fue director entre 1988 y 1994, año en que dimitió. Miquel Molins lo sería después, durante tres años, seguido por Manolo Borja-Villel. En 1989 se anunció un acuerdo entre el MACBA y la Fundación La Caixa para mostrar una parte de la colección de esta última. La gran polémica sobre qué periodo había de abarcar el MACBA duró muchos años. Todos opinábamos: los críticos de arte, los galeristas, los directores de otros museos. Muchos, como yo misma, defendíamos que el MACBA había de ocuparse del arte entre 1939 y 1980, ya que nadie lo hacía (la presencia de este arte en el llamado Museu d'Art Modern, situado en el parque de la Ciudadela, era escasísima). Pero se optó por que fuera especialmente de arte más reciente, y que el MNAC asumiera la parte histórica, lo que ha hecho, pero muy lentamente.

Más tarde, yo me presentaría como candidata a la dirección del museo, redacté una memoria, pasé la entrevista y no fui elegida. Parece ser que por parte de la Generalitat la candidata propuesta era Josefina Matamoros (directora del Museo de Céret) y yo lo era por la parte del Ayuntamiento, y tal vez de la Fundación MACBA. Si he de creer a Ferran Mascarell, los artistas estaban en contra de mi candidatura y yo creo que también otros, pues no se suele escoger a una persona tan crítica e independiente como lo era yo en aquellos momentos.

La Movida madrileña

Con Marisa de la Ciento íbamos bastante a Madrid porque ella tenía muy buena relación con otras galerías madrileñas, especialmente con la Buades, lo que era raro entre las galerías catalanas. Dormíamos en casa de su hermana y cuñado en plena Gran Vía. Era el momento de la Movida madrileña y siempre se iba a tomar copas y luego a un lugar llamado Amnesia. Paloma Chamorro hacía su famoso programa *La edad de oro* en la televisión, que todos seguíamos con gran interés: igual entrevistaba a un músico que a Joan Miró, ya muy mayor (moriría en 1993). Ella no era simpática, pero entre roquero y roquero por allá pasaba una buena parte de lo más interesante que se cocía en el mundo de las artes plásticas.

La Movida madrileña, surgida en estos años, tuvo sus pintores afines y, sobre todo, ilustradores y diseñadores. En este grupo estaban Herminio Molero, Rafael Pérez-Mínguez, Sigfrido Martín Begué, Ouka Leele y Javier Utray como teórico.

Todo era distinto en Madrid. Yo me encontré en una cena junto a Isabel Preysler —por cierto, encantadora, educada y muy interesada en lo que le contaras—, Alaska —de Alaska y los Pegamoides—, Guillermo de la Dehesa, tal vez entonces ya secretario de Estado de Economía, el pintor Manolo Valdés y alguien más. En Barcelona nunca hubiera habido tal mezcla de arte, rock, política, alta sociedad y críticos de arte en una misma mesa.

Madrid, de alguna manera, le tomó el relevo a Barcelona también en el mundo del arte. Significativamente, Juan Manuel Bonet, Ángel González y Quico Rivas organizaron una exposición que se titulaba *1980* (aunque se inauguró en octubre de 1979), defendiendo a capa y espada la pintura. Estaban allí representados, entre otros, Carlos Alcolea, Broto, Campano, Chema Cobo y Guillermo Pérez Villalta. La muestra, sin distinciones entre figurativos y abstractos, era abiertamente estratégica: defender a una serie de pintores en los cuales creían, recuperar el papel de críticos mentores de artistas, y, aunque no abiertamente, constituía una crítica a las tendencias conceptuales y al llamado arte con nuevos medios, que había imperado especialmente en Cataluña en años anteriores. Estos pintores se reclamaban de José Guerrero y Luis Gordillo, de Dalí y de Giorgio de Chirico.

Todo eran polémicas en aquellos días. La anteriormente citada con Juan Manuel Bonet obtuvo una respuesta de Tomàs Llorens. Yo me había referido a algunos críticos madrileños que apoyaban al grupo de pintores influidos por Gordillo y criticaba un texto de Patricio Bulnes lleno de hipérboles y frases carentes de sentido. Y en el número 52 de *Batik*, en noviembre de 1979, Tomàs Llorens se arrancó con un artículo titulado «El espejo de Petronio», en el que criticaba duramente a estos jóvenes críticos por su arbitrariedad y por su voluntad de querer ocupar espacios de poder, y calificaba a esta pintura (salvando algún ejemplo) de «mortecino mercadillo marroquí» o de híbridos de tarjeta postal y cómic *underground* al que llaman «gordillismo». Sencillamente, decía que estos pintores pintaban mal, aunque quizás había que ser benevolentes porque eran jóvenes.

Catorce años después, Bonet amplió esta propuesta propintura en la muestra *Los años pintados*, en el palacio del Sástago (Zaragoza) en 1994. Incluyó otros nombres, como Xavier Grau, Ferran Garcia Sevilla, Miquel Barceló o José María Sicilia. No estaban representados otros pintores igualmente interesantes como Frederic Amat o Soledad Sevilla, ni otros que estaban emergiendo entonces.

En Barcelona un poco más tarde aparecieron Pepe Espaliú y Guillermo Paneque, que expusieron conjuntamente en la galería Carles Taché. Escribí en *El País:* «Son guapos, ricos y famosos. Hablan idiomas, algo bastante singular en las latitudes sureñas (...). Son ambos listos y arrebatadoramente simpáticos». Y explicaba que en aquellos momentos en el mundo se llevaban los apropiacionismos, y que estos artistas lo hacían con estilos recientes: Paneque recuperaba el *kitsch* de los *christmas* navideños, el surrealismo y los «estampados» años cincuenta, mientras Espaliú lo hacía con Joan Ponç y las figuritas del arte negro. Sin embargo, yo anunciaba que las abstracciones de Espaliú sobre patrones textiles que eran proyectos de escultura resultaban mucho más sugerentes. Mi artículo era bastante feroz, pero ya Catherine Groult, en un catálogo de La Máquina Española de 1987, había dicho de Espaliú: «Cuando iba a verle, le encontraba maravillosamente autoritario. Me alababa sus imágenes, sus recursos plásticos, sus grandes placeres de propaganda. Su taller se había convertido en un lugar de leyenda y de adhesión casi mítica, como todo lo que se refería a su persona». Es una excelente descripción del artista, que enfermó de sida y se hizo transportar por voluntarios en un largo recorrido por las calles madrileñas, para concienciar sobre esta enfermedad —de la cual moriría—, que en aquellos años estaba totalmente criminalizada por buena parte de la sociedad.

Estos artistas habían fundado en Sevilla la excelente revista *Figura,* que defendía la pintura, y donde escribían Marga Paz, Juan Vicente Aliaga, Kevin Power y Dan Cameron, entre otros críticos.

En esta década se llevaban a cabo muchas muestras colectivas por países. Para paliar la falta de interés del franquismo en el arte contemporáneo y sobre todo para poner a España en el circuito internacional (esta frase era recurrente en los nuevos gestores culturales), se hizo mucho para promover el arte español dentro y fuera de nuestro país, a veces a golpe de talonario. El centro artístico se desplazó de Barcelona a

Madrid, coincidiendo con la alcaldía de Tierno Galván y el recién estrenado Gobierno socialista de Felipe González. En 1982, por ejemplo, se organizó una muestra colectiva bajo el patrocinio de la Dirección General de Bellas Artes, titulada *Preliminar.* A pesar de las disensiones y del resultado ecléctico, marcó el despegue del arte joven en España, tal y como el «descubrimiento» de Barceló en la Documenta de Kassel del mismo año marcó el inicio de un interés del público extranjero por el arte español.

Las muestras colectivas de arte español en el extranjero estaban llenas de buenos propósitos, pero se daban en unos espacios expositivos periféricos, o de países periféricos, no en los espacios de renombre y de prestigio dentro del mundo del arte contemporáneo internacional. Cuando estas instituciones se interesaban por el arte español (como sucedió con *New Images of Spain,* en el Guggenheim Museum, en 1980, o con *Espagne 87. Dynamiques et interrogations* en el Musée d'Art Moderne de la Ville de Paris), los países que los acogían desconfiaban de los comisarios locales y encargaban la selección de obra a un comisario del país que invitaba. Por su parte, en 1988 la prestigiosa revista *Flash Art* lanzó una edición española; en 1989 *Kunstforum* y *Artstudio* dedicaron sendos números al arte español. Pero el furor de finales de los ochenta se apagó con la crisis que fue instaurándose entre 1989 y 1991, es decir, entre la salida de Carmen Giménez y la guerra del Golfo. Hasta la exposición *Pasajes,* con motivo de la Expo 92 de Sevilla, no volvió a haber una gran colectiva de arte español, y en este caso, su difusión fue meramente nacional, pues la muestra no viajó a ningún otro lugar.

De todas aquellas colectivas de los ochenta, revisados los catálogos hoy en día, queda el hecho de que las promovidas por la Dirección General de Artes Plásticas se acomodaron bastante a la moda neoexpresionista reinante: vendieron, por decirlo de alguna manera, la contrapartida de la Transvanguardia italiana o de los nuevos salvajes austriacos. Pero ¿qué quedó de todo aquello? Si por un lado se dinamizó el arte español, por otro, hoy ya nadie habla en términos de artes nacionales, salvo en la Bienal de Venecia. Poco quedó de aquellas iniciativas, pues el hecho es que hoy los artistas españoles están prácticamente ausentes en proyectos internacionales de prestigio. Lamentablemente, creo, se hace muy poco para apoyarlos institucionalmente.

25. Maria Girona y yo disfrazadas de monjas con Mercedes y Santiago Farré. Calaceite, Navidad de 1982. (Archivo personal de la autora.)

26. Con Rafael Argullol en Brasil, 1985. (Archivo personal de la autora.)

27. Con Marisa Díez de la Fuente, mi gran amiga, directora de la hoy desaparecida galería Ciento. Aquí estamos en ocasión de la muestra *Le Défi Catalan,* en el Chateau de Biron (Francia), 1988. (Archivo personal de la autora.)

28. En Tossa de Mar, años setenta. (Archivo personal de la autora.)

29. Con Albert Ràfols en Mallorca. 1981. Fuimos a Son Servera año tras año, a la casa llamada Penya Rotja. Allí nos acogía con suma hospitalidad Miquel Servera. (Archivo personal de la autora.)

30. México, agosto de 1987, con Fernando Benítez, María Jesús Figa y Vicente y Alba Rojo. (Archivo personal de la autora.)

31. Con Frederic Amat, en una inauguración de arte. Barcelona, 1988. (Archivo personal de la autora.)

32. Mi gran amiga Anne Husson, directora del servicio cultural de la Maison de l'Amérique Latine en París. Años ochenta. (Archivo personal de la autora.)

33. Con Margarita Fuchs, sobrina de los Ràfols-Casamada, Anna Maio, Maria Girona, y Àngel Vilalta en Cadaqués en los años ochenta. (Archivo personal de la autora.)

34. Con Teresa Tàpies, Antoni Llena, y Antoni Tàpies en Campins (en el Montseny), años ochenta. (Archivo personal de la autora.)

35. Mi gran amiga y alma gemela Ana Diaz-Plaja, especialista en literatura infantil y juvenil. Aquí en Llavaneres, en los años ochenta. (Archivo personal de la autora.)

36. Con Manolo Borja y Antoni Tàpies en su estudio, en septiembre de 1990. (Archivo personal de la autora.)

37. Con Alberto Corazón, y Juan Hidalgo, en la galería Alfonso Alcolea con motivo de la muestra *Arte conceptual,* primavera de 1991. (Archivo personal de la autora.)

38. Con Maria Girona, Albert Ràfols-Casamada y Franco Bombelli en Cadaqués, verano de 1980. (Archivo personal de la autora.)

39. En la galería Joan Prats con, de izquierda a derecha: persona sin identificar, Francesc Vicens, Roland Penrose y Tomàs Llorens (de espaldas). Años ochenta. (© Foto Gasull.)

40. Con Tomàs Garcès, J.V. Foix, Maria Girona y Carles Hac Mor. (Archivo personal de la autora.)

41. Con Joan Brossa, 1991. (Archivo personal de la autora.)

42. Con Antoni Tàpies y Eduardo Chillida. Años ochenta. (Archivo personal de la autora.)

43. Con Emmet Williams y Wolf Vostell, hacia 1991. (Archivo personal de la autora.)

44. Reunión de la revista *Àmpit.* A mi izquierda, Albert Ràfols, Maria Girona, Joan Hernàndez Pijuan y Carles H. Mor. 1982. (Archivo personal de la autora.)

45. Con Pepe Ribas y Jordi Esteva en Arco, 1990. (Archivo personal de la autora.)

46. Con Albert Ràfols-Casamada, Maria Girona, Yves Michaud, Mercedes Saura, Antonio Saura, Tomàs Llorens, y la crítica de arte francesa Catherine Millet en la Universidad de Verano, 1987, Miraflores, cerca de Madrid. (Archivo personal de la autora.)

47. Con Eulàlia Valldosera en la galería Toni Estrany, octubre de 1991. (Archivo personal de la autora.)

48. Fotografiada por Antoni Bernad en 1983. (© Antoni Bernad, VEGAP, Barcelona, 2024).

Veranos y viajes

Mallorca

Cada verano, cuando desde el avión veía los primeros molinos de viento de Mallorca ya me ponía de buen humor. Mallorca era —y es— mi otra patria, si es que hay una, y el paisaje mediterráneo, con el mar tan azul al fondo, me tranquilizaba. Yo había ido en los años setenta al pequeño pueblo de Son Servera, tras mi fallido viaje a los Cárpatos (Yugoslavia) con Miguel Briongos. Los Díaz-Plaja nos habían hablado de Miquel Servera, amigo de Guillermo, que era mallorquín y que nos acogería encantado para que descansáramos de aquel mal sueño yugoslavo. Tenía una casita, Sa Plana, solo para amigos. Tanto nos gustó, que durante casi toda la década de los ochenta fui cada año en verano, con amigos o con los Ràfols-Casamada.

Miquel Servera era todo un personaje de gusto exquisito que llevaba la galería de arte Sa Pleta Freda, donde expuso a los grandes artistas españoles, sobre todo catalanes (Guinovart, Ràfols-Casamada y Maria Girona, Llimós, pero también Jordi Teixidor y Manolo Valdés). Encontraba muebles antiguos que vendía a los grandes terratenientes y veraneantes de la isla. Iba impecable, y tenía ropa antigua en los grandes baúles de los que podía salir cualquier maravilla. Era mordaz, educado, y fue durante un breve tiempo director de la Fundació Miró de Palma. Nos llevó a conocer a su madre, doña Margalida, que llevaba su abundante pelo gris recogido en una especie de moño como el de las damas de principios de siglo. Era invierno y recuerdo una mesa camilla con brasero debajo, mantelitos con puntillas y unas deliciosas *panades,* que son una especie de empanadillas redondas que llevan carne o guisantes dentro. ¡Qué buena era la cocina mallorquina! La coca de *trempó,* las sopas mallorquinas, la sobrasada puesta en todas partes, las ensaimadas y el *frit,* tan pesado pero tan sabroso, con verduras y carne de cordero.

Cuando los visitantes éramos más, nos alojábamos en una casa llamada Penya Rotja, donde un verano apareció el político Manuel Valls, entonces un joven del que ya se podía augurar su brillante porvenir, hijo de nuestros amigos el pintor Xavier Valls y su mujer Luisa Galfetti, que se alojaban en la minúscula Sa Plana. Penya Rotja tenía un bonito emparrado bajo el que cenábamos, pero solíamos comer cerca de la playa que llamábamos «de los Tamarindos» en un chiringuito popular con el sobrenombre de Los Pajaritos, porque entonces esta era la canción del verano, cursilísima pero que nos hacía mucha gracia. Nuestros planes eran los propios del verano: la playa, comida, siesta, alguna excursión a los jardines de Alfabia, a los de Raixa con sus naranjos y su escalera monumental, a la Cartuja de Valldemosa, pasando a veces por los pueblos del interior con sus casas de piedra y sus ventanas verdes y donde no aparecía ni un alma en las horas de calor. A lo que los mallorquines llaman *s'hora baixa,* sobre las siete u ocho de la tarde, las mujeres sacaban una silla a la calle y se daban conversación. Miquel nos llevó a su otra propiedad, Massana, y la temperatura era tan alta aquel agosto que nos tumbamos todos sobre las losas de piedra de la casa para ver si nos refrescábamos un poco. El que le llevaba la casa nos había dado de comer un estupendo *tumbet,* este plato típico con patatas, berenjenas, pimiento y aderezado con una salsa de tomate, un plato demasiado caliente para mantenerse en pie con aquel calor.

Cerca de nosotros, en Artà, estaban Manuel y Rosa Solà-Morales, en una casa de múltiples habitaciones y una palmera, y a Son Servera venía también Mariette Llorens Artigas, la hija del gran ceramista catalán.

De lo rural pasé en una ocasión a lo *high-high*. Juan March —ya fallecido— me invitó a pasar cuatro días en su finca maravillosa en Valldemosa. Él era tímido, esnob, culto, caballeroso. Dio una fiesta en la que yo no conocía a nadie y de repente vi a un chico joven tan perdido como yo. Le pregunté a qué se dedicaba. «Escribo poesía y un poco de crítica de arte», contestó. Era Enrique Juncosa, al que después haría entrar en *El País* conmigo y con el cual organicé, muchos años después, una exposición *Barry Flanagan*. Enrique parecía timidísimo e inocente, era muy afable y luego inició una brillante carrera de comisario de exposiciones.

Al cabo de poco cené con Joan Brossa y los Farré y cuando le conté a Brossa que había estado en casa March, en Mallorca, me contestó: «¿Hermanos March?». A Brossa el Ayuntamiento había decidido darle una mensualidad de cien mil pesetas, una cantidad razonable, a cambio de quedarse toda su producción.

Calaceite

Los Ràfols tenían una casita en Calaceite, en la comarca del Matarraña, en la provincia de Teruel. Una casa en lo alto, en el sector que los del pueblo consideraban «pobre» en comparación con las casas nobles del casco antiguo, medieval. Pero después de esta casa ya venían los campos, que eran y son maravillosos, como si fueran auténticos mares de olivos. Un poco más abajo estaba la casa del diseñador Yves Zimmermann y su esposa Vigna, a la que los del pueblo llamaban «señora Viñas», y la del escritor José Donoso. Y en la zona «noble» estaban las casas de los Gili (que luego fue de la familia de Àlex Susanna) y la de Carmen Vidal Ribas. En el pintoresco pueblo también tenían casa el pintor Román Vallés y Pilar

Díaz de Quijano y su esposo Luis Soler. El pueblo tenía un centro medieval, con una plaza mayor con soportales y, en aquella época, una tienda en la que vendían de todo: comestibles, artículos de mercería y de droguería y muchas cosas más.

La casa por dentro era un poco, para mí, una «casa de muñecas», porque tenía puertas pintadas de color rosa chicle y unos cojines igualmente rosas sobre los sofás de obra de la sala donde lo principal era una gran chimenea frente a la cual nos pasábamos muchas tardes, Maria y Albert dibujando en sus cuadernos y los invitados leyendo un libro. Porque en invierno y en Pascua en aquella casa hacía frío, y los Ràfols lo paliaban con jerséis, pero Anna Maio y yo lo sufríamos un poco. El comedor, con sus paredes pintadas de azul y una cenefa también azul en la parte superior, era más frío. Un bufete azul que había pertenecido a la familia Ràfols siempre tenía en su repisa un frutero, una cafetera, algunas flores, todos ellos temas recurrentes en la pintura de Maria.

Cada vez que íbamos nos hacía una visita el señor Raimundo, a veces con su esposa Micaela, que más o menos venía a controlar un poco la casa cuando ellos no estaban y que no debía de comprender cómo aquel matrimonio que en algún momento había visto en televisión y que eran tan conocidos vivieran en una casita tan sencilla. La visita se eternizaba y le ofrecían siempre una copita de vino dulce.

Hacíamos pícnics en las numerosas ermitas que se encuentran en los alrededores, íbamos a pasear por el Matarraña y nos acercábamos en coche hasta Valderrobres, Horta de Sant Joan o Beceite. También tomábamos el sol en la solana, que era una continuación de la casa en el paisaje, y adonde podían venir los vecinos. Allí nos desperezábamos al sol con Pere i Núria Garcés, que durante unos años alquilaron otra casa de la misma calle, y con Àngel Vilalta o los Farré. Un día fuimos a oír los tambores de Calanda. Recuerdo a mujeres muy aguerridas tocando el tambor, algunas con las manos ensangrentadas y a uno o dos chicos vestidos de *punky* tocándolo también. Era el momento de la moda *punk*, con los jóvenes luciendo crestas de pelos azules o verdes, vestidos con chupas y botas de puntas muy afiladas.

En Pascua los días eran más cortos que en verano y jugábamos los Ràfols, Margarita, Àngel Vilalta y a veces Anna Maio y yo a hacer preguntas a la señora Fortuny y escribir respuestas. La señora Fortuny tenía un consultorio radiofónico muy carpetovetónico al que acudían las pobres chicas provincianas y pacatas. Nosotros las imitábamos en sus preguntas y respuestas. Por ejemplo:

> Apreciada y admirada señora Fortuny:
>
> Voy a casarme dentro de dos semanas y un gran problema me corroe. Mi novio siempre me ha visto con medias, pero soy increíblemente peluda y ninguna depilación puede conmigo. ¿He de pasar la noche de bodas con las medias puestas? ¿Qué hacer? Le ruego una pronta respuesta pues no me atrevo a afrontar este problema con él. Una angustiada.
>
> Paquita Rovelló

Y este otro:

> Querida señora Fortuny:
>
> Estoy confundida pues tengo un hijo maricón, pero he de confesar que me gusta mucho que lo sea. Las vecinas me riñen porque digo esto y claro, estoy confundida. ¿Está mal que diga esto? Aconséjeme, muy señora mía, y dígame qué tengo que hacer.
>
> Maruchi

La respuesta:

> Querida señora Maruchi:
>
> En cuanto a su hijo, no se preocupe. Pronto los maricones podrán casarse y usted tendrá no uno, sino dos maricones que

serán su sustento. Y en cuanto a las vecinas no haga caso: dígales que su hijo es peluquero y en paz.

Señora Fortuny

Y otro estupendo:

Querida señora Fortuny:

Soy una jovencita bastante agraciada si no fuera porque además de los dos ojos y la boca tengo una trompa larguísima y cuatro patas muy gordas además de la piel muy gris y arrugada. En el circo donde vivo todos me llaman «elefante» y se burlan de mí. ¿Qué debo hacer, querida señora, para acabar con estas burlas y habladurías?

Una joven triste

Respuesta:

Querida señorita:

Su carta demuestra mucha modestia por su parte, pues en ella habla de sus arrugas y sin embargo es harto conocido por todos que «la arruga es bella» y por otra parte el dicho dice «dame gordura y te daré hermosura». Mire, señorita, quien no se conforma es porque no quiere y anda, a vivir, que son cuatro días.

Brasil y Buenos Aires

Nos invitaron a Rafael Argullol y a mí a dar sendas conferencias en Buenos Aires, en el prestigioso Centro Cultural San Martín. Nuestra amiga Estela Ocampo nos enseñó la ciudad, pero lo divertido ocurrió una noche que acudimos a un local de tangos, el mejor de la ciudad. Allí X me sacó a bailar, vestido impecablemente para el lugar y la ocasión, y tuvimos un romance que duró dos noches. Yo desaparecí del mapa y Rafael se inquietó mucho por si me habían secuestrado. X era un tornero fresador que bailando me susurró: «Hoy laburé tanto», una frase muy poco romántica pero que no debió de cortar en absoluto la atmósfera sexualizada del precioso antro.

Buenos Aires era una ciudad llena de buenas librerías y una recién estrenada democracia con el nuevo presidente Alfonsín, y así y todo, los argentinos siempre se quejaban de algo y no paraban de hablar. Diez minutos para sus ancestros europeos —gallegos, asturianos, italianos— y luego sobre cualquier tema enlazando sus frases con un «este...» para poder seguir hablando. Allí conecté otra vez con Marcia Schvartz, una pintora expresionista sensacional que había vivido en Barcelona a mediados de los años setenta y expuesto en la galería Lleonart de la calle de la Palla. Retrataba a personajes populares y de su barrio, en aquellos años llamado gótico, acentuando sus rasgos hasta llegar a lo grotesco. Entonces nadie pintaba así en Barcelona y ella era todo un personaje, bastante marginal por cierto, hoy pintora famosa y reconocida en Argentina.

En Río nos alojamos en casa de amigos de amigos, una pareja formada por una mujer alemana y su marido brasileño. La dama alemana sostenía que en aquel país nadie trabajaba y el señor brasileño añadía que los negocios se hacían en la playa de Copacabana, como así era. Fuimos a una Escola da Samba, de noche, y era impresionante, enorme, todo el mundo bailaba hasta que oímos un disparo y yo escapé corriendo, alarmadísima, a la entrada. Rafael se quedó, impertérrito. Cuando pregunté qué había pasado me dijeron: «Nada, cosas de mujeres»...

Vida profesional

Escritos y exposiciones

Al volver de Nueva York publiqué el largo prólogo para el libro *Estudios sobre Picasso,* una edición crítica de textos sobre el pintor malagueño, cuya bibliografía ya contaba en 1977 con más de mil quinientos títulos publicados. Incidí en textos de autores anglosajones como William Rubin, Leo Steinberg o Anthony Blunt porque en aquella época no eran muchos los que hablaban o leían inglés en España, pero sobre todo incluí textos de metodologías muy distintas: formalistas, marxistas, textos poéticos y hasta el agudo y graciosísimo escrito de Salvador Dalí. Había textos académicos, polémicos y personales, y ya el de Ellen Willis hablaba del mito y popularidad del artista, un tema que hoy en día está en el candelero.

Por otro lado, me dediqué a acabar la tesis y presentarla en 1983. Se titulaba *Gustave Courbet: Una investigación sobre la génesis y las repercusiones de su arte.* Mi director de tesis, Xavier Rubert de Ventós, ni se la había leído. Milicua no podía ser mi director porque aún no era doctor y Meyer Schapiro era extranjero. Ellos dos fueron los que realmente me ayudaron en mi investigación. Xavier Rubert dijo en su alocución algo así como: «No me gusta esta tesis» y tanto el público como el resto del jurado mudó el color. Por suerte a los otros miembros les había interesado mucho y recuerdo la participación de Victoria Camps, muy entusiasta; obtuve un sobresaliente *cum laude.* Rubert no tenía nada personal contra mí; supongo que tan solo quería hacer de *enfant terrible*. Dicho esto, Xavier Rubert seguía saludándome tan afectuoso cuando me veía, seguramente porque su hijo Gino empezaba a ser pintor, y yo con los años reanudé el afecto mutuo, aunque ya con cierta distancia. En los ochenta también publiqué monografías de dos de mis pintores preferidos: Tàpies y Ràfols-Casamada.

Y en 1988 me presenté a una cátedra de Historia del Arte. Uno de los miembros del jurado era Natacha Seseña, que tuvo que quedarse en Madrid y la suplieron por Antonio Bonet Correa, catedrático y miembro de la Academia de Bellas Artes de San Fernando y padre de Juan Manuel, que no me votó por corporativismo con Geografía e Historia (yo era de Bellas Artes). Con los años, Bonet se excusó conmigo. Creo que me lo tomé con filosofía y pensé que, aligerada de otras responsabilidades, podría escribir más artículos, y un día anoté el esfuerzo requerido para escribir. Para un «Panorama de la pintura en España», más de un mes de trabajo para catorce folios. Menos de un párrafo al día. Escribir bien, para mí, era una cuestión de tiempo: entre otras cosas, pensar el adjetivo más adecuado, aspirar a enunciar ideas claras y bien definidas. También estaban los bloqueos: hay días en que no salía nada, o salía mal. Lo peor, escribí, es que nadie me pedía nada de cariz teórico, aunque inicié una larga investigación que se convirtió en el libro *El descubrimiento de Miró. Miró y sus críticos. 1918-1929*. No suscitó ningún debate —no hay debates en la historia del arte en España—, pero algunos se apuntaron al tema para posteriores publicaciones. Cuando quise publicarlo en inglés, con la traducción ya pagada por mí misma, el norteamericano Robert Lubar lo boicoteó argumentando «que hablábamos del mismo periodo». ¡Como si no pudiera haber dos estudios sobre Miró... o sobre Baudelaire o sobre Kandinski!

Para escribir este libro fui a Mallorca para consultar los recortes de prensa que guardaba Miró. En su estudio, que los familiares me abrieron con gran generosidad por su parte, recuerdo que estaba todo tal como lo había dejado tras su muerte; había una botella de champán vacía encima de una mesa, ya cubierta de polvo, los objetos populares que le gustaban, un sol de paja, los *siurells,* una palma... Al examinar su correspondencia descubrí la gran inteligencia de Miró, su saber en cada momento qué tenía que hacer, a quién ver. Su crítica al provincianismo catalán; su internacionalismo y a la vez su profundo amor por Cataluña. ¿Por qué me gustaba tanto Joan Miró? Cuando pensaba en él pensaba en libertad, en espontaneidad y pureza, cualidades raras en nuestro siglo. En su obra había una nueva concepción del espacio, a veces plano y a veces infinito, y era capaz de expresar con unos pocos signos todo un mundo. Y sus colores solían ser un estallido de alegría, aunque por dentro el artista era un hombre torturado por múltiples angustias. Los seres de Miró compartían su existencia con soles, estrellas, cometas, pájaros y en ocasiones con los pequeños animales de la fauna mediterránea.

Tuve una excelente relación con la familia Miró. Con su viuda Pilar, con la dulce y coqueta Dolores, su hija, con David, el nieto mayor, y con Emilio. Cuando David, en 1991, ingresó en el Clínico con un coma hepático, fui a verlo muchas veces. Eran las vacaciones de Navidad y éramos pocos los acompañantes. Él, que había vivido a tope, estaba ahora lleno de tubos y demacrado, pero durante unos días pareció revivir y pidió «un beso» y cigarrillos, como hizo Buñuel en sus últimos días.

En los años ochenta empecé organizar o a participar en la organización de exposiciones. Un comisario de exposiciones ha de tener la idea, seleccionar las obras que va a mostrar, escribir sobre ellas y en muchas ocasiones saber disponerlas en los muros o en el espacio expositivo. Mi primera fue *Blau* (Azul), sobre este color en artistas contemporáneos, para la sala Montcada de la Fundación La Caixa. Nunca me ha costado escoger, pero colgar bien es todo un arte. Cómo se cuelga y la relación y diálogo entre las obras seleccionadas puede estropear completamente o mejorar una exposición. Con el tiempo aprendes, y hay que fijarse en cómo cuelgan los mejores museos del mundo.

En 1982 María Corral organizó para La Caixa, en el Palau Macaya, la muestra *26 pintores, trece críticos* y nos pidió a varios críticos españoles (tres mujeres y diez hombres, así era entonces) que escogiéramos a dos artistas jóvenes. Yo escogí a Frederic Amat, entonces en su apogeo como artista joven, y a Miquel Barceló, cuya obra conocía por el galerista mallorquín Miquel Servera y que había expuesto en la galería Sa Pleta Freda en 1978. Entonces Barceló vivía en Barcelona, en la calle Cotoners, había participado en la exposición colectiva *Otras figuraciones* en 1981 en la propia Caixa y su reciente exposición en la galería Trece había sido una revelación para el sector artístico. En mi texto introductorio escribía que a mí me había interesado Barceló porque tenía un mundo muy personal, salvaje y lírico a la vez y porque le gustaba el Barroco. Escogí su obra *Mapa de carn,* que considero excepcional y que ahora forma parte de la colección de La Caixa. También decía (ingenua de mí...) que tal vez Miquel no se había enterado de los movimientos neoexpresionistas entonces en boga y que me parecía más plausible pensar que «había un estado de ánimo general y que la historia de un chico de Felanitx que se va a Barcelona a pintar, que sus amigos son de un grupo de rock y que su adaptación a la gran ciudad pasa por todas las penas (y fascinaciones) imaginables, lo explica todo mejor». Me parece recordar que lo de «un chico de Felanitx» no le acabó de gustar, aunque seguimos tan amigos, pues entonces nos veíamos en todas partes.

Barceló inmediatamente se convirtió en una estrella, por su participación en la Documenta de Kassel y su ubicua presencia en la escena internacional. Entonces tenía una novia muy guapa, también pintora, llamada Chavela Vargas.

La pintura había vuelto y recuerdo que al regresar de Estados Unidos alguien me contó que Garcia Sevilla estaba pintando muchísimo. En los años ochenta cosechó un gran éxito, porque su nuevo estilo coincidía con el neoexpresionismo reinante (aunque él negó «conocer tal movimiento», algo impensable en el artista mejor informado de España), pero lo hacía de una forma personal, con colores vivos y figuras y símbolos cercanos al arte primitivo, al arte popular y a los *graffiti.* Sus obras podían ser excesivamente simples o, al contrario, producir un fuerte impacto visual. En una de ellas, por ejemplo, se leía: «Soy la distracción del cerdo», suponemos que con ello quería decir que era la distracción del cerdo capitalista.

También recaló en la pintura Ramon Herreros, artista cultísimo que publicó en estos años la revista *Arc Voltaic,* y lo hizo con una abstracción que aunaba formas geométricas y orgánicas en amplias zonas de color.

El homenaje a Miró

Mucho más difícil y muy gratificante fue organizar un homenaje a Miró para la Fundació Miró de Barcelona. Oriol Bohigas, entonces presidente del Patronato, me vino en 1984 con la siguiente idea: «Vicky, como Joan Miró ha muerto el pasado 25 de diciembre (de 1983), vamos a hacerle un homenaje internacional a su obra y a su figura. Para organizarlo propondremos un patronato internacional que ha de estar constituido por Dominique Bozo (entonces director del Centro Pompidou), Jacques Dupin (biógrafo de Miró), Pierre Matisse (marchante de Miró), Roland Penrose (biógrafo y amigo de Miró), William Rubin (entonces todavía director del MoMA), James Johnson Sweeney (historiador de arte) y Alan Bowness (entonces director de la Tate Gallery), junto a Pasqual Maragall y yo mismo. Tú serás la comisaria de este homenaje».

El deseo último de este homenaje era que los artistas participantes cedieran o dejaran en depósito una obra en la Fundació, tras una primera exposición de lo reunido que iría acompañada de un catálogo. Teníamos el total apoyo de doña Pilar Juncosa de Miró, la viuda del artista. El Patronato había de proponer una lista de nombres de artistas nacionales o internacionales de primer orden y tenía que ayudarnos en la obtención de las obras, aunque en realidad la tarea fue casi toda mía. Un reto dificilísimo pero fascinante, pues tal vez aquel fue el proyecto donde yo tuve más conexiones internacionales y con el que aprendí mucho. Oriol Bohigas enfatizó desde el principio el carácter internacional del proyecto, recordando que la idea principal de Miró al constituir su Fundació era no la de crear un centro que reuniera su obra, sino un espacio verdaderamente dedicado a lo mejor del arte contemporáneo a nivel internacional. Y que además podía llegar a constituir el embrión de un futuro Museo de Arte Contemporáneo en Cataluña. Le dije a Oriol que aquello era utópico, ¿cómo iban a regalarnos obras de Matisse, de Motherwell o de Balthus? Sin embargo, entre el entusiasmo de Bohigas y mi propósito de intentarlo, me lancé a ello. Se enviaron las cartas invitando a los patronos y William Rubin renunció con argumentos convincentes escritos en una magnífica misiva: no solo decía que tenía diversos proyectos en los cuales iba retrasado —un texto sobre *Les Demoiselles d'Avignon,* un libro sobre Pollock—, sino que ningún *curator* del MoMA había participado nunca en una selección de artistas en la que hubiera alguno con cuyo nombre estuviera en desacuerdo. «Hay un viejo dicho en inglés», añadía, «que dice que un camello es un caballo designado *(put together)* por un comité.» Y nos deseaba mucha suerte en nuestro proyecto.

Tuvimos una primera reunión con Bozo, Bowness y Dupin en la que aceptaron los nombres de nuestra primera lista provisional (Bacon, Balthus, Beuys, Chagall, Dubuffet, Masson, Matta, Motherwell, Henry Moore, Richard Serra y los españoles Chillida, Saura y Tàpies) y aportaron otras ideas. Bozo sugirió a Frank Stella y Bowness a Richard Hamilton y a Anthony Caro, entre otras propuestas, y también se propuso pedir a las viudas, hijos o herederos obras de artistas desaparecidos, lo que constituía mi cometido, y así es como llegué a conocer a Dorothea Tanning y a Teeny Duchamp.

Con el transcurrir del tiempo, al Patronato se añadieron Werner Schmalenbach y Jean Leymarie, mientras «caían» William Rubin, por lo anteriormente citado, y Roland Penrose, por motivos de salud. La exposición tuvo lugar en 1986 con un montaje de Lluís Maria Riera y textos en el catálogo a cargo de Michel Leiris, Robert Motherwell, Barbara Rose y Margit Rowell. La aceptación inmediata de los españoles (a los que añadimos a Brossa, Ràfols-Casamada y Llorens Artigas, el gran ceramista amigo de Miró) me animó a proseguir. Entonces inicié un periplo mundial en donde yo tenía que hablar de la generosidad de Miró e intentar que me regalaran aquellas obras. Tenía que habérmelas con artistas naturalmente egocéntricos, con viudas acostumbradas a que las acosaran y con galeristas que no vivían precisamente de regalar, sino de vender. Pero salió muy bien. Uno de los galeristas más generosos fue Pierre Matisse, quien regaló un dibujo de su padre, un pequeño pero precioso óleo de Balthus, una obra de Wifredo Lam y una de Tanguy. De Pierre Matisse recuerdo un comentario que me sorprendió. Yo debí decir algo así como que hay que estar en contra de la burguesía —hablando de Miró o del surrealismo— y él muy serio me apostilló: «Oh, pero yo soy un burgués».

En Nueva York fui a visitar a Dorothea Tanning, viuda de Max Ernst, y ella misma una buena artista. Vivía en un espléndido apartamento del número 1 de la Quinta Avenida —si no me equivoco— en Manhattan. Era mayor pero aún atractiva y fue muy amable conmigo. «Como ve», me dijo, «Max (Ernst) me dejó bastante bien», susurró recorriendo con la mirada su fantástico piso. También tenía sentido del humor, porque me contaba que cuando iba a cenar a casa de amigos y le presentaban a sus niños, en vez de hacerles carantoñas les explicaba cuentos terroríficos, para estupor de los progenitores. Dorothea nos regaló un excelente bajorrelieve de Max Ernst de casi cuatro metros de largo y luego me enteré de que Dominique Bozo se había ido —por otra petición, para el Pompidou— con las manos vacías. Mala suerte porque Dominique Bozo era una magnífica persona y un gran profesional. También le pedimos a ella una obra suya, actualmente mucho más valorada que en aquellos años. Cuando viajé a Alemania conocí a su sobrina, entonces una mujer joven y atractiva que vino a visitarnos a Barcelona junto con Dorothea. Me entusiasmó ver que era la mayor la que reñía a la joven, diciéndole: «Ponte más pintalabios, ponte más pintalabios». Incluso me invitaron a pasar los días que quisiera en la casa que tenían en el sur de Francia, cosa que no hice por timidez, y que ahora haría encantada.

Más de uno de los artistas o herederos a quienes pedía una obra me dijo: «Si es por Miró, sí; si fuera por Picasso, no», pero también hubo muchas respuestas negativas. Recuerdo a la viuda de Barnett Newman, que vivía en un apartamento lujosísimo de Upper East Side y que se negó rotundamente y en un minuto. Recuerdo haber intuido que Matta dijo que no porque en realidad se consideraba mejor pintor que Miró.

Algunos artistas vivos regalaron su obra sin problema: Alechinsky, Anthony Caro, Sam Francis (amabilísimo por teléfono), Jean Hélion, Motherwell (con la intervención de la galería Joan Prats de Barcelona), Rauschenberg, Richard Serra, Dorothea Tanning y evidentemente los españoles, de los cuales yo pude escoger la obra. Pude conocer también a Louise Leiris, la mujer de Michel Leiris, y para mí supuso una gran emoción pensar que había sido tan amiga de Joan Miró y de todos los surrealistas. Era la hijastra del marchante Daniel Kahnweiler y cuando este, por ser judío, no pudo seguir regentando su galería Simon, Louise se hizo cargo de ella renombrándose ya con su nombre. Louise y Michel Leiris, el gran poeta surrealista, se conocieron a través de André Masson, de quien Louise nos regaló una magnífica obra. Cuando la visité era ya una persona mayor (moriría en 1988) y le llevé un bonito ramo de flores: estos pequeños detalles a veces pueden incidir favorablemente en la opinión de las personas, pensé.

Otras visitas fueron igualmente agradables, como la que hice a la Fundación Arp, en Clamart, o a la galería Maeght en donde Isabel Maeght me sacaba cuadros y esculturas de Braque o Giacometti como si fueran cruasanes o zapatos, como si tal cosa: esto a mí en aquellos momentos aún me impresionaba. En otra visita, en cambio, creo que para el artista Julius Bissier, dormí debajo de una imponente obra de Günther Uecker, cuyas creaciones están llenas de clavos en todas sus superficies. Dormir bajo aquellos clavos no ayudaba a conciliar un sueño reparador, ciertamente. Algunos «donantes» hicieron tan solo depósitos temporales, y es una pena que en la actualidad la colección solo se muestre de forma parcial.

Lograda la colección de donativos, se expuso durante un tiempo con un original montaje de Lluís Riera en una sala digna, pero pronto fue relegada a un sótano. Rosa María Malet, directora de la Fundació Miró, supongo que por la envidia que tenía a cualquiera que lograra algo en lo que ella no participaba, puso una cartela explicativa donde mi nombre aparecía en un tamaño liliputiense, y ni siquiera como quien había logrado los préstamos, sino con la ambigua frase *«El comissariat l'assumí la senyora Victoria Combalía»*. Entonces era *conseller* de Cultura Joan Rigol, que reaccionó muy favorablemente. De hecho, supongo que el Max Ernst, el Balthus o el Masson son los únicos ejemplares que existen en colecciones públicas catalanas, y con todo, actualmente casi nunca están expuestos.

Oriol Bohigas me había ofrecido ser la directora de exposiciones temporales en la Fundació Miró. Yo lo había aceptado, pero iba pasando el tiempo y él no confirmaba nada. Este episodio no aparece en sus memorias, *Combat d'incerteses*, donde por otro lado explica bien la situación de cierta atonía entre la dirección de Rosa Maria Malet y el gerente (por otro lado, amabilísimo) Raimon Ribera. Y de un día para otro se decidió por Margit Rowell, conservadora del Centre Pompidou. Como yo era joven y supongo que inexperta, no me atreví a quejarme ni a preguntarle el porqué de aquella decisión. Hoy creo que un hombre enseguida hubiera reclamado, o tal vez una mujer más ambiciosa que yo. Me lo comunicó en una carta en la que me explicaba que la decisión había sido de la comisión delegada y de él mismo, dadas las «circunstancias culturales "diplomáticas", informativas, sociales, etcétera». Y me reiteraba su afecto hacia mí y su satisfacción por mi trabajo en el homenaje a Miró. Cuando, unos años después, le pedí una explicación más concreta, me contó que creyó que con una extranjera no habría tantos problemas de rivalidad como con una catalana. Pero Rosa Maria Malet le hizo la vida imposible a Margit Rowell, incluso le abría su correo, y Margit, tras poco más de un año y medio, se marchó. Margit, además, se sentía bastante sola en Barcelona (los catalanes nunca hemos sido muy abiertos con los extranjeros) y en aquellos meses la acompañaron frecuentemente el artista Antoni Llena y su pareja, el fotógrafo Toni Bernad.

Tengo en el ordenador una carta a Pasqual Maragall en la que le agradecía que me propusiera participar en la Operació Amfitrió, que consistía en pasear a alguna persona extranjera con ocasión de los futuros Juegos Olímpicos y a quien el «anfitrión» le tenía que enseñar las mejoras urbanísticas y arquitectónicas realizadas en la ciudad. Yo rehusé educadamente, alegando que durante el homenaje a Miró había paseado a múltiples personajes internacionales y que ninguna instancia oficial —exceptuando el señor Rigol— había agradecido todo aquel esfuerzo cuyo valor económico para la ciudad, de haberse adquirido a precio de mercado, hubiese rondado entonces los mil millones de pesetas.

También en aquellos años contribuí a ampliar el escaso patrimonio de arte contemporáneo en nuestro país, aunque fuera a pequeñísima escala. Un buen día le dije a Pasqual Maragall: *«Pasqual, está ple d'artistes contemporanis molt bons que encara están molt barats i dels quals Barcelona no té res»*. Esto sucedía en 1987. En 1983 ya había escrito en *El País* que «dentro de unos años se darán de cabeza por no haber adquirido Tàpies, Ràfols-Casamada, Hernández Pijuan, Broto, Sergi Aguilar y tantos otros». En esta iniciativa sí que lo convencí, porque me concedió una cantidad no muy grande pero suficiente para comprar obra. Mi interlocutor era Pep Subirós, que puso pegas cuando yo quise comprar algún contemporáneo extranjero, como un excelente Kounellis de letras (de su primera época) que vi en Arco y hoy cuesta una fortuna. Decidieron que solo íbamos a comprar artistas españoles, pero pude adquirir obra de Sergi Aguilar, Joan Brossa, José Manuel Broto, María Girona, Xavier Grau, Joan Hernández Pijuan, Ramon Herreros, Eva Lootz, Antoni Llena, Robert Llimós, Juan Navarro Baldeweg, Miquel Navarro, Carlos Pazos, Susana Solano y Ràfols-Casamada.

La pieza de Sergi Aguilar, la de Brossa y la de Susana Solano aparecen a veces en el MACBA. Me pregunto dónde estará el resto.

Reuniones y revistas

Los frenéticos ochenta también dieron pie a iniciativas teóricas. Un grupo de amigos que discutíamos de arte y estética en nuestras respectivas casas decidimos hacerlo público, y fundamos el Institut d'Estudis d'Art, abierto a todo tipo de gente interesada en la cultura. Lo iniciamos en el curso escolar de 1984 y fue considerado como algo paralelo y en cierto modo continuación del Col·legi de Filosofia, que funcionaba desde 1976. La idea era llevar más allá de los reductos universitarios y de los círculos de especialistas la discusión sobre las tendencias del arte actual, promover y divulgar una reflexión crítica sobre el momento artístico. Si miramos la composición de sus miembros había más filósofos y literatos que historiadores o críticos de arte, pero precisamente por la amalgama de teóricos, las discusiones tenían un gran interés.

Los miembros fundadores éramos Rafael Argullol, Narcís Comadira, Félix de Azúa, Fèlix Fanés, Javier Fernández de Castro, Antoni Marí, Miguel Morey, Dolors Oller, Josep Ramoneda, Ignasi Solà-Morales, Eugenio Trías, Carlos Trías y yo misma, mientras que Esperanza Rabat y Yolanda de Zuloaga coordinaban las conferencias.

El Banco Exterior de España nos dio un millón de pesetas de subvención. Con esto pagábamos las conferencias, la coordinación, los gastos de imprenta, diseño del cartel y díptico, y supongo que entraban las cenas organizativas y las posteriores a las charlas en el restaurante Flash Flash. Las sesiones se llevaban a cabo en el Instituto Francés de la calle Moià y hubo temas tan sugerentes como «Ocio y Mal» (a cargo de Víctor Gómez Pin), «El descrédito del artista» (Rafael Argullol, Victoria Combalía, Toni Marí), *«Contra l'estètica tova»* (Narcís Comadira), «Capital de la pintura» (Ángel González) y muchos más, ya que invitamos también a diversos conferenciantes españoles y extranjeros.

En 1983 fundamos, con Albert Ràfols-Casamada, Maria Girona, Joan Hernández Pijuan y Carles Hernández Mor la revista *Ampit.* Tuvimos una subvención de la Generalitat de trescientas mil pesetas a través de Daniel Giralt-Miracle, entonces *conseller.* Yo debía ser la tesorera, como siempre. La definimos como revista de creación, que publicaría cuatro números anuales, y que estaría dedicada a poesía, pensamiento y artes plásticas. Fue una idea de Albert Ràfols, que quería recuperar el dinamismo de las revistas de preguerra, todas ellas de apariencia sencilla pero realizadas con un gran esmero, bellas tipografías y muchas veces con poesía, literatura y arte a la vez en sus páginas.

Publiqué mis únicos poemas de entonces, que eran poesía en prosa, y citas a Baudelaire como estas: *«Ma mère est fantastique; il faut la craindre et lui plaire»*, extraída de *Fusées, Suggestions XIII;* o *«Créer un poncif, c'est le génie. Je dois créer un poncif»*.

Estas citas me las traducía Hernández Mor al catalán. En la penúltima página, Ràfols dibujaba anuncios, no recuerdo si se correspondían a anuncios reales, es decir, pagados, o no. Eran de empresas o de galerías de arte amigas. El caso es que él dibujaba, por ejemplo, *Bicicletas Rabasa* con un dibujo de una bicicleta y un lema en el que se leía «Homenaje a Léger» o un libro de Salvador Espriu de Edicions 62 con el dibujo de un perrito ladrándole a un pájaro. A veces Carles Hac Mor inventaba también el texto de un anuncio, siempre con su sentido del humor habitual: *«Ciento X, la galería més X de Barcelona. Cada dia hom hi fa un libidinós concurs. Participeu-hi!»*, escribía. Dentro de la revista, encartados, había poemas de otros autores. Participaron en *Ampit* Antoni Tàpies, Sergi Aguilar, Patricio Vélez, Ferran Garcia Sevilla, Ramon Herreros, Sílvia Gubern o Carlos Pazos. Publicábamos poemas de Narcís Comadira, Francesc Parcerisas, Pucci Vilurbina o José Carlos Cataño. Vista hoy, es una delicia de revista.

También entonces surgieron dos excelentes revistas teóricas: *Arc Voltaic* y *Fulls de Cinema*, creadas por Ramon Herreros, Fèlix Fanés y Gustavo Hernández Mor, ya en 1977, y *La Rosa Cúbica*.

Arc Voltaic tomaba el nombre de una primera revista de vanguardia de 1918, y hablaba de cine, literatura y artes plásticas, con colaboradores tan excelentes como Fèlix Fanés, Nuria Vidal, Valentí Gomez Olivé o el propio Herreros. América Sánchez, Sindria Segura y Ferran Garcia Sevilla, entre otros, la ilustraban. *La Rosa Cúbica*, dirigida por Alfonso Alegre y Victoria Pradilla, estaba dedicada a poesía e iba ilustrada por pintores tan importantes como Ràfols-Casamada, Xavier Valls o Vicente Rojo. También apareció en 1987 una curiosa revista *underground*, *L'Avioneta*, creada por el editor Albert Ferrer, en la que yo publiqué poemas. Ràfols, Maria Girona y Hernández Pijuan añadieron sus dibujos a aquel pliego vertical de diez páginas. Ferrer promocionó también *Tectual*, con dibujos de Patricio Vélez, Maria Girona, Rosa Rabasa y otros artistas y varios poemas. Entonces las revistas de pensamiento, arte y poesía se leían, se pasaban, se vendían por suscripción o en las galerías de arte; eran modestas pero de cuidado papel y tipografía.

El País

El País apareció en 1976. E inmediatamente fue el periódico más moderno y progresista de España. Yo empecé a publicar en sus páginas ya en 1977 (un artículo sobre Ràfols-Casamada) y compartía páginas con Juan Manuel Bonet y Paco Calvo. Cuando volví de Estados Unidos, continué colaborando en él, y hasta el día de hoy; durante el periodo 1981-1996 fui lo que se llamaba «Titular de Arte para Cataluña», porque coordinaba una sección mucho más amplia; en aquella época, no había crisis, había mucho más papel y las artes plásticas tenían, en el mundo de la cultura española, mucha más importancia que ahora. En parte porque con la recién estrenada democracia se ponían las bases de instituciones de nuevo cuño, y en parte porque los ministros de Cultura, algunos de tanto renombre como Javier Solana o Jorge Semprún, anunciaban políticas culturales novedosas o polémicas. Ellos, sus directores generales, así como numerosos directores de museos, iniciaron entonces labores titánicas en aquel yermo panorama español.

En la sección de arte, primero invité a Rosa Queralt a participar y, tras su renuncia, invité a Manel Clot y a Luis Casado Cadarso, y después a Enrique Juncosa. Hubo años en que escribía cada semana, en ocasiones artículos muy polémicos, en unos tiempos en los que aún había polémicas artísticas. Critiqué en demasía a los que llamé «Ilustradores con pincel», artistas de la Movida madrileña, que expusieron en la galería René Metras en 1982. Hoy El Hortelano, Ouka Leele, Mariscal y Ceesepe son artistas famosos y reconocidos (algunos incluso ya fallecidos) y tan solo Ceesepe merecería hoy alguna prevención por mi parte. En particular, el trabajo de Ouka Leele merece todo mi respeto y admiración.

En 1983 explicaba que la Transvanguardia italiana había hecho correr ríos de tinta en Arco 83, donde «Juana de Aizpuru, la directora de Arco, tan encomiable en muchos aspectos, se ha dejado influir de forma casi excluyente por el crítico Achille Bonito Oliva y el galerista Lucio Amelio». Lo que la gente murmuraba en cenas y corrillos yo lo ponía por escrito. Añadía que, además, no habíamos visto ni a Kiefer, ni a Baselitz, ni a Lüpertz (grandes artistas del neoexpresionismo alemán, el paralelo germano de la Transvanguardia) y que el descontento había estallado en una mesa redonda donde se fue muy crítico con Bonito Oliva. Lucio Amelio, fallecido en 1994, era también actor y cantante, y era entonces un galerista muy importante que había organizado el año anterior en el Grand Palais una gran muestra llamada *Terrae Motus* con destacados artistas de vanguardia. Si yo decía lo que decía es porque, una vez más, sucedía en España lo de siempre: que un organizador se dejaba tentar por un solo galerista, y que muchas veces a los foráneos nos traían migajas, es decir, nos trataban como a un país periférico o, peor, del tercer mundo. España siempre ha ido a remolque de las modas. Yo escribía lo que escribía porque para mí era un imperativo moral y un *dictat* flaubertiano, de quien había subrayado su frase: «Si alguna vez tomo parte activa en el mundo, será como pensador y como "desmoralizador". No haré nada más que decir la verdad, pero esta será horrible, cruel y desnuda». (Me había quedado fascinada con Flaubert desde que hiciera mi tesis sobre Courbet, y de él lo había leído casi todo.)

Yo me quejaba también de las programaciones del Ayuntamiento (regido por los socialistas) y de la Generalitat (gobernada por Convergència). Tenía el descaro —o más bien la ingenuidad— de pedirles más imaginación y coherencia en sus programas culturales. En 1983, por ejemplo, me quejaba del Servei d'Arts Plàstiques de la Generalitat, que, si bien ayudaba a financiar muestras magníficas como *Miró, els anys vint* o *Dalí, 400 obras,* en sus intercambios culturales traía exposiciones muy mediocres. Y escribía: «Han llovido las críticas y la Generalitat se ha apresurado a intentar remediar con parches lo que con el tiempo hubiera sido un ridículo histórico: Jordi Pujol citó a Tàpies en la inauguración de la muestra de Dalí y a buen seguro se le va a conceder la Medalla de oro de la Generalitat». Me refería al poco caso institucional que recibía nuestro mejor pintor, y, efectivamente, en 1983 se le concedió dicha medalla, y su aceptación, así como la posterior de un marquesado, fue motivo de ciertas críticas entre algunos amigos y allegados. Hemos de pensar que durante buena parte de los años ochenta el arte de Tàpies era aún muy controvertido. En aquellos momentos recuerdo que yo, que siempre lo defendí, pensé que era humano el haber aceptado el galardón, después de la escasa admiración por su obra mostrada por el Gobierno catalán. Es cierto que Tàpies tenía cierta envidia de sus contemporáneos y que fue poco generoso en sus ayudas a los jóvenes, aunque sí fue generoso con los de Trama o con quienes lo alababan. Él también era polémico en sus artículos en la prensa escrita. En aquel mismo 1983 escribió un artículo larguísimo en *El País* contra Dalí, con argumentos muy discutibles hoy en día. Recordó el franquismo del pintor del Ampurdán, llamó «progresistas incultos» a los que lo defendían desde la izquierda, y lo tildó, citando a Breton, de academicista desde 1936. Y añadía: «Un experto sabe perfectamente que una pintura tiene interés o no según sea el grado de humanidad o inteligencia de su autor». En realidad, la humanidad o no de un pintor no tiene nada que ver con su calidad artística. Tàpies tampoco fue un ejemplo de generosidad en el terreno del arte y la obra de Dalí hasta 1939 aproximadamente es un derroche de imaginación surrealista. En cuanto a las famosas payasadas del pintor del Ampurdán, fueron recuperadas en la década de 2000 como precedente de las *performances* en una excepcional muestra en el Centre Pompidou. Hoy en día el personaje puede ser muy discutible a nivel personal y político, pero no sus méritos artísticos, gusten o no. Y sin embargo este era el discurso de la época.

Tal vez mis artículos en el periódico, así como los de otros colegas, surtieron efecto: Daniel Giralt-Miracle presentó, para la siguiente temporada, una programación mucho mejor. Pero a veces mi pluma era vitriólica: hablando de una exposición titulada *Pintura catalana postimpresionista* en la Fundación La Caixa de Barcelona, escribí un artículo titulado «Cajón de sastre» que empezaba así: «Vergüenza ajena, sonrojo e irritación». En algo habremos mejorado, pues cuando lo releo pienso que hoy no se atreverían a hacer una muestra así, un popurrí donde como posimpresionistas cabía todo el mundo. En todo caso, cuando Josep Miquel García dirigió el Centro Santa Mónica, se dedicó a hacer grandes exposiciones de los artistas de su generación de gran calidad. Recuerdo la de Pazos, Garcia Sevilla y Xavier Grau.

Josep Miquel en 1989 me pidió que fuera asesora del Servei d'Arts Plàstiques de la Generalitat. Hoy pienso que tal vez con ello querían «aplacar» mis críticas, pero por otro lado era un puesto de importancia. Fiel a mis principios de independencia, rechacé el puesto con una carta muy educada pero firme en la que afirmaba no compartir «ciertas opciones de la política cultural de la Generalitat» y que estaba desencantada de mis colaboraciones con instituciones políticas en Cataluña. Dicho esto, mi relación con Josep Miquel siguió siendo amistosa.

Tàpies y Barceló: un encuentro

En 1984 publiqué mi libro *Antoni Tàpies* en la editorial Polígrafa y en 1988 organicé para el Ayuntamiento la exposición *Tàpies, los años 80* que tuvo lugar en el Saló del Tinell y que viajó luego a la Lonja de Palma de Mallorca.

En el catálogo participaron, además de yo misma, Manuel Borja-Villel, Werner Schmalenbach, Werner Hofmann; le pedí también a Alfonso Pérez Sánchez, entonces director del

Prado, publicar una conferencia suya sobre *Monumento y pintura*. Hoy me quedo pasmada de la voluntad internacionalista de nuestro Ayuntamiento de entonces (con el alcalde Maragall) y de que me dejaran invitar a grandes personalidades del mundo del arte como Harald Szeemann, Germain Viatte, Nicholas Serota, Kaspar König o Catherine Millet. Pocos pudieron asistir, pero la difusión ya estaba hecha. Tuvimos alguna crítica en revistas extranjeras, por ejemplo en la excelente revista *Apollo*.

Hay que recordar que Tàpies era muy reconocido en el extranjero y en el medio artístico, pero el público en general no lo apreciaba, provocado o irritado por su abstracción matérica y el uso de objetos cotidianos y pobres. Yo quise mostrar las pinturas de gran formato de la década de los ochenta y el resultado fue espléndido: si bien quedaba patente que no había grandes cambios en su universo personal, aquella década mostraba formas más disueltas y abiertas, el uso de barnices y de gomaespuma y una pintura más cremosa. También mostré su *Autorretrato* de la primera época para demostrar que sabía pintar de una forma tan realista como el que más. Cuando lo entrevisté largamente para el catálogo, le pregunté concretamente qué pensaba de Beuys («algún crítico alemán ha asegurado que mis primeras exposiciones en Alemania fueron un estímulo para él»), de Cy Twombly («Cuando vi lo que hacía, pensé: "Parece que haya visto algo mío"»). Tàpies siempre negó influencias (a excepción de los grandes precursores, como Miró), como hacen tantos otros pintores, pero me gustó mucho su afirmación: «El artista siempre ha tenido algo de ave solitaria, de perturbador y agitador "de la colmena", y así seguirá siendo, incluso bajo el socialismo».

Manolo Borja, entonces muy buen amigo mío y de quien ahora me distancian grandes diferencias museográficas y personales, escribió un magnífico texto sobre cómo Tàpies fue aceptado o rechazado por la crítica a lo largo de los años. En breve se convertiría en director de la Fundació Tàpies de Barcelona, donde llevó a cabo, entonces sí, excelentes exposiciones. Cuando Manolo llegó de América para asumir su puesto en la Tàpies, yo lo frecuenté mucho y lo introduje en la vida cultural de Barcelona. A medida que sus puestos iban ascendiendo, su distancia conmigo, y con otros amigos de la época, también aumentó.

Cuando la muestra viajó a Mallorca, en julio de 1988, Biel Mesquida hizo dos crónicas en *La Vanguardia,* en una sección que titulaba *La siesta,* sobre este evento. Tàpies iba a asistir a la inauguración porque, además, la Universidad Balear lo iba a investir doctor *honoris causa.* En aquel momento Miquel Barceló, ya un joven artista de muchísimo éxito en España y en el extranjero, le dijo a Biel que quería saludar a Tàpies y que no asistiría a la inauguración multitudinaria porque deseaba ver la muestra Tàpies a solas, tranquilamente. Y que nos invitaba a ver su taller y a comer. Pero Tàpies no se inmutó con este sutil desplante, porque en realidad estaba tentado por la curiosidad de conocer a aquel joven artista que ya se había declarado nieto artístico de Miró e hijo de Tàpies. Los sesenta kilómetros entre Palma y Sa Devesa de Farrutx, la casa-estudio de Miquel, se le hacían largos en aquel taxi «semirrefrigerado» en pleno agosto. La casa estaba enclavada en la ladera de una estremecedora montaña rocosa pero que, por el otro lado, miraba hacia la amable y majestuosa bahía de Alcudia. No nos abrió él la puerta sino Cécile, su mujer, y nos condujo al estudio. Había unos seis o siete cuadros a medio hacer, y Tàpies se fijó en las telas arrugadas, puestas en el suelo, mientras preguntaba aspectos técnicos, lo cual, dicho sea de paso, es lo que hacemos los críticos cuando aún no sabemos qué decir.

Miquel nos iba explicando su pintura y yo pensaba, contemplando aquellos nabos, higos caídos y negras aceitunas, que era totalmente rural. Y que, comparado con el ruralismo panteísta de Miró, o con el franciscanismo de Tàpies, Barceló era horticultor, pescador y cocinero. Pero esta sensualidad preindustrial convivía con otro aspecto más serio y ambicioso, plasmado en el retrato que le hizo Andy Warhol: listo y duro como un demonio, un excelente retrato. Tàpies le dijo que quería contar con él, con alguna de sus obras, en su nueva fundación, porque «quería estar rodeado de jóvenes, de sus amigos», lo cual significaba un gran cambio en su posición respecto a sus contemporáneos, pero que, de hecho, nunca llevó a cabo.

Comimos estupendamente bien, y Miquel siempre trató de usted al maestro. Pero en las conversaciones asomó cierta rivalidad infantil: «He hecho plantar siete mil pinos para repoblar la ladera de la montaña», dijo Miquel. Y añadió: «Ha sido un recuerdo homenaje a Beuys, que pensaba plantar siete mil árboles de diversas especies por todo el mundo». «Yo he plantado también muchísimos árboles en Campins», agregó Tàpies. Y acabaron hablando de cuánto habían tenido que pagar a Hacienda aquel año. Como niños.

En aquellos años yo veía bastante a Barceló y recuerdo una gran fiesta en El Molino, ya en 1992. Cerraron el local para él y sus amigos. Miquel le dijo un piropo a la cantante, con mucha gracia, pero el más divertido como siempre fue Garcia Sevilla. Cuando le comenté que estaba muy moderado, me contestó: «¡Ah!, pero yo cuando veo a una señora gorda y pesada ya saco el cuchillo».

Tomàs Llorens y el Reina Sofía

Tomàs Llorens fue uno de nuestros mejores historiadores del arte en España en el siglo XX, y siempre estuvo rodeado de alguna polémica a causa de sus ideas tildadas o bien de originales, o de muy radicales, cuando no de excesivamente conservadoras. Fue profesor en la facultad de Arquitectura de Valencia, de la que fue expulsado por su participación en la lucha antifranquista. Entonces marchó a Inglaterra donde residió y dio clases en la Politécnica de Portsmouth, desde 1972 hasta 1984. Fue él quien diseñó la museografía y las colecciones del Instituto Valenciano de Arte Moderno (IVAM). También fue director general del patrimonio artístico valenciano. En el IVAM tuvo la gran idea de empezar una colección comprando el legado de Julio González a las herederas, unas obras que entonces estaban a precios muy razonables.

Nuestra amistad duró muchos años, y cuando yo residía en Nueva York y preparaba mi tesis, Tomás me envió una serie de cartas de gran calado teórico. En 1981 me explicaba su proyecto para una bienal de arte español que el Ministerio de Cultura había pedido a varios comisarios (entre ellos Paco Calvo, Daniel Giralt-Miracle, Valeriano Bozal y otros). Él pensó en una exposición por bloques, en uno de los cuales estaba Tàpies, Equipo Crónica y Cardells; en otro, Antoñito López, Ràfols-Casamada y Toledo; en otro, Arroyo y Miró; en otro, Saura y Brossa; en otro, Pérez Villalta, Carmen Calvo, Guerrero y Miquel Navarro; en otro, Gordillo, Palazuelo, Navarro Baldeweg y Ramírez Blanco, y en otro, Hernández Pijuan, Rosa Torres y Maria Girona. Y en escultura, Chillida, Alfaro, Marcel Martí, Sergi Aguilar y Julio López Hernández. Junto a los grandes nombres, es obvio que algunos eran sorprendentes para los otros comisarios y que había contraposiciones/avecinamientos muy interesantes y heterodoxos como Arroyo/Miró o Saura/Brossa. Su proyecto no se llevó a cabo y se terminó haciendo la típica muestra con una lista de nombres previsibles.

En 1988 fue nombrado director del Reina Sofía, que se inauguraría en 1990. Decidió que se llamara Museo Nacional Centro de Arte Reina Sofía (MNCARS) y hoy lo conocemos como Museo Reina Sofía. Insistía mucho en que tenía que ser un museo; yo pensaba más bien en una *kunsthalle,* un gran centro de exposiciones temporales, pero él tenía razón. En la España de los ochenta estaba todo por hacer y así fue como compró una colección de lo que llamó «sensibilidad española»: Picasso, el cubismo, Juan Gris, Miró, Julio González y Dalí. Una vez más acertó, porque los precios en años posteriores aumentaron mucho, y porque sentó las bases de una buena colección de arte español (con sus lagunas, que han sido llenadas más adelante).

Tuvo críticas acérrimas, como la de Rudi Fuchs, director del Museo de Arte Moderno de La Haya y entonces muy influyente, pero ahora lo vemos como una opción muy acertada, porque estas obras hoy en día son inasequibles y ahora ya forman parte de nuestro patrimonio. Tomás me comentaba siempre que sus «críticos» lo eran porque estaban en la onda del mercado y de la moda. Y añadía: «Ahora existe la creencia de que es imposible hacer una colección con las grandes obras de las vanguardias clásicas, cuando en realidad no es cierto. Mira la Colección Beyeler, fue iniciada en 1982 con un Monet y un Cézanne».

La colección ya partía de la del MEAC, y de la donación de Douglas Cooper, que incluía una obra cubista y *La dama oferente*, ambas de Picasso. El 28 de diciembre de 1990 cesaron fulminantemente a Tomàs Llorens, apenas dos años después de su nombramiento. Lo cesó el ministro de Cultura Jorge Semprún. Yo sabía que Llorens lo tenía difícil por su tozudez en su visión estricta (y bastante heterodoxa, todo sea dicho) de la colección. Pero jamás me imaginé que antes de inaugurar la colección lo cesaran. Aquello sentaba un precedente lamentable para los profesionales, que estaban y están a merced de los políticos. Parece que los artistas y galeristas hicieron mucha presión al ministro para que lo cesaran, y yo personalmente creí en aquel momento que chocaron dos personalidades: ambos de edad similar, de izquierdas, ambos grandes personajes de la cultura española. El problema ya había surgido antes, según Llorens. Hubo una exposición Miró en la Fundación Maeght de Saint-Paul-de-Vence, y el director, Jean-Louis Prat, comió con Semprún y le dijo que quería hacer una exposición Chagall. Semprún, siempre según Llorens, tenía una concepción mundana del museo y era muy susceptible a los rumores, y opinaba que el proyecto de Tomás era demasiado comprometido. Tampoco le dejaron formar un equipo, y en aquellas épocas el ministerio «era una máquina que se lo tragaba todo». Tomás hizo declaraciones sobre el peligro de que hubiera demasiadas proximidades entre museo de arte contemporáneo y el mercado de arte contemporáneo, dicho de otra manera, no quería presiones ni interferencias de los galeristas. Kosme de Barañano añadió: «el matiz es que queríamos ser selectivos» (es decir, no como en las colecciones del MEAC). Llorens fue acusado de negligir el arte contemporáneo y yo salí en su defensa con un artículo en la revista *Journal of Art*.

Al destituir a Tomàs Llorens, el ministerio nombró a María Corral directora del Reina Sofía. Procedía de La Caixa, donde hizo grandes exposiciones. Yo tenía pendiente mi retrospectiva Brossa en el Reina Sofía y Corral quiso retrasarla, con la excusa de que había una avería en las salas, lo que no era cierto. Por suerte, y no falseaba con ello la realidad, argumenté que Brossa era muy proclive a hacer declaraciones en los medios de comunicación, y aquello debió de asustarla un poco. La muestra dio a conocer a Brossa en Madrid, donde solo era apreciado por un pequeñísimo grupo de admiradores, y yo casi me dejé la piel. Había magníficos profesionales, como Miguel del Valle Inclán en la biblioteca y Charo Sanz, mi colaboradora en la exposición, pero pedías que limpiaran las salas para poder instalar la exposición y tardaban tres días. La brigada llegó un día antes de inaugurar a las seis menos cuarto de la tarde y a las seis y cuarto dijeron: «Señora, nos vamos, es la hora de la merienda». De seis limpiadoras, una limpiaba y las otras miraban cómo lo hacía. «Si quiere horas extras, haga una instancia a la autoridad competente», me dijeron. Antes les había sucedido lo mismo a Oriol Bohigas y a Federico Correa, que cogieron ellos mismos la escoba (¡!). Las vigilantes nocturnas eran muy simpáticas, y para telefonear tenías que pedir prestado el teléfono a la conservadora de fotografía, después de caminar un kilómetro o dos. Creo que aún no había ascensores, porque recuerdo subir y bajar muchos pisos por aquellas escaleras amplias, pero tétricas, del antiguo hospicio. El montaje de la exposición tenía que haberlo hecho Fabià Puigserver, pero, al estar ya enfermo, tuve que cambiar de idea y se lo pedí a Dani Freixas, que lo hizo con mucha imaginación y que resultó muy polémico, porque colocó sábanas entre una pieza y otra de Brossa. Estas se iluminaban con una bombilla que colgaba del techo.

Asesorías

Luis Monreal, director general de la Fundación La Caixa en 1991, nos nombró asesores para el programa expositivo a José Milicua, a Vicenç Altaió y a mí. Tom Messer era el asesor general; había sido director del Guggenheim de Nueva York y del de Venecia durante muchos años. Era una persona muy discreta, muy cordial y también muy secreta, pero con quien era muy fácil trabajar gracias a su amplia cultura y experiencia. Pero La Caixa no nos pagaba ni unas míseras pesetillas por nuestro trabajo hasta que nos quejamos. Nuestro trabajo era dar ideas de exposiciones y contactos y yo conseguí una exposición para Sean Scully, que siempre me recuerda que su gran fama se inició con aquella muestra en España.

Cuando conocí a Sean Scully, lo definí como un gran personaje. Tenía, o tiene, un rostro igual que el *Autorretrato* de Beckmann de 1917, un rostro macizo. Scully, cuya amistad me brindó entonces y pervive hasta hoy, transmitía una gran fuerza física y una conciencia de tenerla, pero también una suavidad femenina en algunos momentos de su conversación, cuando imita a una persona o cuando requiere de un favor. Es inteligentísimo y hoy es uno de los mejores pintores abstractos del mundo. Pero entonces tenía grandes dudas, grandes problemas amorosos, y me hablaba durante horas al teléfono. Con una vocecita queda, al otro lado del Atlántico, me hacía partícipe de sus angustias.

En 1991 Oriol Bohigas fue nombrado *conseller* de Cultura del Ayuntamiento de Barcelona. Bohigas impulsó las plazas duras y yo polemizaba mucho con él sobre este tema. «Falta verde», le decía yo. Él añadía que las ciudades italianas tenían plazas duras, y entonces yo argumentaba que se trataba de ciudades de tipo medio, no de dos millones de habitantes. Al conocerlo más, primero me sorprendían y escandalizaban un poco sus *boutades*, pero luego me acostumbré y comprendí que formaban parte del personaje. Por ejemplo en el concurso Francesc Viñas, dirigido entonces por María Vilardell, gran amiga de mi madre, hizo un discurso largo y brillante hablando de la falta de educación musical en nuestro país, de la falta de recursos y de buenos profesores, etcétera. «Bueno, espero que daréis una subvención a este concurso», le dije al saludarlo, «del cual han salido desde hace casi treinta años algunas de las mejores voces del canto internacional.» «¡Qué va!», me contestó tranquilamente, «no les daremos ni un duro, tenemos nuestro presupuesto recortado a la mitad.» Y cuando, en 1992, nos nombró asesores a un grupo de especialistas en el que estábamos Maria Lluïsa Borràs y yo misma para las artes plásticas, Juli Capella en diseño y otros profesionales, empezó la primera reunión diciéndonos: «Que sepáis que de todo esto que me vais a sugerir y a contar, yo no os voy a hacer ningún caso». Por esto se hablaba del «despotismo ilustrado» de Oriol Bohigas. Él defendía las grandes estructuras museísticas (principalmente el MNAC) y yo, al contrario, pensaba que primero venían las colecciones y ya se buscaría un edificio donde exhibirlas. Por otra parte, yo también defendía no desestimar los museos pequeños, tal como se hace en París y Londres.

Con los años llegué a asesorar a coleccionistas privados, pero en los ochenta tan solo visitaba colecciones particulares, algo que me encantaba porque suelen reflejar algo de su propietario. Las colecciones catalanas de aquellos años, con excepciones (Rafael Tous, que impulsaba el arte conceptual, y Josep Suñol, con buenas piezas de vanguardia), no me sorprendían en nada: mostraban casi todas los mismos autores. Veía marcos dorados enormes para obras de Tàpies (no muy apropiados para su estética) y obras menores en el salón principal. Aquí cuanto más caro era un artista, más gustaba, y los ricos poseían Tàpies, Barceló y José María Sicilia, no porque los comprendieran, sino como símbolo de estatus. Es diferente el caso de los artistas coleccionistas, que siempre tenían, claro está, un gusto propio. Había una tendencia que sigue existiendo hacia la modernidad moderada, a los artistas que conjugan algo de las vanguardias con algo comercial, como el Cuixart de los años setenta, o como Riera y Aragó y tantos otros. Porque lo verdaderamente radical es difícil de asimilar, y tarda varias generaciones en ser comprendido.

Algunos artistas

Eduardo Arroyo

No recuerdo cuándo lo conocí, pero sí me acuerdo de algunos primeros encuentros. En un jurado en Valencia, Arroyo estaba sentado junto a Tomàs Llorens. Era la simpatía y la brillantez personificadas, junto a una perversidad revestida de una muy refinada mala baba. Dijo que Esther Ferrer «le daba miedo», y de Matilde Ferrer, su hermana, «que eran la misma persona». Nos parodió los llamados versos fonéticos. Era arrollador, como su nombre indica, y de una inteligencia rapidísima, de respuestas veloces, chispeantes, certeras. Más tarde, en 1994, hicimos con Manel Esclusa un documental sobre él. Entonces, en nuestras largas conversaciones me dijo: «Yo soy mediterráneo, aunque sea de Madrid. Nada de castellano, ni santa Teresa de Ávila ni burradas. A pesar de que santa Teresa, fíjate, había nacido dos puertas más allá de mi casa, en la calle Costanilla de los Ángeles». También me dijo: «A mí lo que me gusta es dar caña, dar caña». De Arroyo lo que más me gusta de su trabajo es su mordaz visión de España y el humor con que trata episodios históricos: con tintas planas y un dibujo de línea clara es capaz de representar *Diferentes tipos de bigote reaccionario español* (1970) o *Sí, sí, entraremos en el Mercado Común* (1971) con un caballero carpetovetónico y un toro detrás.

Otro artista muy amigo fue Carlos Pazos. En una carta desde Nueva York en 1989 me escribía: «Gracias por los ánimos que me insuflas pero (...) estuve en Bruselas y acabé de desmoronarme. Todo politiqueo (...). Qué falta de interés, si me apuras, ¡qué falta de amor al arte! (...) Desde que nos vimos, apenas he trabajado. Estoy muy desilusionado. No hago más que darle vueltas, pero no encuentro una salida clara. Ni la retirada, ni seguir así es algo que se pueda mantener mucho tiempo como visión de futuro». Y añadía: «Me he divertido mucho con tus artículos».

Y en otra carta, también desde Nueva York, en 1991, me comentaba que le había gustado mi texto para la Expo de Sevilla (yo era comisaria para el pabellón catalán, en donde lo seleccioné a él) pero que cambiaría el título, que tendría que ser algo así como «Qué fue de Carlos Pazos», para «darle un giro a lo Orson Welles, como si el artista hubiese fallecido o como si hubiese conseguido, ya, la gloria o el olvido». Pazos siempre quiere abandonar su carrera artística y siempre vuelve. Cuando está a punto de suicidarse o morir de depresión le dan un premio y se anima durante unos pocos días, o bien recoge el premio con el semblante casi de color verde pálido y un largo abrigo hasta los pies. Tiene la enorme suerte de tener a su lado a su esposa, Montse Cuchillo, todo un ejemplo de coraje y optimismo. Juega con su nombre y apellido y puede escribir Pathos, Carlove, Carlost.

Pazos pertenece al grupo de artistas englobados en las mitologías individuales: su obra es una relectura, siempre sutil, del *kitsch,* una oda a la melancolía y un canto a sí mismo. En 1974 se colocó con un slip imitando a los modelos de escultura y en *Voy a hacer de mí una estrella* se fotografió como un dandi esquiador, como un bañista o un jugador de golf. Una de las piezas que expuso en el Centre d'Art Santa Mònica me impresionó: *No hay replay* (1989) conjugaba, en una sala completamente a oscuras, luces de discoteca, una fotografía pornográfica y enanitos, setas y bambis unidos por telarañas. Una escena onírica, de un fascinante mal gusto.

Antonio Saura

Antonio Saura me llamaba cuando venía a Barcelona para «cenar y hablar». Siempre charlábamos hasta muy tarde, hasta que yo le decía que a la mañana siguiente tenía que dar una clase. Recuerdo una de estas largas conversaciones, esta vez sobre Tàpies. Creo que estaba un poco obsesionado con él, del que dijo —una verdad como un templo— que siempre creyó que sería el mejor pintor de España de su época. Saura comentó, pero en sentido positivo, que su rictus se había acentuado debido a su gran voluntad y a su obstinación. Cuando Tàpies iba a París (allí también residía Saura una parte del tiempo), le pedía que lo llevara al Crazy Horse. Pero lo que impresionaba a Saura de Tàpies eran sus miedos. Su miedo a ir en avión, su miedo al tren, y su acatamiento a la estructura familiar, burguesa. Yo argumentaba que sus miedos se debían a su gran sensibilidad. Y acabamos reconociendo esa contradicción del Tàpies burgués con el Tàpies escatológico y tan sexual en sus obras.

Otro día me contó que habían pasado la Guerra Civil en Barcelona, en la calle Verdi, y que recordaba los bombardeos y abajo, la ciudad humeante. Y que el día que las tropas de Franco entraron en la ciudad su madre le dijo: «Antonio, los que hoy son buenos, mañana serán malos».

En otra ocasión hablamos de *Les Demoiselles d'Avignon*. Ciertas interpretaciones le parecían demasiado feministas; para él, el cuadro era un retrato de amor y odio a la vez por las mujeres. Añadió que no estaba suficientemente enfatizada la relación con las Tres Gracias, de Rubens, una obra que está en el Prado. Y que todo surgía de El Greco, a quien él veía como un pintor terriblemente sexual.

En mayo de 1991 asistí en Zaragoza a la inauguración de la exposición *Decenario,* de Antonio Saura. Antonio me había pedido ser la comisaria de su exposición y yo estaba demasiado ocupada; entonces me pidió un texto, que titulé «Odio amoroso pintado». Sufrí haciéndolo, no solo por la dificultad intrínseca a la escritura sino porque entonces, contemplando su obra, estaba convencida de que Antonio era muy machista («soy un machista civilizado», me confesó una vez) y que exorcizaba sus fantasmas mediante su pintura. Como era tan inteligente, escribía sobre ello, sobre su deseo de violencia hacia la mujer o sobre su visión de la mujer como monstruo. Inspiradas en Picasso, realizó toda una serie llamada Dora Maar. Era muy importante la relación Saura/Picasso y, picassiana como soy, me sumergí en la visión del pintor malagueño para luego entrar en la visión sauriana. Pero estos tres folios introductorios le debieron de parecer excesivos y los hizo recortar. Al llegar a la muestra me cogió en un aparte y me lo contó. Me quedé estupefacta. «Pero Antonio, esto no se hace, ni a mí ni a un estudiante de primero de carrera, por principio», recuerdo que le dije inmediatamente. «Tienes toda la razón, toda la razón. Quise escribirte una carta pero he estado abrumado de trabajo y además he estado muy deprimido últimamente», me contestó. Su hija Ana había muerto aquel mismo año. Antonio, rodeado de mujeres con dramas diversos, parecía sembrar estos dramas allá por donde pasaba. Durante la cena su hermana —una simpática y apasionada Saura muy distinta a sus dos hermanos— se manchó la blusa. Intentó limpiarse en vano, con un espray y, riendo, comentó las formas de su mancha. «Incluso se me han hecho dos cruces», dijo, porque, en efecto, el entramado de la seda había formado dos crucecitas. «Allá donde voy yo, aparecen», dijo bajito Antonio, muy serio. Intentó reparar su acción diciéndome que podíamos hacer un libro. Yo decliné la oferta, muy disgustada en aquel momento. Él intentaba desagraviarme y para la cena cambió toda una mesa para que me sentara a su lado. A la mañana siguiente me dio un paquetito.

«No lo abras ahora, ábrelo en el aeropuerto», me comentó. Era uno de sus preciosos *Autos da fe,* sobre cartoné encolado a la cubierta. En el paquete ponía: «Para Vicky, para que me perdone». ¡Pobre Antonio! Creo que sufrió tanto como yo con el pequeño episodio, que hoy yo no me hubiera tomado tan a pecho.

¿Muchos «grandes» hacen cosas semejantes? Goethe, en la cúspide de su fama, hacía suprimir críticas de sus obras si eran negativas. Y Tàpies me pidió una vez, siendo yo muy joven (era 1978), que cambiara una frase de un texto mío. Coincidimos en el teatro Romea y corrió muchas filas hasta llegar a la mía para decírmelo. «¿Cambiar una frase? Ni soñarlo», le dije.

Vi a Saura muchas veces hasta su muerte y su obra sigue sin cansarme en absoluto. La violencia de sus cuadros, los gestos rotundos, sus colores trágicos, sus temas recurrentes como el perro de Goya o las multitudes siempre tienen algo que decirme. Me hubiera gustado hacer una exposición poniendo juntas sus damas «deconstruidas» y desencajadas con las *Women* de De Kooning. Estas, con los ojos desorbitados y sus bocas de rejilla, también son monstruosas aunque mitigan el horror con delicados tonos pastel.

Antoni Llena

Nos vimos bastante en los ochenta. Fue el primer representante del arte pobre en España en los años sesenta, sin saber él, según decía, de su existencia. Tuvo vocación religiosa, fue monje capuchino a la par que pintaba en un estilo más o menos cercano al Pop y en 1968 hizo esculturas efímeras como el acto de pisar gomaespuma, pintar con polvos de colores que desaparecían al primer soplo y hacer esculturas disecadas. Dejó de hacer arte durante diez años y a principios de los ochenta yo lo expuse en mi muestra *Blau* (una colectiva en la sala Montcada), donde sorprendió a todos con unos papeles de embalar cortados con una hoja de afeitar y colocados sin grapas ni cola. Con él y su pareja, Antoni Bernad, veíamos mucho a Oriol Bohigas. En aquellos años comprendí mejor el carácter de Bohigas: le gustaba provocar, y lanzaba sus *boutades* con el mayor convencimiento. A estos sinsentidos se le contraponía una gran cultura (arquitectónica; de arte, en cambio, entendía poco) y una actividad y optimismo desbordantes. Nos decía que Barcelona no tenía *skyline,* lo cual entonces era verdad, y que el Palau Nacional sería un elemento fundamental del nuevo *skyline* barcelonés. Su frase de que el edificio del Reina Sofía «era más feo que el Escorial» se hizo famosa. Bohigas tuvo el gran acierto de escoger a los mejores arquitectos un poco más jóvenes que él para la Villa Olímpica.

Toni Bernad, gran retratista, me fotografió sonriente con un vestido de topos y aparecí en la revista *Barcelona Divina* junto a Mercedes Milá, Víctor Jou y Lluís Permanyer. Pero la revista avisaba sobre mi radicalidad crítica: «Como lo delicado no quita lo valiente —que se lo pregunten a Joan-Pere Viladecans—, a veces su pluma suscita miedos». Era en 1987. Yo había publicado un artículo bastante vitriólico contra el artista catalán.

Xavier Grau

En abril de 1990 fuimos a Suecia el director de la Maeght de Barcelona, José Muñoz, el pintor Xavier Grau y yo. Lo había invitado a exponer la galería Astley en Uttersberg, que había visto sus obras en Arco. Cuál no fue nuestra sorpresa cuando nos llevaron desde Estocolmo a este lugar, que nos pareció remotísimo —a cien kilómetros de distancia de la capital—, a través de una autopista por la que no circulaba ningún coche y que de vez en cuando era atravesada por algún ciervo. Todo estaba cubierto de nieve. Nos alojaron en unas casitas acogedoras pero absolutamente vacías. No había ninguna señal de hotel, ni recepcionista, ni nadie, ni nada por los alrededores. Cada uno se metió en su casita a pasar la noche. El silencio era total. «¿Has pasado miedo?», le pregunté a Xavier a la mañana siguiente. «Sí», me contestó. «¿Y tú?» «¡Yo también!» Y resultaba que la muestra era en una estación de tren abandonada, eso sí, rehabilitada como sala de exposiciones. Los coleccionistas llegaron en un autocar, vieron la exposición, se vendieron siete obras —o sea, muchísimas— y se fueron en el mismo autocar. Todos los asistentes mostraron un enorme interés, algo inusual en aquellos tiempos en España. A nosotros nos pareció un tanto kafkiano, pero en realidad era muy moderno. Los coleccionistas pertenecían a un club de amantes del arte contemporáneo que todos los fines de semana se desplazaban de ese modo para asistir a algún acontecimiento artístico. La estación de tren remodelada es un ejemplo de lo que se empezaba a hacer en Europa: rehabilitación de fábricas, estaciones de tren, antiguos hospitales, iglesias desafectadas u otros lugares abandonados y destinados ahora a un nuevo uso cultural.

Xavier Grau era en extremo tímido, rozando lo asocial, si excluimos a su grupo de amigos íntimos (Ferran Garcia Sevilla, Susana Solano, Rosa Agenjo) y las inevitables asistencias a ciertas inauguraciones a las que no podía dejar de ir y donde su conversación era brevísima, aunque si tenías confianza siempre aparecía salpicada de alguna ironía y de una sólida cultura.

Xavier Grau fue uno de nuestros mejores pintores en el ámbito tanto catalán como español, y no obtuvo un mayor reconocimiento (nunca se le concedió ninguna medalla) debido en parte a su propia actitud indiferente a los honores y a la idea de competitividad. Y sin embargo, por su extraordinaria calidad, siempre fue un pintor de pintores, admirado por muchos, expuesto en excelentes galerías (Buades, galería Maeght de Barcelona y París, Miguel Marcos, Salvador Díaz,

Luis Adelantado, Maior, etcétera) y presente en la mayoría de las colecciones nacionales y en varias extranjeras.

Su obra bebía del expresionismo abstracto norteamericano pero también, en sus rojos vibrantes y en sus alegres naranjas, de Philip Guston. Sus abstracciones parecen torbellinos de fuerzas dispares regidos sin embargo por un orden compositivo subyacente. Aparecen en ellas sugerencias figurativas: células, brazos, huellas, seres fragmentados, huesos, cubos de basura. Como ser humano, Xavier Grau era una persona absolutamente bondadosa, que dedicó toda su vida a su mujer, Charo Pradas, y a la pintura.

Eulàlia Valldosera

Descubrir a un o a una artista que sobresalga es algo poco frecuente. En la vida de un crítico aparecen los de su generación, que el crítico llega a conocer bien, pero con el paso de los años los más jóvenes son de más difícil acceso. Y sobre todo descubrir a alguien que aún no ha hecho ninguna exposición y del que vislumbras un gran futuro es algo muy emocionante. Esto es lo que me sucedió con Eulàlia Valldosera, una alumna mía en Bellas Artes.

No es raro que los estudiantes, en su deseo de ser artistas profesionales, te pidan que mires y valores su trabajo. Lo haces con pocos, porque he debido de tener unos cuatro mil alumnos. Pero Eulàlia vino a mi casa, me enseñó su dosier y me deslumbró. En aquel momento, 1991, José Miguel Cortés organizaba una muestra en el Ateneo Mercantil de Valencia que se tituló *Historias de amor,* donde un crítico escogía a un artista. Escogí a Valldosera, que presentó su *Ombligo del mundo,* que seguramente es su mejor obra. Es un cuerpo femenino sin cabeza ni extremidades realizado con colillas, una suerte de constelación de puntos de energía con materiales de desecho, que luego, en una *performance,* barrió. La artista recordaba un rito de los Tin-Dama, en Nueva Guinea, donde los habitantes de un poblado borran, cada atardecer, las huellas alrededor de su casa. En la exposición también se incluían fotografías con proyecciones de su cuerpo desnudo sobre un colchón o una pared, otras obras excelentes. Le presenté a Antonio de Barnola, que tenía una galería en Barcelona en la que repitió la acción. Ella quería aceptar su propio cuerpo, me explicó, mediante esta suerte de rito, mientras la *performance* era para ella una manera de acabar con la pintura. Nadie en Bellas Artes, me contaba, le había dado ánimos en su trabajo. Y en 1992 presentó en la sala Montcada *Vendajes*, otra *performance* impactante.

Fui siguiendo la carrera de Eulàlia con mucho interés y propuse una exposición al Reina Sofía —con Pepe Guirao de director— y no me hicieron ningún caso. (En 2009 se la brindó Manolo Borja en el mismo Reina Sofía; ella ya era famosa.) Cuando yo dirigí el Centro Cultural Tecla Sala —de 1996 a 2002—, le propuse una gran exposición pero la artista me «traicionó» yéndose a exponer a la Fundació Tàpies.

Comprensible, pero sin ninguna explicación de por medio. Casi ningún artista es fiel: les ha costado tanto sobresalir que se venden al mejor postor. Baudelaire llegó a decir que los artistas son prostitutas, algo que de joven yo no comprendía y luego la simple experiencia te enseña. Ellos también sufren rivalidades feroces: conocida es la anécdota de una exposición en la que un artista español llegó por la tarde-noche al espacio expositivo y cambió todos los cuadros de lugar porque compartía el espacio con otro artista.

Epílogo

Al releer estas memorias no puedo más que constatar cuán diferentes eran los años setenta y ochenta respecto a nuestro presente. Reconozco que viví unos años apasionantes y que los viví con la energía propia de la juventud y más aún (alguien me definió como una *«emotion seeker»*, una buscadora de emociones), y con las ingenuidades propias de la falta de experiencia de la vida. Pero hay que reconocer que las circunstancias eran muy distintas: si por un lado tenías que luchar contra estamentos represivos (la familia, el franquismo), por otro no era nada difícil encontrar un trabajo y los alquileres eran baratos. La Transición creó un momento de euforia en el que se salía a la calle por todo: para reivindicar, para exhibirse, para hacer teatro popular. Nada era oficial porque todo había sido extraoficial durante treinta y cinco años. El ilustrador y artista Montesol dijo en una entrevista reciente que la generación *underground* catalana fue olvidada con la estabilización democrática. Añadía que los politizados se fueron colocando en puestos de poder y los más alternativos siguieron aislados. Seguramente tenía razón.

En el ámbito artístico, en la década de los ochenta se pusieron las bases de numerosas instituciones homólogas a las de otros países europeos (museos, centros culturales, ferias de arte, coleccionismo) con toda la problemática que ello suponía y las polémicas que suscitaron, muy vivas.

¿Y las mujeres? ¿Y yo misma? Las mujeres se fueron integrando lentamente en la vida social y en puestos de mayor responsabilidad. Pero la famosa compaginación de la vida profesional y familiar aún era, y sigue siendo, algo difícil de alcanzar. Por eso las mujeres solían tener trabajos de media jornada, muchas se casaban y se divorciaban siete, diez o quince años después. La mayoría decía que sus compañeros aportaban muy poco, si no nada, a las tareas del hogar. Entonces iniciaban una vida en general a cargo de los hijos pero más libre.

Yo no tuve hijos, por privilegiar mi carrera en los años de juventud. Después mis vaivenes sentimentales no aconsejaban el tema. Creía que un hijo debía tener padre y madre para lograr estabilidad emocional, aunque ahora se ha visto que quizás no es del todo cierto. Sin embargo, hubo momentos, en los años ochenta, en los que yo misma no pude romper el techo de cristal que se nos atribuye a las mujeres profesionales. Hubo alguna oportunidad o puesto por los que no hice mucho por conseguir: hubiera necesitado más apoyo moral seguramente por parte de un compañero de vida; también me frenaba el hecho de los desplazamientos, no puntuales, sino definitivos o casi definitivos. Estas jóvenes directoras de museo que han ido a tres o cuatro sedes son muy valientes: me pregunto cómo será su vida personal. Aunque sin duda la joven generación es más ambiciosa y se encuentra con situaciones donde ya no son una minoría.

De todas mis experiencias de aquellos años, algunas de las cuales mejorarían a partir de los noventa, me queda la impresión de que la libertad es indispensable, pero también, a veces, muy difícil de sobrellevar.